中国符号

中国书院

朱辉
【主编】

靳超
【著】

河海大学出版社
HOHAI UNIVERSITY PRESS
·南京·

图书在版编目(CIP)数据

中国书院 / 靳超著. -- 南京：河海大学出版社，2024.12. -- (中国符号 / 朱辉主编). -- ISBN 978-7-5630-9541-4

Ⅰ.G649.299-49

中国国家版本馆 CIP 数据核字第 20247QW838 号

丛 书 名 / 中国符号
书　　　名 / 中国书院
ZHONGGUO SHUYUAN
书　　　号 / ISBN 978-7-5630-9541-4
责任编辑 / 彭志诚
丛书策划 / 张文君　李　路
文字编辑 / 李紫薇
特约编辑 / 翟玉梅
特约校对 / 李　萍
装帧设计 / 朱文浩　刘昌凤
出版发行 / 河海大学出版社
地　　　址 / 南京市西康路1号（邮编：210098）
电　　　话 / (025)83737852（总编室）
/ (025)83722833（营销部）
经　　　销 / 全国新华书店
印　　　刷 / 廊坊市印艺阁数字科技有限公司
开　　　本 / 880 毫米×1230 毫米　1/32
印　　　张 / 9
字　　　数 / 226 千字
版　　　次 / 2024 年 12 月第 1 版
印　　　次 / 2024 年 12 月第 1 次印刷
定　　　价 / 89.80 元

序

我们知道,符号是一种标识或印记。它是人类生命活动的积淀,具备明确而且醒目的客观形式;也是精神表达的方式,承载着丰富的意义。文化符号,可以说是一个民族的容颜。

一国与他国的区别,很重要的是精神和文化。中国历史数千年,曾遭遇无数次兵燹和灾害,却总能绝处逢生,生生不息,至今仍生机勃勃,是因为我们拥有着深入血液、代代相传的强大文化基因。我们生于斯长于斯,身上都流淌着饱含中华文化基因的血液。

文化发展浓缩到一定火候,自然会拥有符号功能,产生符号意义。中华文化以其鲜明的外在表现和深刻内涵,凸显着我们的屹立于世界民族之林的独特形象。

作为符号的中华文化,遍布中华大地,也潜藏于我们的心灵。我们在很多古宅前见过"耕读传家久，诗书继世长"，这是中国家庭的古训，耕田事稼穑，丰五谷，养家糊口，以立性命；读书知诗书，达礼仪，修身养性，以立高德。类似的楹联还有很多。再说匾额，"正大光明"悬于庙堂之上，"紫气东来""和气致祥""厚德载福"则多见于官邸民宅。它们是中华景观的点睛之笔，也是我们的精神底蕴。

文化需要我们的珍视。都听过二胡曲《二泉映月》，但这首曲子也曾命悬一线。1950年，华彦钧贫病交加，栖身于无锡雷尊殿，已不久于人世，南京国立音乐院教授杨荫浏偶然间得知此曲，很快找到了阿炳，他们用当时少见却算是先进设备的钢丝录音机，录下了阿炳自称"二泉印月"的杰作。他们又录下了二胡曲《听松》和《寒春风曲》，第二天，还录下了琵琶曲《大浪淘沙》《昭君出塞》《龙船》。其时阿炳已沉疴在身，衰弱不堪，当年年底，阿炳就去世了，这六首弥足珍贵的录音就成了阿炳的稀世绝唱。这曲早已走向世界的音乐，如果不被抢救，恐怕早已湮灭。

文化是坚韧的，但文化的载体或结晶有时却也很脆弱。外国人建造宫殿主要用石头，而我们主要用木材和砖头，这也是我们的古代宫殿难以保存千年的原因之一。家具则无论中外，都是木质的，相对于我们漫长的文明，家具显然脆弱娇贵。启功先生以"玩物不丧志"誉之的王世襄先生，

精于古代家具、漆器、绘画、铜佛、匏器的研究，对明代家具和古代漆器尤有贡献。他早年在燕京大学接受西式教育，却醉心于中国古代器物，穷毕生之力，搜集了无数珍贵文物，并为它们做出了科学便捷的索引。他的代表作《明式家具研究》已成为众多爱好者的工具书，上世纪90年代出版后，有晚辈因书价昂贵有所抱怨，王世襄先生闻之，专门登门赠书，以泽后人。黄苗子先生谓其"治学凭两股劲：傻劲和狠劲"；杨乃济先生评其"大俗大雅，亦古亦今，又南又北，也土也洋"；张中行先生感叹"唯天为大，竟能生出这样的奇才"，博雅的王世襄先生当得起如此赞誉。2003年现身于公众面前的唐"大圣遗音"伏羲式琴，就是王世襄先生丰赡收藏中的一件，世人何其有幸，终于聆听到大唐盛世的悠扬琴音。

这样的故事还有很多。随着时代进步和科技发展，某些文化器物的实用性、功能性可能逐渐减弱乃至丧失，但是它们对人类的精神活动却具有巨大的影响，它们在创新中弥散、繁衍。研物可立志，在研究和把玩琢磨中，中华文化在现实生活和全球竞争中焕发出了新的生机。我们的传统服饰，近年来就常常成为国际品牌的流行元素；"功夫熊猫"早已成为国人自豪的网络热语；大型游戏《黑神话：悟空》2024年横空出世，成为一时之热，我们理应向明万历年间的南京书商"金陵世德堂唐氏"致以最诚挚的敬意，他们以《新刻出像官板大字西游记》之名出版了神魔小说《西游记》。没有《西游记》作者不计名利的心血，没有出版家的独到眼力，就没有在一代人的记忆中留下深刻印记的周星驰系列电影，当然也不会有在大小屏幕上闪烁的《黑神话：悟空》。《黑神话：悟空》风靡全球，还将不断孳生繁衍，这就是文化的软实力。

中华文化丰富而多元。《中国符号》第一辑含括了节气、家训、民俗、诗词、楹联、瓷器、建筑、骈文、汉字、绘画，现在摆在我们面前的匾额、家具、剪纸、科举、乐器、神话、石窟、书法、书院、篆刻等，是"第二辑"。第二辑并非第一辑的简单补充，它们均是我们灿烂文化的一部分，都是中华文化最璀璨的亮点。从文化的表现形态看，如果我们把匾额、剪纸、书法、篆刻等理解为二维表达，石窟、家具就是三维，而音乐、神话、书院、科举则是多维或制度性的，它们弥散在文明的光阴中，将伴随着漫长的时光，与我们的文明一起走向世界，走向遥远的未来。

《中国符号》第二辑的出版令人欣慰。多位专家学者贡献了学识，付出了努力。它对弘扬中华文化，帮助读者尤其是青年学生了解中华优秀传统文化，必定有所助益。

是为序。

朱辉

目录

第一章 中国书院概说

壹

003 · 第一节　自发性与官学化的离合嬗递
　　　　　　——中国书院发展的基本特征

005 · 第二节　教、祀、学、藏——中国书院
　　　　　　的基本功能

008 · 第三节　文化暗流的涌动——中国书院
　　　　　　的学术价值

012 · 第四节　书院与官学的互动——中国书
　　　　　　院与科举

第二章 生命轨迹的追寻：中国书院的历史考察

贰

018 · 第一节　书院的发源与暗流涌涨——
　　　　　　　唐五代书院的韬光养晦

034 · 第二节　补阙官学与内源演变——
　　　　　　　北宋书院与官学的互动

050 · 第三节　圣学重振与蓬蓬勃兴——
　　　　　　　南宋书院与理学的交织

066 · 第四节　遗民助推与文化政策——
　　　　　　元代书院的"北向"成长轨迹

088 · 第五节　荣衰更替与劫后余生——
　　　　　　明代书院的跌宕起伏

117 · 第六节　中兴徘徊与华丽落幕——
　　　　　　清代书院的运蹇命舛

第三章 思想争鸣：中国书院与讲学活动

叁

137·第一节　泰山三贤的讲学活动

151·第二节　濂溪讲学与宋学发源

158·第三节　二程讲学与洛学发展

171·第四节　东南三贤与儒学中兴

199·第五节　南吴北许与元代讲学

209·第六节　阳明讲学与心学繁盛

217·第七节　颜元讲学与实学振兴

第四章 文化符号:中国书院的文化形态

肆

228 · 第一节　北宋书院:名院荟萃与书院文化

234 · 第二节　南宋书院:制度化、规范化发展

242 · 第三节　元代书院:出版刊刻的繁荣发展

249 · 第四节　明代书院:平民化发展新态势

258 · 第五节　清代书院:书院普及与近代化进程

第五章 中国书院的世界影响

265・第一节 中国书院对朝鲜的影响

267・第二节 中国书院对日本的影响

269・第三节 中国书院对世界其他地区的影响

第一章

中国书院概说

第一节　自发性与官学化的离合嬗递
——中国书院发展的基本特征

中国书院在中国文化史上是一个不可或缺的存在。它肇始于唐代，在两宋、元、明、清代都散发着属于自身的时代之光。从独立的生命体角度来看，贯穿于中国书院始终的是其自发性与官学化的博弈。书院在唐代诞生之时便是在以最高统治者为主导的背景下成立的。随着时代的发展与自身的成长，书院渐渐拥有了自身的自主性而独立发展，并且在与官学互动的过程中发生着离合嬗递的关系。正是在这种博弈中，中国书院慢慢形成了日渐成熟的文化形态。

在北宋时期，书院最初是以官学化的身份进入统治者的视野中的。北宋王朝结束了唐五代以来的混战局面，建立了新政权。然因政权建立之初并未形成真正意义上的大一统，因此在北宋开国之始，统治者仍然要兴兵征战、继续进行结束割据的战争。而政权内部又推行"崇文"政策，亟须培养大批人才，这样便造成了官府无力兴学与人才需求高的矛盾。在这样的背景下，书院进入了统治者的视野，临时代替官方学校，从而确立了其补阙官学的特殊地位。随着北宋政权的逐步稳固与兴学能力的提升，书院本身渐渐发生了新变化。一部分书院逐步被纳入官方教育体系，譬如"潭州三学"，洪迈在《容斋随笔》中曾言及："及庆历中，诏诸路州郡皆立学，设官教授，则所谓书院者，当合而为一。"另一部分书院则开始另辟蹊径，致力于书院自身的发展。也就是说，这一部分书院拒绝被纳入官方教育体系，而是秉持着书院自身的属性，进一步成长。如果说士人进学于官方学校是为了仕途与科举，那么未曾被官学化的纯书院便是以醇正读书、向学为目的。于是，这一部分书院开始朝着无功利的读书、讲学的方向发展，也正是这部分书院里洋溢着思想绽放的光芒。可以说，北宋书院的这两种成长动向构成了中国书院的基本发展路径，后代书院的发展也基本不离此二途。

　　书院发展到元代，迎来了又一次官学化的大趋势。由于元代政权统治的特殊性，象征着中原文化的中国书院在蒙宋对峙时期便受到蒙古统治者的维护。因此在元代建立之初，书院被施以积极的政策，元朝统治者也开始介入书院发展的方方面面。然而，历经南宋理学的辉煌与长期"忠孝节义"的观念浸染，一部分汉族的有志士人在面临异族统治之初多数选择不仕与拒绝合作。于是，书院为坚守大节却无力回天的南宋遗民提供了一方身体与心灵的栖息之所。在这样的时代背景下，元代书院亦沿着"官学化"与"自主化"的二元路径成长。

　　清代书院的官学属性更加明显。清代是中国封建社会的最后一个王朝，其本身便是中西交汇与封建时代向民主时代过渡的缩影；清代又是一个文化管控严苛、思想束缚性极强的时代，因此清代书院基本是按照清政府的意愿与构想发展。随着西方的坚船利炮打开"天朝上国"的国门，清政府开始了"师夷长技"的洋务运动。在此背景下，清代书院便成了引进西方先进技术的学习之所，也在统治者的诏令下发展而成为遍布各行省的教育中心，并随着清代政治的变革而逐渐改制为近代学校，成为遗留在中国文化史上的符号，消逝在历史长河中。

在自发性与官学化的博弈过程中，南宋书院和明代书院可谓闪耀着思想的光辉。在中国儒学发展史上，宋明理学占据着重要的地位，而南宋书院与明代书院可谓在南宋和明代儒学发展史上具有不可替代的作用。书院讲学使理学家们的思想肆意绽放，而思想的繁盛同样反哺于书院的成长。可以说，南宋书院与明代书院诠释着书院自主性发展的新动向。

第二节 教、祀、学、藏——中国书院的基本功能

从唐代开始，中国书院便形成了教、祀、学、藏的四大基本功能。唐代丽正、集贤书院便是以修书、藏书为基本职能。随着北宋书院的发展，教育、学田、祭祀功能也逐渐突显于书院中。随着书院在后期的发展，此四大功能又在不同的时期衍生出多种分支。

书院之"教"即教育功能。书院教育功能的涵盖面很广，不单单指的是教员的"教"与生员的"学"。其中十分重要的当属发生于书院中的讲学与学术研究。以南宋书院为例，东南三贤张栻、吕祖谦、朱熹正是在各自的书院实践中完成了自身学术体系的构建，因此书院便成了其进行学术研究的重要阵地。如朱熹曾在福建考亭书院中完成了《四书章句集注》《伊洛渊源录》《论语精义》《孟子精义》等著作。除了是学术研究的重要阵地，书院亦成为学者进行思想传播的文化场域。其一，理学家们依托书院将自己所建构的学术文化体系通过讲学的方式传播给前来问学的学子，从而扩大学术及学派的影响力；其二，理学家们通过书院会讲的方式进行学术交流与传播，如朱熹、

陆九渊的"鹅湖之会"与朱熹、张栻的"朱张会讲",都以会讲、辩论的形式促成自身学术体系的构建与完善;其三,理学家们还可以通过普及性的讲学将自身学术传播给普罗大众,形成社会影响力。这一点在明代讲学中尤为突出。本书第四章第四节将具体论述明代书院的平民化特征,兹不赘述。总之,书院"教"之功能是书院的重要职能,也是中国书院发展史上不可忽视的重要内容。

书院之"祀"即祭祀功能。一般认为,祭祀是书院的一个重要活动,因为其关系到书院建立与发展的宗旨与目标。也就是说,书院通过祭祀先贤的活动来确立书院的学术追求,是宗孔孟还是宗朱子,是宗朱学还是宗王学,这些对于书院内部的走向与发展来说都是极为重要的问题。黄潛曾在《送东川书院陈山长序》中说道:"非其师弗学也,非其学弗祭也。"书院作为学术门派意识颇强的场所,其对师从宗法有着严格的规定,因此祭祀便是十分重要的内容。除此之外,书院祭祀的另外一个目的就是鼓励、奖掖后学。书院通过祭祀先贤形成尊师重道的风气,进而通过尊师宗法来鼓励从学者后来居上,通过勤学类聚而卓然有成,有所作为。

书院之"学"即学田功能。学田在书院的日常运转中发挥着十分重要的作用,因为书院要通过学田来供给书院师生的日常开销。在书院官学化特征突出的时期,书院可以依托政府的政策来维持日常运转。但大部分时候,书院都要通过学田收益来进行自给自足。从学于书院的学子大多是出身下层的贫寒之士,而学子温饱问题的解决是其安心读书的重要基础。娄性曾在《白鹿洞学田记》中言"(书院)不可无田,无田是无院也","院有田则士集,而讲道者千载一时;院无田则士难久集,院随以废"。据娄性所说,书院不能没有学田,如果没有学田那便不能称为一个独立的书院，因为有了学田作为基础，书院才能聚集四方从学之士，才能延续讲学的千载不衰；而书院没有学田就难以使读书人群聚，书院便会渐渐衰落。高斯得也在《公安南阳二书院记》中谈及学田对书院的重要性，其曰："无阍庐以辟燥湿，无短褐以御风寒，无粝粱之食以活躯命。"如果没有学田的收入供给书院教员与生员的吃穿住之日用，解决其后顾之忧，那么读书人便很难专心向学，可见学田在书院中的重要作用。

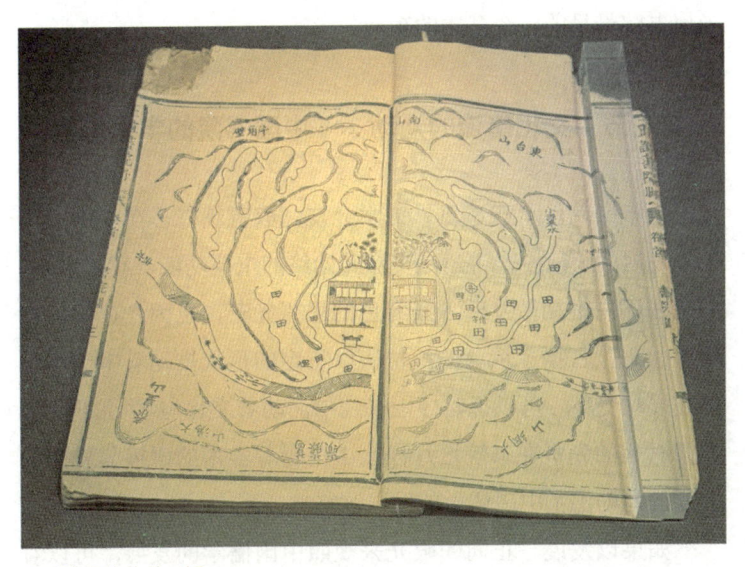

● 正谊书院的学田图

书院之"藏"即藏书功能。如果说学田是读书人从学于书院的经济之基，那么藏书便是书院的文化之本。归根结底，书院是提供给读书人的一方"读书"之所，因此拥有丰富的藏书应为书院的基础。班书阁曾在《书院藏书考》中有过这样的论述，其曰："书院所以教士者，而书籍为教士之具，使有书院而无书，则士欲读不能，是书院徒有教士之名，已失教士之实。故凡教士之所，皆有广搜典籍之必要，以供学者之博览，不独书院而已也。"书院之所以能够教育生员,为士子提供一方学习之所,最基本的便是拥有作为教学工具的藏书。如果书院没有藏书,那么学生即使想要学习也不能实现,这样的书院徒有书院之名而没有书院之实,更是失去了教育、为学的本真。因此,只要书院创立,便要保证书院内藏书的丰富,来供学生博览通读。可见,藏书对书院学术、文化运行具有重要作用。值得一提的是,在唐代,丽正、集贤书院便拥有修书、藏书的功能,因此藏书当属书院最早的一个基本的功能。

第三节 文化暗流的涌动——中国书院的学术价值

千年书院,承载遗风。讲学会友,取善辅仁。在中国书院千年发展的长河中,讲学是贯穿其始终的重要功能。有了讲学,书院在不同时期散发着各具特色的思想光芒,也因之在中国古代思想史上占据了重要的地位,以特定的形式推动着中国儒学的发展与变革。可以说,中国书院中涌动着文化与学术的暗流,不同时代的先贤在书院这片净土中进行着学术的碰撞与思想的绽放,勾勒出了中国儒学的发展脉络。

如果以发展、正向的眼光来观照中国儒学的发展,可以看到儒学经历了一个不断发展的过程,而宋代理学则是中国儒学在成长过程中进行的一次大变革。宋代理学之前,儒学主要经历的是经学时代,即"六经注我"。无论是汉代儒学还是唐代儒学都是以经书为宗,经学家在读经、解经、探经的过程中处于被动的地位,即圣人如何说,经学家就怎样理解,只是将圣人之说做出注解,是一种典型的文本主义。当儒学发展到宋代理学时代,宋儒打破经书的局限,完成了对文本主义的变革,对以往的经书进行阐释与发挥,并形成理学家自己的哲学理论体系,他们探讨世界的本质与人性的约束,即"天理"与"人性"的重要话题,这便是"我注六经"。六经是为"我"服务的,从而将文本主义变革为思想主义,是主动的思想绽放。由于宋代理学家采用"我注六经"的方法,他们自然而然地根据个体的差异对经书进行了多元化的解读,从而形成了不同的阐释与理解,并发展成多个派别,呈现出百花齐放般的思想绽放景象。

北宋书院的学术与讲学反映出北宋儒学的发展轨迹。北宋理学由孙复、石介、胡瑗三位先生开创,他们在泰山书院的讲学实践中构筑了理学的学术根基,也启发了后世的宋代理学;周敦颐承继"泰山三贤"的学术,讲学于景濂书院、宗濂书院、云冈书堂、濂溪书堂等,并从心性入手阐发精微之义理,创建了以乾元、太极、诚道为核心的宇宙论体系,将传统的以仁义、道德、伦理为核心的儒学体系上升到了哲学的高度,对宋代理学体系的构建实有开创之功,后期各派学说均受到濂溪学说不同程度的影响。

可以说,北宋书院从一开始便是以补阙官学的方式进入统治者的视野,从而受到重视与褒扬。随着北宋三兴官学运动进行的与官方教育体系恢复时机的成熟,书院在与官学博弈的过程中开始另辟蹊径,找寻到了另外的发展之路,即逐渐摆脱承担官学的责任,致力于寻求自我的发展。基于这样的背景,北宋书院与私人讲学、学术争鸣相伴而生,也预示着北宋一代新学风的开创与繁荣。在当时的学术氛围下,北宋的那些纯士子因"病无所学"而产生的精神需求便从书院这一方天地中获得满足,也在书院这一阵地中幻化出百舸争流般的思想盛况。在这一时期,书院、私人讲学、思想争鸣形成了一个密不可分的共同体,共同促成了有宋一代的新学风。正如著作郎李道传上书所言:"河洛之间,大儒并出。"

当时的大儒主要有主研"洛学"的程颢、程颐兄弟，主张"关学"的张载，致力于"新学"的王安石，保护"宿儒旧学"的司马光等。各学派都在广收门徒、传道授业的讲学活动中，围绕着当时的时代与儒家传统思想进行全方位的探讨，形成了继先秦百家争鸣之后的又一次思想绽放。

书院发展到了南宋时期，呈现出了书院与理学交织共生的新特点。在南宋理学发展史上，"东南三贤"对理学体系的构建与成熟功不可没。他们挣扎于复杂的政治旋涡中，承受着思想的困顿与挣扎，但仍然能以坚韧之心守住理学之志。他们以一己之力肩负起中兴儒学的责任，通过讲学论辩、学术探讨等方式构建起各自成熟的学术体系。全祖望《鲒埼亭集外编》卷四五载："故厚斋谓岳麓、白鹿，以张宣公朱子而盛；而东莱之丽泽，陆氏之象山，并起齐名，四家之徒遍天下，则又南宋之四大学院也。"张栻、朱熹讲学于岳麓书院、白鹿洞书院，吕祖谦讲学于丽泽书院，陆九渊讲学于象山书院。先贤学者们依托书院讲学构筑起自身的学术派系，培养生徒遍天下，于是此四书院被后世称为"南宋四大书院"。可以说，书院与讲学是南宋儒学中兴不可忽视的力量，也是铸就一代学风的关键阵地。

南宋中兴的宋代理学，到了元代，也随着书院、讲学的勃兴而得以顺利推广与传播。元人揭傒斯在吴澄《神道碑》中概括道："皇元受命，天降真儒；北有许衡，南有吴澄。"在元代理学的发展过程中，南吴北许便成了代表性的人物。二人同处于宋元易代之际，许衡在朝廷中极力推崇程朱理学，使程朱理学得以从南方传入北方并确立了官方正统学说的地位，从而基本确定了官方学校及地方书院以程朱理学为核心的教学内容；吴澄虽也在半推半就中有过四年仕元的经历，但其更多的是倾尽一生结庐于野，在草庐精舍中讲学授徒，调和朱陆，致力于学术的纯粹与理学的传承。

明代书院散发着明显的学术思想的光芒。明代是一个思想与学术绽放的时代，在当时的书院发展中，由于王学的普及与繁盛，依托明代书院的讲学活动十分昌盛，特别是王阳明及王门后学的讲学实践。他们以书院为阵地传播心学思想，使心学呈现出平民化的发展趋向。以王阳明的讲学实践为例，阳明心学的核心思想可以"心即理""知行合一""致良知"三者来概括，且其形成也经历了一个漫长复杂的过程，贯穿了阳明先生的一生。在生命暮年平乱之时，王阳明曾说："某于此'良知'之说，从百死千难中得来。"心学体系的构建是王阳明一生"在事上磨"与生命顿悟的硕果，更离不开其一生的书院践履。从龙场到贵州，再到南越，王阳明所到之处都闪耀着心学的光辉，他更以平生足迹书写了明代书院的浓墨重彩。

清代儒学历经宋明理学的繁盛而迎来新的阶段。一方面，在清代初期，统治者为缓和阶级矛盾与民族矛盾确立了程朱理学作为官方正统学术思想的地位。另一方面，随着经济的发展与西方观念的传入，经世致用思潮在悄然兴起，由是宋明理学迎来了新的质疑与挑战。在此过程中，既有孙奇逢、黄宗羲、顾炎武、王夫之等大儒对传统儒学的阐释与发展，又有以"实学"为尚的颜李学派对"经世致用"思想的提倡。他们尽管出发点不同，但均对宋明理学进行了批判性的反思与总结。

不难看出，中国书院发展的背后暗藏的是学术、文化的暗流涌动。以中国书院为线索进行书院发展的观照，亦能从中勾勒出中国儒学的基本发展脉络。从这个意义上来讲，中国书院不仅作为一个独立的生命体而存在于中华民族的文化宝库中，更是了解与学习中国儒学的关键门径。

第四节　书院与官学的互动——中国书院与科举

中国书院与科举的关系似乎是一个无法回避的话题，因为书院在发展过程中始终与官学存在着复杂的离合嬗递关系。从中国古代统治者的立场来看，存在于统治范围内的一切文化形态与文化场域均要以维护国家安定与政权稳固为目的，因此一旦书院进入了官方视野便会在无形中被赋予官学化色彩。从文化的意义上来看，书院存在的意义重大，因为其不仅象征着学术自由与思想争鸣，更是唐以后历代士人的心灵桃花源。但从统治者的角度来看，书院是士人的读书之所，因此理应被赋予培养人才的职能，成为为朝廷输送人才的重要场所。因此，书院与科举在各个时代都具有千丝万缕的关系，书院也在此过程中与官学不断展开互动。

从书院的教学内容方面来看，书院一旦被纳入官方教育体系，其职能便会变成为国家培养与输送高素质人才，因此教学内容主要对标科举考试，以考试内容为教学的中心。以清代书院为例。由于清代科举以八股取士为主，据《钦定科场条例》记载，乾隆十年奉上谕："国家设制科取士，首重者在四书文。盖以六经精微尽于四子书。设非读书穷理，笃志潜心，而欲握管挥毫，发先圣之义蕴，不大相径庭耶！"

有了这样的自上而下的诏令，书院的教学自然以八股文为主要内容。除书院日常教学的内容以八股文训练为中心之外，书院还通过定期考试让学子进行巩固。以广东越秀书院的考课为例，"初三定为官课，十三、二十三定为馆课。两院于四季孟月轮课，司道仲季两月轮课，院长每月两课"。从考试流程上来看，书院的考课流程与科举考试基本一致，这也是书院为科举服务、成为科举考试模拟考的重要标志。此外，书院的考课还以严格的标准来执行，如长沙城南书院的考场要求，《城南书院规条》记载："书院讲学之所，即习礼之所也。月课唱名给卷时，师尊在堂，俱宜整齐衣冠，旁列应名，挨次接卷。不得小帽长衫，喧哗挤拥。"

● 清代的八股文稿

可以看出，清代书院不仅对考课有严格的规定，还对生员的考场风貌有着严格的要求。在考试过程中，考官通过点名的方式按照次序发放试卷，而应试者要尊重考官，要衣冠整齐、排队候卷，不得拥挤喧哗，甚至有的书院可以将不按纪律规定行动的生员直接逐出考场。由此可见，考课要求学子以庄重的姿态进行应试，这实与科举考试的严谨、严肃相对应。

一些追求自我发展的书院则与官学化的书院不同。在教学内容上，自发性、私人化的书院能够自主选择教学内容，通过讲学、会讲的方式建立自身的思想理论体系与架构，并以自由的方式进行授徒讲学，传道解惑。对中国古代士大夫来讲，从学于这类书院绝不是仅以科举入仕为目标,更多的是做一名纯儒与真儒。不仅如此,他们还会对"从学为科举"现象进行严厉的批判,且鄙夷那些仅仅将读书作为进入仕途工具的人。从这个意义上来讲,这类书院与科举走向了迥异的道路。

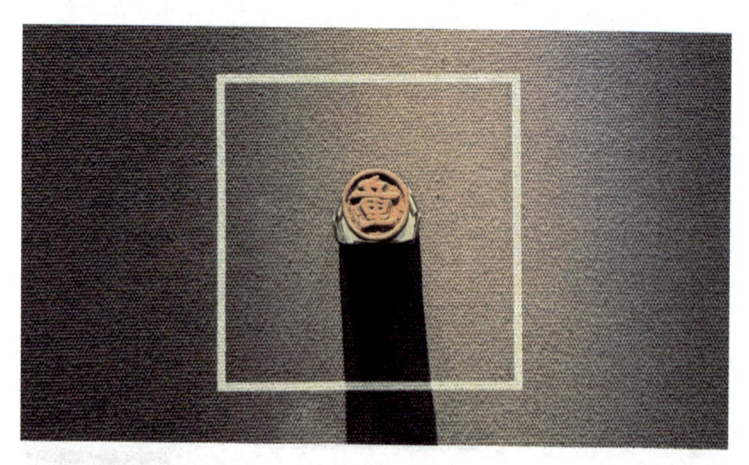

● 书院刻制的代表学生身份的印章

● 书院印制试卷的印版

第二章 生命轨迹的追寻：中国书院的历史考察

正如一个生命体从出生、成长到衰老，书院也经历了这样一个发展演变的过程。置身于中国书院的历史发展长河中，我们可以依照其发展的轨迹探寻其在历史上如何成长和与时代互动。书院肇始于唐代，基本完成了其内在四大功能的奠基；到了两宋时期，由于统治者实行崇文政策，书院渐渐被赋予了补阙官学的时代功能，并始终与理学相互交织、共同发展；元代书院在少数民族政权统治的大背景下，一方面因元代统治者积极的书院政策而呈现出明显的官学化色彩，另一方面则为守节士人提供了一方身体与心灵的栖息之所；明代书院迈出了平民化的脚步，并伴随着禁毁书院的运动而荣衰更替，劫后余生，它们再次以匡翼官学与传播理学、心学思想的方式不断成长；清代书院历经中兴而获得荣耀，也在中西文化交流与冲突中运蹇命舛，终因改制而华丽落幕，成为文化长河中一个耀眼的文化符号。

第一节　书院的发源与暗流涌涨——
唐五代书院的韬光养晦

夫书院起源于唐，其源可以滥觞。[1] 中国书院滥觞于唐玄宗开元年间，且其时的"书院"亦不同于后来业已成熟的"书院"概念，是一种萌芽时期的原始形态，正如河流的发源之水一般，仍处于十分稚嫩的状态，但作为一股力量对后世书院的影响却不容忽视。

一、修书、藏书——官方书院发源之初的原始功能

清代文学家袁枚讨论过"书院"这一概念，其在撰写的笔记《随园随笔》中明确提出："书院之名起唐玄宗时，丽正书院、集贤书院皆建于朝省。为修书之地，非士子肄业之所也。"[2] 这段文字不仅明确了书院名称，更指出了发源之初的书院性质，即"修书"之所，这与后来的士子学人讲学、论道之所是不同的，书院此时承载的更多的是修书、藏书的功能。根据材料亦可发现，丽正书院和集贤书院是最早的官方书院，而这两座书院则伴随着唐玄宗开元五年（717 年）的一场大型的官方修书活动而诞生：

> 玄宗命左散骑常侍、昭文馆学士马怀素为修图书使，与右散骑常侍、崇文馆学士褚无量整比。会幸东都，乃就乾元殿东序检校。无量建议：御书以宰相宋璟、苏颋同署，如贞观故事[3]。又借民间异本传录。及还京

---

[1] 语仿《孔子家语·三恕》，曰："夫江始出于岷山，其源可以滥觞。"
[2] 袁枚．随园随笔 [M]// 王英志．袁枚全集新编：第七册．杭州：浙江古籍出版社，2018：275.
[3] 此处"贞观故事"指《新唐书·艺文志》载"贞观中，魏征、虞世南、颜师古继为秘书监，请购天下书，选五品以上子孙工书者为书手，缮写藏于内库，以宫人掌之"一事。后遂以"宫掌"称图书收藏者。

师，迁书东宫丽正殿，置修书院于著作院。其后大明宫光顺门外、东都明福门外，皆创集贤书院，学士通籍出入。[1]

玄宗的开元盛世不仅仅在于吏治的整顿与律法的规范，也不仅仅在于经济的改革与边境的拓展，更在于其繁荣开放的文教政策。唐玄宗对典籍的修缮与古籍的保存都抱有浓厚的兴趣。他在大学士马怀素的建议下，先是命马怀素、褚无量对天下图书进行搜寻、整理，再通过与民间书籍的对比、校勘，命专门人员将整理好的典籍缮写下来，并存于官方的书院。起初，唐玄宗把修书场所定为东都（洛阳）乾元殿，而这座乾元殿是武则天时期建造的气势磅礴、华丽非凡的明堂，可见这次修书活动的规模及官方的重视！等到巡视完洛阳回到长安，他便将修书场所迁到了东宫丽正殿，并专门设置了"修书院"在其中——这便是最早的丽正书院。再后来，唐玄宗又在大朝正宫——大明宫光顺门外设置了集贤书院，并下令将东都的乾元殿修书场所、东宫丽正书院统一改名为集贤书院。这便是从丽正书院到集贤书院的演变过程。[2]

从功能的角度来讲，丽正书院和集贤书院都是由官方统一建造并以修书、藏书为主要功能的大型文化场所，可以认为是

---

[1] 欧阳修，宋祁. 新唐书 [M]. 北京：中华书局，1975：1422.
[2] 关于从丽正书院到集贤书院的演变过程，《新唐书·百官志》亦有详细论述："开元五年，乾元殿写四部书，置乾元院使，有刊正官四人，以一人判事；押院中使一人，掌出入宣奏，领中官监守院门；知书官八人，分掌四库书。六年，乾元院更号丽正修书院，置使及检校官，改修书官为丽正殿直学士。八年，加文学直，又加修撰、校理、刊正、校勘官。十一年，置丽正院修书学士；光顺门外，亦置书院。十二年，东都明福门外亦置丽正书院。十三年，改丽正修书院为集贤殿书院。"

官方的图书馆。丽正书院和集贤书院在推行大唐繁荣的文化政策、保存整理典籍等方面做出了极大的贡献，且职责清晰、内容明确，《唐六典》记载：

> 集贤院学士掌刊缉古今之经籍，以辨明邦国之大典，而备顾问应对。凡天下图书之遗逸，贤才之隐滞，则承旨而征求焉。其有筹策之可施于时，著述之可行于代者，较其才艺，考其学术而申表之。凡承旨撰集文章，校理经籍，月终则进课于内，岁终则考最于外。

唐代集贤书院中掌管修书之事的官员被封作集贤院学士，他们职责清晰，分工明确。其中，有的负责刊辑古籍，明典辨礼，且设置了顾问一职；有的负责奉旨去搜罗散佚天下的图书典籍、发掘著书才俊；有的致力于应用与传播，择取古籍中于家国、时代有益的学问知识并将其发扬光大，传扬于世；有的负责编纂、汇集文章；有的负责校勘经籍。他们每月和每年都有定期考核。这样分工明确、职责清晰的做法使得丽正书院、集贤书院相较于前代藏书阁有一定功能上的拓展，也是书院在自身独立发展道路上迈出的第一步。关于集贤书院在整理文化典籍方面具体做出的贡献，《唐六典》也有详细说明：

> 集贤所写，皆御本也。书有四部：一曰甲，为经；二曰乙，为史；三曰丙，为子；四曰丁，为集。故分为四库，每库二人，知写书、出纳、名目、次序，以备检讨焉。四库之书，两京各二本，共二万五千九百六十卷，皆以益州麻纸写。

由此可见，集贤书院不仅在古籍刊刻、校勘、搜集等方面做出了相当大的贡献，学士们的研究更具有相当高的古典文献学术价值。在典籍文化整理方面，集贤书院已经使用出现不久的经、史、子、集"四分法"来整理书籍，更是在目录学、版本学上做出了巨大的学术贡献。

丽正书院和集贤书院可被认为是史书记载中最早的官方书院，在发轫之初更多呈现的是其藏书功能，具体而言包括藏书、校书、搜书、抄书、刊刻等具体功能。随着时代和书院自身的发展，尽管后代的书院较之丽正书院和集贤书院增设了聚徒讲学、学术研究、科举交互等新功能，但藏书功能依然是中国书院的本质特征之一。正如河水发源一般，在书院滥觞之初，唐代的官方书院定下的性质及基调是书院的根基，其价值及意义实则不容忽视。

● 孝文书院藏书章

二、读书、讲学——民间书院的发轫与本质功能

任何事物发生的背后都潜藏着社会历史发展的必然性与合理性，更渗透着历史对其的强大需求。立足于书院本身，那些非目的性、非政策强制性的民间书院往往更能反映出中国古代士人对书院这一文化载体的需求。学术界一般认为，唐代初年的民间书院要早于官方的丽正书院和集贤书院。从现存的地方

志与史料记载中可知，这一结论有其合理性。

（一）民间书院的发轫

光石山书院

若考察最早的民间书院，光石山书院则是目前古籍记载的年代最早的书院。根据《全唐文》中所载的唐苏师道的一篇《司空山记》，大致能看出光石山书院的原始样貌：

> 司空宅在山之西，去观十一里，今殿宇有像，坛井基图，宛然在焉。宅左有光石山书院，故基尚存。北一里有惠光寺，前有洗药池，池水冬温夏凉，异香袭人，掬饮可以愈病。又十里有菩提寺，寺前有池，方广二十丈，其水亦如药池，岁旱不涸，传云，司空昔常于此水沐浴，今谓之仙池。[1]

苏师道此人为唐玄宗天宝年间之人，时任潭州刺史。据上述材料中"故基尚存"的说法可知，光石山书院存在的时间在玄宗年代之前，因此可能早于开元五年开始规划筹建的丽正书院和集贤书院。另外，相传这座光石山书院与南齐大臣张岊有关。张岊面对混乱朝局，无力回天，从而隐居于此山，建立了这座书院，其遗址与寺庙相连。由此可以窥见，民间书院在诞生之初便隐约带有中国古代士人隐居山林、独善其身、坚守正道、保持操守的痕迹，这条发展道路在后来的民间书院演变过程中亦未堵塞。尽管光石山书院的历史记载很少又带有神秘色彩，但它在一定程度上满足了士人的精神需求。

---

[1] 苏师道.司空山记[M]//董诰,等.全唐文.北京：中华书局，1983：3768.

瀛洲书院

早于丽正、集贤等官方书院的民间书院,除了上述光石山书院,还有位于陕西蓝田的瀛洲书院。嘉庆《大清一统志》记载:"瀛洲书院在蓝田县治南,唐时建。明弘治中修。"该书院为唐学士李元通建,李元通生活的时代为唐高祖武德年间(618—626年),由此可知瀛洲书院是李元通早于丽正、集贤书院约100年所修建的私人讲学授徒的文化场所。

(二)民间书院读书、讲学功能的初现

如果说官方书院发源之初所带有的是藏书、修书功能,那么初建的民间书院则带有明显的读书讲道、聚徒讲学的特质。在后来中国书院发展的历史长河中,书院聚徒讲学、钻研学问的性质也越来越突出,成为书院的显性功能之一。

读书研习——李公书院

李公书院是文献记载中最早的以读书学习、卜居讲道为目的的书院。嘉靖《青州府志》记载:"李公书院在(临朐)县西南,唐李靖读书处。一云靖从太宗征闾左,于此阅司马兵法。"[1]由此可知,李公书院是唐代名将李靖为了读书向学、研习兵法而在征战过程中建立的学习场所,因此其书院本身便带有读书研习的性质。

卜居讲学——张说书院

张说书院是唐代丞相张说筑室建造的书院。张说在开元年间被任命为中书令,封燕国公。这座书院便是他在还没有封公拜相之时建造的。弘治《重修保定志》载:

(张说)唐开元中为中书令,封燕国公。公未遇时,

---

[1] 杜思修,冯惟讷. 青州府志 [M]. 刻本. 嘉靖年.

> 至满城花阳山，因见风景异常，花木蓊郁，筑室于此，以为读书之处。后人修葺完好，更名曰相公堂。[1]

在武则天时期，张说还未在政治上大展宏图之时，他见满城花阳山风景美丽异常，树木繁茂，花草葱郁，于是选择这个地方作为读书之处。后人又称其为"相公堂"。又云：

> 相公堂在郡城西五十里，属满城县，唐燕国公张说布衣时，以此地山水清奇，尘嚣屏绝，率其徒若干人卜居讲道，后拜相。乡人思之，因广其制，构屋三间，周以垣墙，崇以台级，塑像于中而奉祀焉。

在选址方面，张说书院选在了位置远僻、环境幽静、风景优美的城外，为的便是在青山绿水间安心读书，摒弃凡尘的喧嚣。不仅如此，后来他又在自己读书研习的基础上收徒讲学，于是张说书院便具有了卜居研习、授徒讲道的性质。在张说封官拜相之后，张说书院在满城民众的努力重建下，规制变得更加宽阔宏大，构筑房屋三间，周围砌以垣墙，再搭建台阶将书院的地基拔高，以地理位置之高来表示书院的崇高之位。值得一提的是，他们还在张说书院中安置了张说的塑像，来表达满城乡人对张说的思念之情和祭祀之意。这样，张说书院的功能便又多了一个"祭祀"。可见，张说书院虽然是唐代初期出现的一座民间书院，但实质上却带有读书研习、授徒讲学、祭祀这三大功能，这三大功能在后来书院的发展中也是核心功能。

民间书院传播文化的使命突显——松洲书院

在唐代，福建地区出现了一所松洲书院。这所书院不仅扩大了唐代书院的功能，更重要的是在诞生伊始它便身兼传播社

---

[1] 章律，等. 重修保定志[M]. 刻本. 弘治七年.

会文化的重要意义。同为民间书院，松洲书院不仅拥有李公书院、张说书院的读书研习、卜居讲学、祭祀的功能，更承担了民间书院的文化使命与责任，使得中国古代士大夫在江湖之远亦能以一己之身肩负起传播文化的责任。

松洲书院的开创者是唐代的陈珦。乾隆《龙溪县志》卷四载："松洲书院，在二十三四都，唐陈珦与士民讲学处。"关于陈珦创立松洲书院的始末，府志中亦有详细记载：

> 陈珦字朝佩，元光之子也……万岁通天元年举明经及第，授翰林承旨直学士。及武后称制，上疏乞归养，使主漳州文学，龙溪尹席宏聘主乡校，乃辟书院于松洲，与士民论说典故。

陈珦是唐朝名臣陈元光之子，他活动在武后时代，在万岁通天元年通过明经科举考试而及第，接着授官翰林承旨直学士。面对武后专权把持朝政，他表示出强烈的不满。后来，陈珦以孝道为由，借奉养双亲之名，上疏辞官回到家乡，也是其父陈元光戍守创业的一方文化净土——漳州。到了漳州之后，当地的府尹、县令对其极为重视，先派其担任州"文学"一职，接着他被县令席宏聘任至龙溪乡校，主持文化诸事。松洲书院便是创立在此时，以便于陈珦与乡里士大夫与民众论说经典，探讨礼义。从中不难发现，松洲书院虽然由陈珦个人创办，但实质上它是在官府背景下创立并带有明显官方性质的书院，由此可见，书院在草创阶段便显示出民间与官方密不可分、千丝万缕的关系。

松洲书院在陈珦的主持与推广下，对漳州民俗与风教发挥了重要的作用，县志记载："是时，州治初建，俗尚固陋，珦开引古义，于风教多所裨益。"这不仅反映出松洲书院的实际办学效果，更能显示出书院创办的最初目的。这一点要从陈珦之父、"开漳圣王"陈元光说起。

陈元光是唐代第一任漳州刺史。唐代垂拱二年（686年），陈元光上疏陈请皇帝在泉、潮二州间设立郡县，以此来巩固漳州地区的稳定与统治。而他自己便首开先河，自请任职，为此他还特意上疏《请建州县表》一文。在治理漳州的理念上，陈元光认为：

> 窃惟兵革徒威于外，礼让乃格其心。揆诸陋俗，良由职方久废，学校不兴。所事者蒐狩为生，所习者横暴为尚。诛之则不可胜诛，徙之则难以屡徙。倘欲生全，几致刑措，其本则在创州县，其要则在兴庠序。盖伦理谨则风俗自尔渐孚，治理彰则民心自知感激。窃以臣镇地曰安仁，诚为治教之邦；江临漳水，实乃建名之本。[1]

若仅仅以兵革武力治理一方蛮荒之地，那么只能徒增外在的淫威与暴戾，难以完成长久的治理。只有通过移风易俗、教化百姓的方式才能让仁义与礼让深入百姓心中，才能真正完成社会文化的传播。因此，陈元光认为，创设州县的要义在于"兴庠序"，也就是兴办学校。百姓明白了伦理道德，民风便能逐渐形成；法制彰明，那么民众自然知道感激，因而州县的统治也将令百姓信服。陈珦承其父之志，最终在漳州创立松洲书院，来达到移风易俗、教化百姓的目的。尽管已从庙堂告老，但其依旧承继士大夫的社会责任，在民间传播文化。

从规制上来看，松洲书院的格局为"前庙后校"，也就是说，

---

[1] 陈元光. 请建州县表 [M]// 董诰, 等. 全唐文. 北京：中华书局，1983：1674.

前面是用于祭祀的宗庙，陈珦以此来祭祀为平寇乱而战死的其父陈元光，后面则是用于聚徒讲学的书院。在教学方式上，松洲书院不仅有上文提到的"与士民论说"一种方式，还有"聚徒教授"[1]的讲学方式。这样的教学方式已经使书院初具学校的样貌，这一方面与陈元光、陈珦的办学理念直接相关，另一方面与官府支撑不无联系。从教学内容上来看，松洲书院的教学内容为儒家经典所倡导的仁德礼义，不难看出此类教学内容与书院创办之初的移风易俗、教化百姓的目的高度吻合。

三、五代书院——在乱世中探寻生存空间

从书院的发展史来看，唐代是中国书院的源头，也因其太平清明的政治为书院的发展提供了安定的环境。可以说，无论是官方书院还是民间书院，都依赖于大唐盛世这片肥沃的土壤。但书院作为一个独立的生命体，其生长繁茂所依托的土壤并非仅限于清明的政治，在乱世中书院依旧能为自身寻求更大的发展空间。到了五代十国时期，中国书院并没有停下成长的脚步，而是依托乱世韬光养晦，在尘世之外开辟了另一条发展之路。

唐后的五代十国是中国历史上又一段大分裂时期，从公元907年梁王朱温接受唐哀帝的"禅让"建立后梁开始，直至公元979年宋太宗灭北汉而宣告终结，共延续了72年。这段时期政治混乱，文化没落，社会动荡，百姓颠沛。自古以来，无论治世还是乱世，士大夫都有自身的人生选择与精神出路。五代时期的士人以自己的方式肩负起拯救社会文化的责任，他们隐居山林，聚徒传道，于乱世中拯救传统文化使其不坠精华，代代相传。最初，五代时期的士人选择僻静清幽的山寺作为避乱

---

[1] 乾隆《龙溪县志》载，陈珦"乞衰龄，复就松洲别业，聚徒教授"。

之所，因为寺庙本就会定期举行诵经布道、升坛拜佛的活动，他们一方面可以寻一片幽静之地躲避战乱，另一方面还可以召集志同道合的士人在此聚集，研习讲学，传播文化。由于聚集之人越来越多，寺院的规模和数量已不能满足离乱中士人们的需求，于是寺庙中的僧人便为文人士子另辟书院，不仅为其提供稳定的居住地，更为其提供可以读书研习、聚徒讲学之所，于是五代十国的民间书院应运而生。不难看出，在战乱颠沛的五代十国时期，民间书院具有更广阔的发展空间，其价值在于满足离乱中文人士子内心对文化、学术的渴求。

据文献资料统计，五代十国半个多世纪（907—960 年），民间书院共有 13 所，其中新建 12 所，兴复唐代书院 1 所。其地域分布，北及幽燕之区，南达珠江流域，集中在今江西、福建、广东、河南、北京地区，基本上仍在唐代书院分布的范围之内。[1] 据邓洪波在《中国书院史》中的统计，五代时期的民间书院目前据文献可考证的共有 13 所，分别为：窦氏书院（地处北京昌平）、太乙书院（地处河南登封）、龙门书院（地处河南洛阳）、留张书院（地处江西宜丰）、匡山书院（地处江西泰和）、梧桐书院（地处江西奉新）、华林书院（地处江西奉新）、兴贤书院（地处江西吉水）、云阳书院（地处江西永修）、光禄书院（地处江西吉安）、东佳书院（地处江西德安）、蓝田书院（地处福建古田）、天衢书院（地处广东连州）。其中窦氏书院、匡山书院这两所书院尤为值得注意，下面分别对其进行详细介绍。

窦氏书院——于乱世中为士人提供精神栖息之所

窦氏书院位于今北京昌平，是由后周右谏议大夫窦禹钧创建。关于窦禹钧本人，《范文正公别集》卷四《窦谏议录》记载曰：

---

[1] 邓洪波. 中国书院史（增订版）[M]. 武汉：武汉大学出版社，2012：47.

> 家惟素俭，器无金玉之饰，室无衣帛之妾。于宅南构一书院四十间，聚书数千卷，礼文行之儒，延置师席。凡四方孤寒之士，贫无供须者，公咸为出之，无问识不识，有志于学者，听其自至。

窦禹钧生于北京昌平，生活在唐代灭亡前后的乱世，在唐代灭亡之后随着政权更迭而"随仕"，至后周时任右谏议大夫一职。他治家严谨，家风朴素纯良。窦氏书院是以其姓为名创立，建于自家宅院以南，藏书千卷，礼遇文人儒士，延请名师进行讲学。只要是在乱世中飘零无依且愿意向学的士人，无论来自何地、无论认识与否，窦公都愿为其敞开门扉，为他提供一方学习之地。由此可见，虽然是私人创办的民间书院，窦氏书院在当时是向社会公众开放的。其不仅为天下士人提供一方学习之所，更是乱世飘零中的心灵精神栖息之地。从功能上讲，窦氏书院功能完备，规模庞大，集藏书、讲学、研习三者于一体，影响亦颇为深远：

> 故其子见闻益博。凡四方之士，由公之门登贵显者，前后接踵来拜公之门，必命左右扶公坐受其礼。及公之亡，蒙恩深者，有持心丧三年，以报其遗德。

这种深远的作用不仅影响了窦禹钧的家人，更使窦禹钧在社会上累积了声望与恩泽。由于耳濡目染，窦禹钧的儿子们日渐受益于书院，先后考中了进士，名扬四海。不仅如此，由四方而来有志于学的寒门士子蒙受窦公恩泽，在登科显贵后前来报恩叩拜，每次来叩拜时，他们都要左右搀扶窦公，使他坐受叩拜，待到窦公亡故，书院门客便为其守丧三年，来报其昔日的收留之德与延师教诲之恩。守丧三年本为故者亲生孩子所持之礼，这从侧面说明了窦氏书院在当时对文人儒士的重要意义。乱世无情，生灵苦难。窦氏书院在乱世中开辟出了另一条发展道路，在有志于学的读书人最需要家园之时满足了他们的精神需求，这是民间书院在离乱中未停滞脚步的重要因素，也彰显了书院这一生命体强大而坚韧的生命力。

匡山书院——首所受官府表彰的荣耀之院

匡山书院地处江西省泰和县，由后唐端明殿学士罗韬辞官归隐后建立修葺。《明一统志》记载："匡山书院在泰和县东匡山下，昔里人罗洞晦清修不仕，后唐徵拜官，以疾辞归，从游益众，遂名其学曰'匡山书院'。"[1]

匡山书院的重要意义在于它是第一所受到政府表彰的私人书院。中国书院自有唐一代肇始，始终沿着官方书院和民间书院两条路线发展，但两条线并非永不相交的平行线，而是在每个时期都有着千丝万缕的交集与联系，并且相互渗透与影响。上文所述唐代松洲书院便是陈珦在县令席宏的支持下发展建设的，亦离不开其父首任漳州刺史的移风易俗、教化百姓的治理理念与强大的文化影响力。总之，唐代松洲书院已初显官府支持对民间书院的影响，但这种影响还停留在个别书院上。到了五代的匡山书院，这种影响已经摆在明面上，以表彰褒奖的显性方式来突出官府对民间书院的承认与支持。书院受誉的敕文：

> 朕惟三代盛时，教化每由学校；《六经》散后，斯文尤托士儒。故凡闾巷之书声，实振国家之治体。若前端明殿学士罗韬，积学渊源，莅官清谨，纳诲防机之鉴，允协朕心；赏廉革蠹之箴，顾存宸席。寻因养

---

[1] 纪昀，等. 影印文渊阁四库全书：第473册[M]. 影印本. 北京：北京出版社，2012：138.

病，遂尔还乡。后学云从，馆起匡山之下；民风日善，俗成东鲁之区。朕既喜闻，可无嘉励，兹敕翰林学士赵凤大书"匡山书院"四字为之扁题。俾从游之士乐有瞻依，而风教之裨未必无小补焉！[1]

离乱中的政权更需要文化勃兴。后唐皇帝李嗣源深知文化的重要意义，其统治仍以兴儒家文化为要义。在太平安定的时代，百姓教化主要依靠官方兴办学校，讲学论道；在格局分裂、政权交替的乱世之中，文化传承的使命便仰赖于民间的博学鸿儒。的确如此，文化坚韧而自由，它不会因治乱之别而停滞，而善于在细微的夹缝中迎来新的生机。后唐帝王的高明之意便在于此，他清醒地认识到其时其代依托政治的力量根本无法全力振兴文化，于是他便以鼓励的态度激发民间儒者的无限力量，使他们成为文化传承的中流砥柱。由是其言"故凡闾巷之书声，实振国家之治体"，民间的读书、讲学才是振兴国家文化的中坚力量，更是巩固政权的内在软实力。在这样的情景下，罗韬创立匡山书院，教化乡里，培育后学，移风易俗，形成良好的民风，这样的做法深合帝心，于是便命翰林大学士赵凤写"匡山书院"的匾额相赠，以此作为嘉奖来鼓励更多民间士人向学且效仿。

后代书院受皇帝赐匾、褒奖的例子屡见不鲜，而匡山书院无疑是中国书院史上第一所受到皇帝表彰的荣耀之院，且发生在战乱横生的五代时期。这便意味着民间书院首次在明面上受到了官府的承认与支持，更意味着民间私人书院迎来了新的发展契机。尽管后期书院在发展过程中难免受到官府力量的制约与干扰，但在这样的时代里，匡山书院作为一座民间书院受到中央政权的嘉奖与表彰，进一步证明了其在净化民风、传播文化方面的重要功

---

[1] 宋瑛，彭启瑞．泰和县志[M]．刻本．光绪四年．

能。这种功能在某种意义上已经成为不可替代的强大的力量，甚至其效力已经超过统治者对文化的宣播与推广。

在中国古代书院的发展历史上，唐五代书院仍处于发轫期。尽管其仅有"滥觞之力"，但已经初步构建起书院发展的基本架构，后期书院基本按照这样的规制丰富与发展。

首先，中国书院的发展线索基本确立。从唐代书院肇始，书院发展便确立了官方书院与民间书院这两条路线。后代书院无论缘何发展均离不开这两条大路，只是在发展过程中两条路线或相互滋养，或相互掣肘，或相互博弈……书院的发展也是以此为基础而形成了发轫、发展、遭遇瓶颈、成熟、辉煌的完整生命线。

其次，中国书院在唐五代时期，其基本功能与规制已基本确立。纵观书院发展史，藏书、讲学、祭祀、学田一般被认为是书院的四大功能，其中最重要的是藏书与讲学。在发展初期，这些功能均已具备，只是在"滥觞"之时还仅是"小荷露尖角"。藏书功能是唐代官方的丽正书院和集贤书院的主要功能，后来在五代时期的民间书院中，华林书院极具代表性。华林书院建于南唐时期，据宋代胡逸驾《祭华林始祖侍御史城公祖妣耿氏夫人二墓文》记载，华林书院"筑室百区，广纳英豪，藏书万卷，俾咀其葩。出其门者，为相为卿，闻其风者，载褒载嘉"，亦受到南唐政府的嘉奖。一座乱世中的民间书院藏书万卷，可见其藏书功能的重要性。讲学功能亦是中国书院的一项重要的基本功能，以五代民间书院为例，在13所书院中，8所明确记载有讲学功能与教育教学活动，且规模庞大，门人云从。不得不说，这样的比例已经很稀见了。学田，顾名思义即办学用的公共田产，以其耕田所获得的收入作为维持生计与日常活动的经费。这在五代时期的民间书院中尤为常见。战乱中的书院开辟者大多辞官归隐，寻得一方清幽之地兴建书院，而书院的门人学子以耕读的方式边耕边读，开垦荒地为耕地，合力维持书院存续。这样的"学田"功能也是后期书院的基本功能之一，更是五代十国这个战乱时代的特有符号。祭祀功能亦已有涉及，如唐代的张说书院，在张说拜相之后，乡人为了纪念张说为乡里所做的贡献，特意安置了张说塑像以祭祀；再如松洲书院，唐代的松洲书院亦具有祭祀功能，其格局便是"前庙后校"，前面是用于祭祀的宗庙，以祭祀"开漳圣王"陈元光，后面才是讲学之所。麻雀虽小，五脏俱全。总之，唐五代书院尽管只处于发轫时期，但依旧具备了中国古代书院的基本规制与功能，这在书院发展史上是不容忽视的。

最后，中国书院在唐五代时期便凸显出了中国传统士大夫的文化使命感与责任感。在大唐盛世中，居庙堂之高的士大夫举全国之力修书典藏，为大唐的繁荣尽一份文化的力量；处江湖之远的文人士子仍不忘读书人的责任，以一己之力开辟文化场所，教化乡里，传播文化，奖掖后学，为一方水土的治理贡献自己的精神力量。在五代十国的战乱中，有志向学的士人更是在民间书院中寻得了一片读书之地与精神栖息之所，而这片精神家园的开辟有赖于有责任感的士大夫，他们或当过官拜过相，或不满于统治的黑暗而选择隐居，抑或以纯净民俗民风为治理目的。总之，中国书院不是仅作为冰冷的读书、研学的文化建筑与文化场所存在，而是蕴含着中国传统士大夫的文化使命与责任，充满了人文的温度。在后代的发展中，中国书院作为一种独有的文化符号，被一代又一代地传承了下来。

第二节　补阙官学与内源演变——北宋书院与官学的互动

经过了唐五代的发轫与初步成长，中国书院在两宋时代迎来了新的发展契机。在北宋，书院一度成为北宋政府弥补官学教育之阙的重要媒介，可以说，书院在北宋建立之初代替官方学校行使了教育天下士人的权力，又随着北宋政治、经济的发展而被逐渐纳入官学体系中，其重要性不言而喻。到了南宋，书院迎来了内源演变与辉煌勃兴时期，书院不再是依附于官学的组织形式，也不是私人学者用以肩负社会责任的臂膀，而是达到了一个"自我发展"时期，按照书院自身发展的轨道进行自我成长，成功地"做自己"。书院在南宋已经成为与官学体系、私人教育相鼎峙的教育形式与文化符号，开启了自我发展的新篇章！

一、补官学教育之阙——北宋书院在特殊背景下的新功能

站在历史的长河尽头回望，我们会发现两宋是一个特殊的历史时期，其最典型的特征便在于其自始至终从未完成真正意义上的国家大一统，尽管宋代帝王一直追求此目标。自公元960年宋太祖赵匡胤建立了北宋政权，其后的十多年中他都在南征北战，以军事力量来讨伐未曾归服的割据势力，而最终的局面是与辽、西夏相互对峙。立足于北宋前期的历史，我们不难发现，统治集团的重心在于政治与军事，但在对待文化的态度上却并未松弛，甚至明确提出了"大兴文教"的文化方针，这种情形在历史上是十分少见的。也就是说，一方面，北宋政府建立之后仍继续着结束五代乱世、以期完成国家统一的征服战争，另一方面，其又大力推行文教政策，在拔擢人才、培育士子上也绝不含糊。这样的做法本身就存在矛盾，因为凭借宋

初政府的力量是难以令军事与文化齐头并进的。官府明明无兴学之力,却大兴文教,大倡科举,扩大官员"坑位",增加科举名额。心有余而力不足,于是政府把目光投向了书院。

经历了唐五代的韬光养晦,书院到北宋时已按照自己的节奏发展到了一个新阶段——北宋书院最显著的功能便是补官学教育之阙。吕祖谦《白鹿洞书院记》记载:

> 国初斯民,新脱五季锋镝之厄,学者尚寡,海内向平,文风日起,儒先往往依山林,即闲旷以讲授,大师多至数十百人。

任何时代的百姓与知识分子都有对文化与教育的需求,乱世中的五代如此,相对太平安定的宋初亦如此。北宋政府的官学系统在此时无力兴办运转,于是士大夫便先依赖山林中的书院,闲暇时讲授文化,众人聚集一堂,共同交流探讨知识与文化。这种现象当承自五代时期的民间书院传统,朱熹曾在《衡州石鼓书院记》中记载道:

> 予惟前代庠序之教不修,士病无所于学,往往相与择胜地,立精舍,以为群居讲习之所。而为政者乃或就而褒表之,若此山,若岳麓,若白鹿洞之类是也。

五代十国这样的动荡混乱的时代里,官方学校不兴,士人没有读书向学之所,于是便选择环境优雅、僻静清幽之地建立私人书院,或读书研习,或聚徒讲学。当时割据势力中的统治者便对书院进行赐匾、褒奖与表彰。宋初政府敏锐地看到了书院的价值,并大力鼓励各地书院奋起勃发,像石鼓书院、岳麓书院、白鹿洞书院都是立足于此种政策背景而发展起来。于是,中国古代书院发展到北宋便多了一种职能,即补阙官学之所不能为。需要强调的是，书院的这种职能有着明显的时代性，它不像藏书、讲学、祭祀、学田等基本职能，而是宋初这样暂时"无力兴学"的特殊历史时期赋予书院的特别的功能。随着政治、经济、军事的逐渐强大，北宋政府开始有能力兴办学校，这种补阙职能逐渐被淡化。

二、"院""官"相长——北宋初期书院与政府的互依互兴

在北宋，书院与政府的关系可以称得上是互依互兴，彼此成就。正如朱熹所说，"庠序之教不修，士病无所于学"，官府没有兴办官方学校的能力，于是便将目光聚集到书院来选拔人才；而有才能的人因没有学习之所，于是便求学于官府承认的书院中，而书院也以培养入仕的士子为目标，进而加速发展，扬名立万。从选拔人才这个意义上来讲，官府、书院、学人这三者的目标是一致的，因此造就了书院与政府的互依互兴的独特关系。

书院成为士人科举及第的重要摇篮。唐代之时，科举便为天下寒门士子提供了一条相对公平且有机会跨越阶层的有效途径，也是封建统治集团选拔人才的一条重要渠道。宋初，在政府有心兴办科举却又无力设立官学来培养人才的情形下，书院的价值便发挥到了极致。以江西修水的芝台书院、樱桃书院为例。芝台书院建于溪口，樱桃书院建于布甲乡，其创立者均是江西修水的黄中理，他也是北宋著名文豪黄庭坚的曾祖父。黄中理将书院交由其长子黄茂宗管理，不仅收获了"利己"的成绩，使黄氏家族得以兴旺，更达到了"利国"的效果，书院成为国家培养人才的摇篮。据史志记载，黄中理有子侄10人，均就读于其创建的芝台、樱桃两书院，南宋袁燮在《秘阁修撰黄公行状》中记载道：

> 一门兄弟共学于修水上芝台书院。道义相磨，才华竞爽，时人谓之'十龙'。后登第者强半，朝散之长子曰康州太守庶，有诗名，实生太史氏庭坚。

袁燮对此不吝褒扬，而黄氏家族的子侄们也值得后人如此的赞颂。子侄10人皆先后及第考取进士，这样的事情在中国家族史上都是罕有的盛况。袁燮笔下的"十龙"分别是：黄沔、黄滋、黄注、黄渭、黄淳、黄浚、黄湜、黄灏、黄涣、黄浃。可以说，芝台、樱桃二书院在此时达到了鼎盛时期。尽管后面无法再复刻"黄氏十龙"的辉煌，但从中亦走出了不少赫赫有名的文化、政治名人，其中便有黄庭坚父子二人，更有在北宋拜相、与欧阳修等合修《新唐书》的宋祁，他们在尚未及第时都曾在芝台、樱桃二书院中求学。可以说，黄中理创立的这所书院对学子及第及个人人生价值的实现意义重大！

书院成为替政府培养人才的关键场所。宋初官府在大力支持书院的活动中亦有所行动，而非仅仅任其发展，坐享拔擢人才之利。以应天府书院为例，应天府书院位于河南商丘，其前身便是建于五代时期的睢阳书院。宋真宗大中祥符年间（1008—1016年），即北宋建立政权40多年后，政府开始策划重修睢阳书院，也就是北宋的应天府书院，据范仲淹《南京书院题名记》记载：

> 祥符中，乡人曹氏，请以金三百万建学于先生之庐。学士之子殿中丞舜宾时在私庭，俾干其裕。故太原奉常博士渎时举贤良，始掌其教。故清河职方员外郎吉甫时以管记，以领其纲。

大中祥符二年，睢阳乡有名的富豪曹诚出资三百万金在戚同文旧学的基础上重建当时的睢阳书院。据史料记载，当时在原有的睢阳书院的基础上新造学舍150间，聚集图书1500余卷，并广而宣之，招收学子。在主持管理方面，戚同文之孙戚舜宾被聘任为主院，理全面事宜，出资方曹诚为助教。当时书院博采国家有才向学之士，讲学、研习渐成风气。宋真宗见此大为赞赏，于是下诏改题睢阳书院为"应天府书院"，并赐学田十顷以资学院开销。

据材料可知，从表面上看，重修应天府书院是睢阳乡人的自发行为，但实际上是由政府推动整修，因为干其裕、掌其教、领其纲的重要事宜均由职位颇高的政府官员所掌管。重修后的应天府书院，学于斯的学子可以直接参加科举考试。不仅如此，应天府书院还会提前教授科举考试当中的一些应试技巧，如此这般，便可见应天府书院已经初步表现出由自发建立的私人书院向政府主导的官方书院过渡的迹象。于是，应天府书院在当时风靡一时，范仲淹《南京书院题名记》记载：

> 由是风乎四方，士也如狂，望兮梁园，归欤鲁堂。章甫如星，缝掖如云，讲议乎经，咏思乎文。经以明道，若太阳之御六合焉；文以通理，若四时之妙万物焉。诚以日至，义以日精。聚学为海，则九河我吞，百谷我尊；淬词为锋，则浮云我决，良玉我切。

范仲淹对应天府书院颇有赞誉，亦可见当时士人学子如痴如醉的真实场景。而应天府书院官方主导的性质亦决定了其必将培养出更多即将入仕之才，正如材料所说"章甫如星，缝掖如云"，他们以儒家经义为修习之要，礼服礼帽如星如云，仿佛可见书院日常人头攒动、蓄势待发的热闹的学习场景。此外，上述材料还反映出一个重要的问题，那便是应天府书院的教学内容为儒家经义和文学吟咏两个方面。在科举考试的整套体系中,经科无疑最为重要,但集科即文学也十分重要。应天府书院以儒经和文学为主要教学内容,更能体现范仲淹主持书院时重视博涉经集、经世致用的思想,他还提到:

> 然则文学之器,天成不一。或醇醇而古,或郁郁于时,或峻于层云,或深于重渊。至于通《易》之神明,得《诗》之风化,洞《春秋》褒贬之法,达礼乐制作之情,善言二帝三王之书,博涉九流百家之说者,盖互有人焉。

范公此段话颇有见地,他在人才培养方面有着自己独有的思想。他认为,每名考生的天资不一,禀赋有异,因此所擅长之处也大有不同。在主持应天府书院期间,范仲淹将《易》《诗》《书》《礼》《春秋》等儒家经典分设为不同的科目及课程,让学生能按照自己的天赋所长来选取科目。除此之外,范仲淹还倡导博采众长、博涉百家之说,让人才在"精专"的体系下得到全面的培养。在人才的培养和用途上,他亦有十分通达的看法:

> 若夫廊庙其器,有忧天下之心,进可为卿大夫者;天人其学,能乐古人之道,退可为乡先生者,亦不无矣。

这种非功利性的教育目的无论对国家还是对学子本人都是极为有利的。科举考试作为一种选拔性考试,无论如何都不能令一切有志于兼济天下的士人为官入仕。因此,他认为:如果真是庙堂之器、有忧天下之心的人才,那么便可通过科举选拔为国效力,而若学识渊博但始终无法成功入仕的人才也能以先贤古圣之道为乐,退处江湖之远亦能任教于乡里,传播学识,为国家培养更多的人才,在另一个意义上为国效力。这是一种经世致用的人才观,也是一种通达的教育观,更是一种极尽孔颜之道的人生智慧!

回过头来看,书院在经由政府一系列的动作下,已经显示出标准化、规范化的雏形。书院也成了名副其实的孕育人才的摇篮,成为替政府培养人才的关键场所。

> 观夫二十年间相继登科,而魁甲英雄,仪羽台阁,盖翩翩焉,未见其止。宜观名列,以劝方来。登斯缀者,不负国家之乐育,不孤师门之礼教,不忘朋簪之善导,孜孜仁义,惟日不足,庶几乎刊金石而无愧也,抑又使天下庠序视此而兴,济济群髦,咸底于道,则皇家三五之风步武可到,戚门之光亦无穷已。

北宋政府有意将应天府书院典型化,希望天下的书院都能效仿应天府书院,服务于科举考试,为国家源源不断地输送人才。可以说,这种想法并非空谈,而是基于北宋政府不断发展所拥有的文化底气!总之,从书院的发展史来看,北宋是书院发展的一个特别的时期,其特殊的历史时代和社会背景赋予了北宋书院以新的职能,即补官学教育之阙,临时代替官学的教育功能。在这种特殊的互动中,北宋书院与北宋官学正缓缓展现出彼此依赖、相互促进的新态势。随着北宋社会的发展,书院即将迎来又一次新的变革!

三、书院与官学的博弈——北宋官学教育体系的重建与书院的另辟蹊径

(一)北宋官学教育体系亟待重建

据上所论,书院在北宋政府的文教政策中扮演了重要的角色,也做出了相当重要的贡献。而从本质上来看,书院始终是自发性大过系统性。国家想要建立长足稳定的文化氛围,必然

要采取整体性的文教政策，建立由官方主导且科学系统的官学体系。历经宋初的休养生息，北宋官学教育体系迎来重建的时机。具体原因阐释如下：

首先，官学教育体系恢复时机日趋成熟。宋初书院得以发展的一个重要原因便是草创之初的政府心有余而力不足，无力恢复官学教育体系而采取一种权宜之计，这种权宜之计本身便潜藏着矛盾。随着北宋对外征服的偃旗息鼓，国家政治、经济逐渐维持在一种相对稳定与平和状态，于是官方教育体系的恢复与重建便顺理成章。

其次，宋初书院养士也有弊端——有限的力量难以满足科举的需求。当官方教育体系的重建遇到曾经临时补阙官学教育的书院时，矛盾便开始浮出水面。书院虽然广受政府的支持，但难以满足北宋初期政府对科举取士的需求。北宋前期的书院本质上仍是一种以自发性为主、官方支持为辅的机构，其本身便缺乏系统性与规范性。从现实的层面来讲，北宋初年受政府支持与承认的书院加起来不过十余家。据白新良先生统计，宋初84年全国新建和兴复书院21所，而实际的数字还远不止这些，如江西在庆历之前就复建庐山白鹿洞，南昌秀溪、香溪，宜黄慈竹、鹿冈，建昌雷塘，丰城莲溪，分宁樱桃洞、芝台、景濂，龙泉新兴，南城盱江等12所书院，另有南丰曾氏书舍、华林书屋，玉山怀玉精舍等，合计有15处教学机构。[1] 从书院本身发展的角度来看，这些数字的确可观，但将目光放置到全国科举取士上便会看清，书院的力量终究有限，的确难以满足举国对于人才的培养与需求。

最后，北宋初期选拔人才的制度存在不小的弊端。《宋史》

---

[1] 邓洪波．中国书院史（增订版）[M]．武汉：武汉大学出版社，2012：80.

中曾有这样一段文字清楚地记载北宋初科举取士的背景,其曰:

> 天圣初,宋兴六十有二载,天下乂安。时取才唯进士、诸科为最广,名卿巨公,皆繇此选,而仁宗亦向用之,登上第者不数年,辄赫然显贵矣。其贡礼部而数诎者,得特奏名,或因循不学,乃诏曰:"学犹殖也,不学将落,逊志务时敏,厥修乃来。朕虑天下之士或有遗也,既已临轩较得失,而忧其屡不中科,则衰迈而无所成,退不能返其里间,而进不得预于禄仕。故常数之外,特为之甄采。而狃于宽恩,遂隳素业,苟简成风,甚可耻也。自今宜笃进厥学,无习侥幸焉。"[1]

这段话说明了北宋初期的吏治存在一定的问题。首先,以书院养士为依托的科举考试存在着问题,即士人为学的功利性太强,一旦登科考中便完成了学习的任务,不出几年便能突破阶层,赫然显贵,其后便不学习了,唯"官场之道"是图。其次,由于统治者扩大取官规模,博取才士,生怕遗漏了人才,亦为了不辜负学人的努力,于是给那些屡试不第、年迈无成、无法归乡的失意士子开以"绿色通道",通过"甄采"的方式对其进行破格录用的。这本是恩泽,但士人却习以为常,不加重视,于是便毁掉了其原有的锐意进取的初心与本业,不务正途,思浅学陋,侥幸钻营,致力于"恩泽"。在这种文化风气下,宋初人才选拔制度亟待改革。

(二)北宋官学教育体系建立的过程——三次兴学运动

宋初教育及人才选拔的状况促使北宋政府必须进行针对性

---

[1] 脱脱,等. 宋史[M]. 北京:中华书局,1977:3611.

的改革，于是便有了三次兴学运动：首先是由范仲淹在庆历年间主导的庆历新政，其在改革教育方面所实施的"庆历兴学"；第二次是王安石在变法中提出的兴学理念，称"熙宁兴学"；第三次是由蔡京在崇宁年间进行的"崇宁兴学"。三次兴学运动的目标一致，旨在恢复官方学校的主导与权威，建立一整套从中央到地方的人才选拔的体系。

1. 范仲淹庆历兴学

针对北宋政府重科举而轻学校的畸形之态，范仲淹开启了他的兴学之路，他在《答手诏条陈十事》中表达了对科举现状的强烈不满与深深的忧虑，其云：

> 三曰精贡举。……卿大夫之职，废既久矣。今诸道学校，如得明师，尚可教人六经，传治国治人之道。而国家乃专以辞赋取进士，以墨义取诸科，士皆舍大方而趋小道，虽济济盈庭，求有才有识者十无一二。况天下危困,乏人如此,将何以救？在乎教以经济之业，取以经济之才，庶可救其不逮。或谓救弊之术无乃后时，臣谓四海尚完，朝谋而夕行，庶乎可济，安得晏然不救，坐俟其乱哉！[1]

范仲淹不仅指出了科举考试科目设置存在着问题，更提出如今官学不兴所反映出来的国家培养人才体系的重大缺漏。国家过分倚仗地方书院对人才的培养，授经传六艺、传济世之道的任务完全在州、县中的书院，而国家仅仅是以考试的形式选拔人才。这样的状况下，读书士人便会舍弃明经正途而钻营辞赋小道，功利之心日渐蓬起；于国而言，在这样异常的体制下

---

[1] 曾枣庄，刘琳．全宋文：第〇一八册[M]．上海：上海辞书出版社，2006：105.

难以选拔出所需的人才。况且，当时的士风日趋浮躁，《宋史·选举志》记载：

> 天章阁侍讲王洙言："国子监每科场诏下，许品官子役然试艺，给牒充广文、太学、律学三馆学生，多致千余。就试试已，则生徒散归，讲官倚席，但为游寓之所，殊无肄习之法。居常听讲者，一二十人尔。"

庆历四年，天章阁侍讲王洙先生揭露当时的国子监存在着严重的"逃学现象"。国子监作为中国古代最高学府和教育管理机构，其对于学子们来说已是形同虚设，毫无学习之所的作用。学子们在科考之后四散逃脱，仅仅将国子监当作临时的游寓之所。可以看出，过分依赖书院而忽视中央教育机构会致使学子们"只问收获，无问耕耘"，因此范仲淹庆历兴学的核心目标便是建立由中央到地方的一套完整的教育体系，首先在中央层面应国子监之请，创办太学，恢复最高学府所应承担的使命；其次是在地方州、县二级提出具体的兴办官方学校的措施，详细到办学地址的选择、讲授先生的聘任、学子考核与奖惩制度的确定以及招生入学的要求等……这样，官方的一整套教育体系得以建立，由是，书院临时补官学教育之阙的任务便已完成。

2. 王安石熙宁兴学

王安石变法对整个北宋教育系统的最大的贡献便是制定了"三舍法"。所谓"三舍法"即将太学从低到高分为外舍、内舍、上舍，以依次晋升的选拔方式来替代科举考试。三舍法的具体实施可见宋神宗时颁布的《学令》，诏曰：

> 太学置斋舍八十斋，斋容三十人。外舍生二千，内舍生三百，上舍生百，总二千四百。生员入学本贯，

若所在州给文据，试而后入。月一私试，岁一公试，补内舍生；间岁又一试，补上舍生，封弥、誊录如贡举法，而上舍则学官不与考校。诸斋月书学生行艺，以帅教不庇规矩为"行"，治经程文合格为"艺"。斋长、谕、学录、学正、直讲、主判官以次考察籍记。公试，外舍生入第一、第二等，参以所书行艺，预籍者升内舍。内舍生试入优、平二等，参以行艺升上舍。上舍分三等；俱优为上，一优一平为中，俱平若一优一不为下。上等命以官，中等免礼部试，下等免解。

在太学共设置 80 间斋舍，也就是如今的教室。其中外舍共招生 2000 人，内舍生 300 人，上舍生 100 人，总共是 2400 人。外舍生入学需要通过选拔性考试，若在每月的私试和每年的公试中考核合格，则可以上升为内舍生；同样，若内舍生在每年的公试中通过考核，即升为上舍生。上舍生不需要再进行考试，只要学业和品行优异便可以直接授予官职。由此可见，这样的人才选拔方式可直接替代科举考试，便能减少中央政府对书院的依赖，很大程度上重建了政府人才选拔制度。

3. 蔡京崇宁兴学

随着宋神宗逝世，王安石撤出权力中心，北宋政府内部的保守派和革新派展开了反复的拉锯战。直到宋徽宗执政，改革的步伐才再次迈开，官府颁布了一系列恢复官学体系的诏令。因宋徽宗年号定为崇宁，因此本次改革史称崇宁兴学，由蔡京主持。

崇宁兴学的主要内容是恢复王安石的"三舍法"。但在继承中又有所创新，即不仅在中央政府的太学实施"三舍法"，还要在地方各州、县亦投入实施。县学生经过考核升为州学生，而州学生经过选拔即可直接入太学的外舍,进而依照太学三舍的升舍方式入仕。可以说,蔡京主持的崇宁兴学形成了遍及全国的人才选拔网络,绍圣中,一度废科举,专以三舍为取士途径。尽管后期反复有科举、三舍法并行的情况出现,但本次兴学意味着政府致力于重建人才选拔的系统,并极力摆脱朝廷对书院的依赖。

历经三次兴学,由政府主导的官学得以全面恢复,形成了由地方到中央的严密的教育体系。欧阳修《吉州学记》记载:

> 遂诏天下皆立学,置学官之员,然后海隅徼塞四方万里之外,莫不皆有学。……宋兴,盖八十有四年,而天下之学始克大立。[1]

可见官学体系遍布全国,即使是海角边疆、边远僻地,都建立了地方学校,为全天下一心向学的读书人提供教育资源和入仕之途。自北宋建立 84 年后,官学体系才算得以完全建立,可以看出官学建立过程的艰辛。从人才选拔的角度来看,朝廷取士的着力点也由书院转变为官方学校。陈傅良《潭州重修岳麓书院记》记载:

> 熙宁初,行三舍之法,颇欲进士尽由学校,而乡举益重教官之选,举子家状,必自言尝受业某州教授,使不得人自为说。崇宁以后,舍法加密,虽里闾句读童子之师,不关白州学者,皆有禁。

由此可见,由熙宁兴学到崇宁兴学所推行的"三舍法"成为朝廷取士的主要途径。学子只要想登进仕途必须要自报家门,报出自己学自何处,受教于某师。到了崇宁兴学之后,即便是

---

[1] 欧阳修. 欧阳修全集 [M]. 李逸安,点校. 北京:中华书局,2001:572.

孩童的启蒙之学，亦要从学于官方学校，否则便会有所限制。

(三) 北宋官学教育体系的重建与书院的去留

书院在北宋初的勃兴是因其在特殊时期补官学教育之阙，也就是其是作为一种替代品而获得发展契机。随着北宋官学教育体系重建且在全国迅速兴起，书院的发展将迎来一次新的转变，书院将何去何从？一方面，当正式角色登场，书院作为"替补"角色不可避免地受到了冲击，一部分曾经受政府褒奖、鼓励的书院将面临被"整编"，纳入官学教育体系。另一方面，书院作为独立的生命体，其本身具有强大的生命韧性。当为国家培养士人的功能受到冲击时，书院的其他方面的能量便被激发。此亦为书院成长路上的一次重要发展。

不亮于东方——书院被官学整编

洪迈《容斋随笔》记载："及庆历中，诏诸路、州、郡皆立学，设官教授，则所谓书院者合而为一。"洪迈提到的"合而为一"道出了北宋三次兴学之后书院面临的普遍状况，即一部分书院或书院的一部分被整编入官学教育体系。以湖南地区的书院为例，曾经的石鼓书院、笙竹书院直接被纳入地方教育系统中，演化为州学、县学，而历史悠久、影响力最大的岳麓书院亦没有逃脱被整编的命运。崇祯《长沙府志》记载：

> 宋时，潭士以居学肄业为重，州学生月试积分高等，升湘西书院生；又分高等升岳麓书院生。潭人号为三学生。

可见，岳麓书院被整编为地方官学体系中的最高层级。从"三舍法"的角度观之，岳麓书院即地方学校之"上舍"；新建立的湘西书院为"内舍"，而由石鼓书院、笙竹书院等所组成的地方州学则为最低层级的"外舍"。这样,书院便完全被整合进地方官学教育体系。书院也不再拥有自主权,而是直接受官府所辖制,以为国家培养人才为核心职能。值得注意的是,虽然地方志提到,湘西书院的建立是出于潭州士人"居学""肄业"的目的,但从实质上来讲,湘西、岳麓等书院已经不再是士人平居自学、读书研习的非功利场所,其发展到此已经完全为官学教育服务。因此,受制于官学教育后,这类书院失去了发展活力。

闪耀于西方——书院发展"另辟蹊径"

书院被朝廷整编之后,其被完全地官学化,即主要行使教育、取士功能。然而,在书院诞生之初,它的功能就不具有唯一性,它还有讲学、藏书、祭祀等其他方面的功能。当在为国家输送人才的发展目标受阻时,书院以其强大的力量"另辟蹊径",朝着其他方向前进,致力于自身的发展。这种情形的发生一方面源自书院本身强韧的生命力,另一方面则体现了中国古代士大夫的精神追求——入仕庙堂并非中国古代士大夫读书的唯一目的,真正的读书人更多追求的是精神的愉悦与思想的自由!从这个意义上讲,书院此时的蓬勃发展更是"纯士人"追求思想满足的外化与具象。

书院成为读书人登临观游的精神愉悦之所。读书能收获知识,亦能激发精神的愉悦。当书院的功利性大大减弱时,其中便能弥漫着更多的快乐。以湖南另一座石鼓书院(岳阳)为例,张舜民《郴行录》记载:"至庆历中,因其地建为石鼓书院。"这座石鼓书院非衡阳的石鼓书院,它不是官学教育系统的一部分,而是单纯地因此地环境优美、文化底蕴深厚而建造。到此书院的人亦非以读书升舍为目标,而是单纯地游学登览,获得精神的满足,以至于"学者未尝游焉,唯守将之好事者,岁时一为登览,燕游之地也"。以入仕为重的学者未曾造访于此,登览的大部分是那些好事闲游之人，可见部分新建书院又回归到了纯净心灵、洗涤精神的初心。

书院亦成为思想绽放之重要场所。北宋是理学思想重要的发轫期，众多理学家也都依赖书院这种特殊场所传播思想，聚徒讲学，因而此时的北宋书院，讲学功能得到了进一步强化。以"濂洛"之学为例，被誉为北宋理学开山之祖的周敦颐曾于康定元年（1040年）在江西分宁广收生徒，创办"景濂书院"进行讲学；庆历元年（1041年），濂溪先生又在江西袁州萍乡创立"宗濂书院"[1]；景定四年（1263年），宋理宗以"道源书院"四字匾额赐予江西南安（今江西大余），因南安为周敦颐教授程颐、程颢两兄弟的讲学之处[2]……这些都印证了书院在周敦颐传道讲学过程中发挥的重大作用。

北宋理学经周敦颐的"濂学"传至程颐、程颢昆仲，形成"洛学"，在二程洛学思想的传播过程中，书院也起到了重要的作用。自熙宁五年（1072年）程颢乞归之后便一直与弟弟程颐"讲学于家，化行乡党。家贫，疏食或不继，而事亲务养其志，赒赡族人必尽其力。士之从学者不绝于馆，有不远千里而至者"[3]。直至程颢去世前的十几年间，家中书院（程氏书院）便一直是二人传道讲学的主阵地；熙宁、元丰年间（1068—1085年）二程多次到嵩阳书院讲学，并且程颢还为嵩阳书院制定了规章条陈，意在规范学子；程颐于元丰五年（1082年）因与王安石政见不和而归洛讲学，创建"伊皋书院"，当时其弟子杨时、邵伯

---

[1] 光绪《江西通志》载："立书院以教授。"《周敦颐年谱》亦载："袁之进士来讲学于公斋者甚众。"所谓"公斋"即"宗濂书院"。

[2]《宋史·周敦颐传》载："（周敦颐）掾南安时，程珦通判军事……使二子颢、颐往受业焉。敦颐每令寻孔、颜乐处，所乐何事，二程之学源流乎此矣。"

[3] 程颢，程颐. 二程遗书[M]. 上海：上海古籍出版社，2000：391.

温等人在院中学习……纵观二程兄弟的一生，其思想传播与书院确实相依相存，书院也因此成为其传播思想的重要场所。

纵观北宋官学教育体系重建后的书院，我们可以看到书院正朝着另一个方向开辟自身发展的道路。从学术发展的角度来看，北宋书院讲学功能的发展实则是北宋理学家思想发展的必然结果，亦受到北宋官学教育体系建立的反向激发。到了南宋时期，书院的讲学功能得到进一步发展，甚至已经成为书院的主要使命。

第三节　圣学重振与蓬蓬勃兴——南宋书院与理学的交织

如果说北宋书院的发展始终与官方教育体系相交互，那么南宋书院的发展便始终与理学思想相纠葛。自古以来，读书这种脱世间万般下品而出的行为都是值得赞扬的，因而读书人在历朝历代也被视为国家与民族兴盛不衰的强大动力，这是因为读书人能将道德与文化转化为治国安邦的力量，达到以己之学，兼济天下的目标。然而，从读书与科举入仕相结合的那一天起，读书的意义便不再那般纯粹。部分读书人将读书视为走向仕途的捷径，入朝为官后便弃之如敝履，开始在官场这个圈子中寻求"新道"——为官之道。若读书与现实相碰撞，读书人的真伪与高下便一目了然。有的满口仁义道德，却在国家危亡之时胆小如鼠，如鸟兽散；有的虽潜心读书、不求名利，却能在大是大非面前保持学人初心，铁肩担道义。作为读书人讲学问道的重要场所，书院在发展中打上了这些读书人的不同态度、选择和行为所留下的印记。可以说，南宋书院的发展始终致力于帮助读书人恢复读书本真的赤子之心，并迎来了下一个成长阶段。

一、纠正利禄之习　重振圣学之风——南宋书院的新使命

书院在北宋经由政府的褒奖、整编之后逐渐做回了"自己",在北宋后期着力发展着自身的讲学问道的功能。书院的讲学之风延续到了南宋,只不过南宋书院讲学之风的兴盛并非由于受官方书院的挤压而不得不另辟蹊径求得发展,而是为了纠正其时读书人沉迷科举的功利心理,重振圣学义理,让天下之学风复归到纯正的正确道路。

自宋高宗1127年偏安江南建立政权后,大宋王朝开始了第二个时期。在政权更迭的过程中,士人群体似乎凸显出一种前所未有的懦弱,而这种懦弱一方面是由于政府统治政策的压制,另一方面则是北宋以来士人以读书为逐利工具,渐失读书人应有的风骨与道德追求。这种偏颇风气的纠正责任自然落到了有责任感的道学家肩上,而这批道学家首先想到的便是利用书院这个特殊场所来进行纠偏。元代吴澄在《元岳麓书院重修记》中讲道:

> 开宝之肇创也,盖惟五代乱离之余,学政不修,而湖南遐远之郡,儒风未振,故俾学者于是焉而读书。乾道之重兴也,盖惟州县庠序之教沉迷俗学,而科举利诱之习蛊惑士心,故俾学者于是焉而讲道。

开宝是赵匡胤的年号,在这里指北宋;乾道为宋孝宗的第二个年号,此处则指南宋。吴澄清晰地指出了岳麓书院中南北两宋读书人的差异性。他认为,北宋在草创之初,因五代离乱而官学不振,于是有志向学的士人来岳麓书院学习,参加科举

考试；南宋建立之后，各地方州县的官方学校着重教授读书人科举晋升之俗学，用功名利禄来蛊惑士子之心，而不谈圣学之道，于是有志道学的士人在岳麓书院讲学问道，以纠正学风。同样一所岳麓书院在两个时代呈现出的却是两种不同的学习路径，也显示出岳麓书院在南宋致力于纯正儒风的重振，而非以功利性为目标进行授课讲学。

在当时，理学家群体严厉地批判当时官方学校的教育弊端。首先扛起纠偏大旗的当属南宋著名理学家朱熹。他曾义正词严且一针见血地批判太学及地方学校的学风之弊，其《学校贡举私议》曰：

> 所谓太学者，但为声利之场，而掌其教事者，不过取其善为科举之文，而尝得隽于场屋者耳。……间相与言，亦未尝开之以德行道义之实，而月书季考者，又只以促其嗜利苟得、冒昧无耻之心，殊非国家之所以立学教人之本意也。

朱熹《信州州学大成殿记》又云："此邦学政其弊久矣，士子习熟见闻，因仍浅陋，知有科举而不知有学问。"《衡州石鼓书院记》云："今日学校科举之教，其害将有不可胜言者，不可以是为适然，而莫之救也。"

据朱熹所言，当时的中央学校太学完全沦为声利之场。太学中的老师也是择取那些善于写科举考试文章的人来培养"科举考试家"，而未曾教太学生儒家圣学之仁义道德，这样的培养方式只能在士人的心中灌满利禄功名，全然无礼义廉耻之心，这绝不是国家建立太学及整个教育系统的本意所在！不仅是官方学校，地方学校更存在着这样的弊端。从上到下的官方教育体系已经完全沦为考试的工具，这对于整个国家的人才培养是一种致命的打击!

国家发展需要人才,而人才的含义本指那些在品质上拥有良好的修养、公正刚直,在学识上饱读诗书、能言善文,在道德上有强烈的责任、使命感,能以天下为己任,以人民利益为重的人……

无论是科举考试还是北宋官学倡导的"三舍法",仅仅是作为一种把此类人才选拔出来的方式与手段而已,发展到其时却被读书人及官学系统断章取义,偏颇至此。为此,南宋理学家们无法对这样的学风视若无睹,开始拿起书院的武器重振圣学之风!理学家们以书院为阵地进行学风纠偏是明智的,因为若直接从官方学校入手,改变积弊是一件相当困难的事。因此以迂回的方式,先通过在书院大规模地宣讲道德学问,进而在社会形成健康良好的学术风气,从而浸染官方教育,改变教育之习——这个逻辑无疑是明智的。关于这一点,从朱熹《衡州石鼓书院记》中大致能窥见一斑,其曰:

> 抑今郡县之学官,置博士弟子员,皆未尝考其德行道艺之素,其所授受,又皆世俗之书,进取之业,使人见利而不见义,士之有志于为己者,盖羞言之。是以常欲别求燕闲清旷之地,以共讲其所闻而不可得。

经由北宋官学的整编,许多书院已成为官方教育系统中的一部分,因此地方官学的"主营"内容便是世俗进取之学,其目的是为国家输送仕宦,全然罔顾对学生进行德行道义的考察。哪怕是内心有志于道德学问的士人,进入这样的地方学校之后,也因与学校所修习的世俗课程格格不入,而羞于表达内心理想。为此,朱熹常常另寻清闲旷幽之地,聚集纯正儒士,讲学谈道。如此一来,纯正书院不断建立,数量不断增多;另外,书院的时代职能也渐渐凸显，即纠正官学利禄之习，让书院满足士人的精神需求，尽情地做自己！

在书院的具体规章制度中，朱熹也表现出了严格的反功利倾向，《朱子语类》中记载：

> 先生至岳麓书院抽签子，请两士人讲《大学》，语意皆不分明。先生遽止之，乃谕诸生曰："前人建书院，本以待四方士友相与讲学，非止为科举计。某自到官，甚欲与诸公相与讲明，一江之隔又多不暇，意谓诸公必皆留意。今日所说反不如州学，又安用此赘疣？明日烦教授诸职事共商量一规程，将来参定，发下两学共讲磨此事。若只如此不留心，听其所之。学校本是来者不拒，去者不追，岂有固而留之之理？"[1]

朱熹有一次去岳麓书院考查学生学问，让两位士人以抽签的方式讲解《大学》中的相关章节，不料两人都讲不清楚，未将《大学》中的核心意旨讲出来。朱熹对此感到非常生气，不仅急忙打断二人的讲解，更是再次向学子们强调来岳麓书院学习的目标：此时（南宋）的书院不同于前朝，并非仅是以科举为目的，而是招揽四方向学之士进行讲学传道，彰明圣学之旨。如果这个道理都不明白，那么还不如去地方官府的州学、县学学习，岳麓书院从来不强迫学生，只招收纯正的读书人，正所谓来者不拒，去者不追。从朱熹的语气中不难看出其严厉的态度和重振圣学之风的决心，他对学子学习的要求是相当严厉且不容偏私的！

除了朱熹，同样致力于书院纠偏的理学家代表还有胡宏。

---

[1] 黄士毅. 朱子语类[M]. 徐时仪，杨立军，整理. 上海：上海古籍出版社，2023：2290-2291.

从学术倾向上来看，胡宏与朱熹虽皆承自濂溪之学，但其分属二派。北宋理学开山之祖周敦颐创立"濂溪之学"，其理学思想主要传至程颢、程颐二昆仲。自二程之后，分传于两派。其一派为二程传于杨时，杨时又传于罗从彦，再传至李侗，最后传于朱熹；另一派则为二程传于谢良佐，谢良佐又传于胡安国，再传至其子胡宏，最后传于张栻。[1]

他们虽然理学思想有差异，但重振学术之风的理想却不谋而合。胡宏曾在《碧泉书院上梁文》中用优美的赋体文表明了自己以书院为武器来重振伊洛之学的理想与决心，其曰：

> 南连恒岳，北望洞庭。居当湘、楚之中，独占溪山之胜。震风凌雨，人知扬子之怦憁。寒士欢颜，心壮杜陵之突兀。帷下不窥于董圃，车喧宁接于陶庐。期圣奥以翻经，立壮图而观史。由源逢委，自叶穷根。明治乱之所由，岂荣华之或慕。贫者肯甘于藜藿，来共箪瓢，至而未断其贤愚。惟应诚笃，无行小慧以乱大猷。各敬尔仪，相观而善。庶几伊、洛之业可振于无穷，洙、泗之风一回于万古。

胡宏更名碧泉书堂为碧泉书院。碧泉书院的地理位置优越，依山傍水，拥溪山之胜，清静幽雅，无喧闹之声。他希望在碧泉书院这处清幽之地中讲习深奥的圣学经史，潜心研习，明道德治乱之原委，不带有一丝荣华功利之图。无论前来学习的读书人是贫是富，都能在这里箪食瓢饮，甘于藜藿，安贫乐道，

---

[1] 关于濂溪之学的传承谱系，真德秀《真文忠公读书记》记载："二程之学，龟山（杨时）得之，而南传之豫章罗氏（罗从彦），罗氏传之延平李氏（李侗），李氏传之朱氏（朱熹），此一派也。上蔡（谢良佐）传之武夷胡氏（胡安国），胡氏传其子五峰（胡宏），五峰传之南轩张氏（张栻），此又一派也。"

不以贵贱论贤愚。每个人都保持一颗诚挚向学的赤子之心，互敬互助，共同进步。在这样的氛围里，伊洛之学便可重振雄风，洙泗之风便能流传万古！

> 上圣生知，犹资学以成其道。至诚不二，宜求仁以觉诸愚。振古于斯，于今是式，弘开大业，属在吾人。永惟三代之尊，学制遍乎家巷。爰从两汉而下，友道散若烟云。尼父之志不明，孟氏之传几绝。颜回克己，世鲜求方。孔伋论中，人希探本。弃漆雕之自信，昧端木之真闻。干禄仕以盈庭，鬻词章而塞路。斯文扫地，邪说滔天。愚弄士夫如偶人，驱役世俗如家隶。政时儒之甚辱，实先圣之忧今。……伏愿上梁以后，远邦朋至，近地风从；袭稷下以纷芳，继杏坛而跄济；云台断栋，来求概日之楩楠；天路渐邈，看引风生之骐骥；驱除异习，纲纪圣传，斯不忝于儒流，因永垂于士式。

在另两段文字中，胡宏直指碧泉书院建立与讲学的目的，即振古于斯，重振读书风气。他指责当时的风气为"干禄仕以盈庭，鬻词章而塞路。斯文扫地，邪说滔天"，强烈地批判以干禄入仕为目标的功利性读书行为，更抨击卖弄辞藻、锦绣堆文而无丝毫道义仁德的怪象。这种世俗之风气简直是儒士的耻辱，亦是至圣先贤们都要忧虑的事情！胡宏希望经书院布道之后，能在天下读书人中间形成纯正的读书风气，无论是书院还是官方学校都能以此为准。

经过理学家们的努力，书院发展达到了高潮，南宋大部分著名的理学学派均形成于此时，在"乾淳之治"的背景下刻画出一幅文化繁荣之景。当初理学家们的目标似乎也完成了不少。赵宁《岳麓书院志》记载："学徒千余，舆马之众，至饮池水立竭，一时有潇湘洙泗之目焉。"这便描绘出了朱张会讲的盛大场面。前来岳麓书院参加朱熹、张栻讲学、辩论的读书人多达上千人，以至于马车停靠在水岸，马饮池水立刻干涸。虽有夸张之嫌，但却能说明当时读书讲学的盛大之风！南宋末年，黄震曾言："乾、淳间，正国家一昌明之会，诸儒彬彬辈出，而说各不同。"正如黄震所言，诸儒大家在此时纷纷活跃，以书院为阵地建立起完整而系统的学术体系。朱熹在福建创立寒泉精舍，在江西复建白鹿洞书院；吕祖谦在丽泽书院讲学论道；淳熙二年，吕祖谦邀请朱熹、陆九渊在鹅湖寺举行著名的哲学论辩会——鹅湖之会……可见，重振圣学已取得初步的胜利，学术之风在全国范围内迅速掀起。

二、式微与试炼——反理学运动下书院的命运跌宕

随着队伍的日渐壮大，理学在南宋逐步发展为显学，但也滋生出新的问题，即理学家为捍卫自身学说而贬低其他学派，俞文豹曾说过这样一段话，下录其文：

> 以道统自任，以师严自居，别白是否，分毫不贷，与安定角，与东坡争，与龙川、象山辩，必胜而后已。浙学固非矣，贻书潘吕等，既深斥之，又语人曰：'天下学术之弊，不过两端：永嘉事功，江西颖悟，若不极力争辩，此道何由得明？'盖指龙川、象山也。程端蒙谓如市人争，小不平辄至喧竞。[1]

当时的理学家以传承圣学及道统的使命自居，以己之标准指责其他学派，锱铢必较。对胡瑗、苏轼、陈亮、陆九渊等大

---

[1] 俞文豹. 吹剑四录 [M] // 唐燮军. "浙学"选萃. 哈尔滨：黑龙江人民出版社，2020：31-32.

家进行倾轧，无论是陈氏之事功还是苏氏之纵横，抑或陆氏之分别，只要与本派学说有区别的，都被理学家纳入批评之列，更有甚者，理学家们常常将经世致用之学与世道人心相联系，希望自己所提倡的学说能被统治者接受并采纳，从而实现理学学说向政治主张转变。这样的初衷本身是好的，但"过火"便成了问题。理学家们"好为帝王师"的态度引起了皇帝及朝中士人的不满。张栻觐见孝宗皇帝时曾发生过这样一件事情：

> 南轩自桂帅入朝，以平日所著书并奏议讲解百余册装潢以进，方铺陈殿陛间，有小黄门忽问左司："甚文字许多？"南轩白之曰："教官家治国平天下。"小黄门答曰："孔夫子道：'一言可以兴邦。'"孝宗闻此言亦笑。[1]

孝宗本不喜理学，而张栻入朝觐见时带上上百册自己平生所著之书和奏议讲解，直接铺陈在孝宗皇帝的殿前。侍奉孝宗皇帝的小太监问张栻道：怎么这么多文字？张栻当即告诉小太监道：这些都是教皇帝治国理政之书。小太监驳其曰：可孔夫子说"一言可以兴邦"。对此，孝宗笑而不语。且不论小太监与张栻的争论孰是孰非，单就一个小太监能在御前与理学大家争论这件事便足以表明皇帝对理学的态度。更何况当时朱熹在上疏中屡次强调"正心立纲"，以己之学术意志寄希望于皇帝。于是，朝中对朱熹、张栻等理学代表人物日渐不满。

公元 1195 年开始，南宋宁宗朝在庆元期间爆发了长达 6 年的党争事件，史称"庆元党禁"，又称"伪学逆党之禁"。从党争之名即可看出，以朱熹为代表的理学学派被列入打击之列。

---

[1] 张端义. 贵耳集 [M]// 丁传靖. 宋人轶事汇编. 北京：中华书局，1981：779-780.

自此，理学及书院开始了式微之路。与前期的显学地位不同，理学家及各地书院后来备受排挤与打击，《宋史·朱熹传》曾记载了这段时间的史实：

> 自熹去国，侂胄势益张。何澹为中司，首论专门之学，文诈沽名，乞辨真伪。刘德秀仕长沙，不为张栻之徒所礼，及为谏官，首论留正引伪学之罪。"伪学"之称，盖自此始。太常少卿胡纮言："比年伪学猖獗，图为不轨，望宣谕大臣，权住进拟。"遂召陈贾为兵部侍郎。未几，熹有夺职之命。刘三杰以前御史论熹、汝愚、刘光祖、徐谊之徒，前日之伪党，至此又变而为逆党。即日除三杰右正言。右谏议大夫姚愈论道学权臣结为死党，窥伺神器。乃命直学士院高文虎草诏谕天下，于是攻伪日急，选人余嘉至上书乞斩熹。

朱熹被排挤出权力中心之后，其政敌韩侂胄的势力在朝中日渐高涨。韩氏一党首先清算的便是以朱熹为首的理学流派，定其学为"伪学"。不久，朱熹被夺职，政敌刘三杰又开始清算朱熹、赵汝愚、刘光祖、徐谊等人，称其为"伪党"，后又称之为"逆党"。更有甚者，政敌姚愈又称理学家与权臣结为"死党"，目的是"窥伺神器"，即觊觎君位，直到最后上疏请求斩杀朱熹。

在这样的情形下，理学一时成为"禁忌"。这对于士风产生了相当严重的影响。在政治权力的倾轧下，理学遭难，理学家亦罹祸。整个朝廷成了一言堂，排挤理学家。魏了翁曾在《鹤山先生大全文集》中对这样的情形表现出了深深的担忧："虽然，士习至此，亦有由然者矣。老师宿儒，零替殆尽，后生晚辈，不见典刑。"即使理学家有其不妥之处，但士大夫的风气演变到如此地步，也是令人始料未及的。辈尊资深的学者和老成博学

的读书人,几乎都在此期间去世了,而后生晚辈,不见榜样的出现。这是令人十分忧虑的事情,他说:

> 臣为此惧,深愿陛下与二三大臣察人心邪正之实,推世变倚伏之几,拓开规摹,收拾人物。苟挺特自守者,虽无顺适之可喜,而决知其无反复难信之忧,必假借而纳用之。雷同相随者,虽无触忤之可憎,而决知其有包藏不测之患,必疏远而芟夷之,若是则意向所形,人心骨奋,平居有规警之益,缓急无乏才之忧。其于治道兴替,关系匪轻,臣不胜区区芹曝之私。[1]

魏了翁认为:皇帝与大臣们要明察人心邪正的实际情况,不拘泥于程式,招揽人才。若真有人品突出、廉洁自守的理学学人,虽然没有顺从圣意之人那样可喜,但必定知道他没有反复无常、让人难以相信的忧患,需要宽容并且接纳任用他;那些随声附和、讨好上级的人,虽然没有冒犯之罪,但必定有隐藏的难以预计的祸患,一定要疏远并且铲除他,这样才能振奋人心。平日里听从规劝告诫,情况危急时就没有缺乏人才的忧虑,它关乎国家的兴盛衰微,不可轻视。魏了翁清醒地看清了当时朝堂的状况,其所说的"雷同相随者"并不在少数。一些曾经跟风理学家的人见理学式微,"转益他学","依阿巽懦者,更名他师,过门不入,甚至变易衣冠,狎游市肆,以自别其非党"[2]。为了撇清与理学的关系,竟做出此等冷眼相观、冷漠无情之事,真是令人叹息。

南宋书院与理学休戚相关,理学罹祸,书院亦难逃厄运。

---

[1] 魏了翁. 直前论士大夫风俗札子[M]// 曾枣庄,刘琳. 全宋文:第三〇九册. 上海:上海辞书出版社,2006:95.

[2] 脱脱,等. 宋史[M]. 北京:中华书局,1977:12768.

党禁期间新建书院数量仅有 3 所，吕祖俭、吕祖泰由于党禁被放逐，丽泽书院亦一度式微。书院运动在南宋前期刚与理学相融合，却因党禁出现了波折，在本该恣肆繁荣的时候呈现出凋零冷落之态。从书院的发展史来看，中国书院从来都保持着强大的生命力，越是在艰难之时越能呈现出强韧的生命力。面对这次党禁亦是如此，一方面，书院无可避免地遭到了打击，滞缓了发展的步伐。另一方面，党禁就像一块"试金石"，在艰难困顿之中试炼出了真正、纯粹的理学队伍，筛选出更加团结的讲学人。在《宋史·朱熹传》中曾有过这样的描述："四方伪徒期会，送伪师之葬，会聚之间，非妄谈时人短长，则缪议时政得失，望令守臣约束。"朱熹在当时可谓是一个禁忌之词，可当一代理学巨星陨落之时，仍然是四方期会，会聚送葬。尽管不乏转益他门、冷眼旁观的伪道学人，但依旧也不乏真心向往理学学说的"伪徒"。不仅如此，朱熹在罹祸直至陨落的日子里，从未停止过讲学授徒：

> 方是时，士之绳趋尺步、稍以儒名者，无所容其身。从游之士，特立不顾者，屏伏丘壑；依阿巽懦者，更名他师，过门不入，甚至变易衣冠，狎游市肆，以自别其非党。而熹日与诸生讲学不休，或劝以谢遣生徒者，笑而不答。有籍田令陈景思者，故相康伯之孙也，与侂胄有姻连，劝侂胄勿为已甚，侂胄意亦渐悔。[1]

理学宗师朱熹自绍熙三年（1192 年）回到福建建阳考亭，筑"竹林精舍"，闭门著书讲学[2]。在当时严峻的情况下，士人

---

[1] 脱脱，等. 宋史[M]. 北京：中华书局，1977：12768.
[2] 方彦寿. 朱子与朱门后学丛论[M]. 福州：福建教育出版社，2022：364-365.

只要稍微与理学家相牵连,便很有可能被列为伪党,而无容身之处,更不用说科举入仕了。曾经跟随朱熹游学的士人,有的隐居不闻,冷眼旁观;有的转益他门,划清界限。但总有那么一批纯粹之士跟随朱熹不断讲学探讨,不计名利,不问得失,蔑视灾祸。有的人奉劝朱熹为保住身家性命,遣散生徒,朱熹仅仅是笑而不语。这是多么令人敬佩的精神!这种纯正的赤子精神甚至感染了政敌。

朱熹的坚持感染着从学之徒,试炼出了一支纯粹的理学队伍。朱熹亦曾言:"前此尝患来学之徒真伪难辨,今却得朝廷如此开大炉鞴煅炼一番,一等浑殽夹杂之流,不须大段比磨勘辨,而自无所遁其情矣。"[1]这便是一代理学宗师异乎常人的智慧与宠辱不惊的心境。朱熹自己遭此横祸,却将这次朝廷的党禁当成是一次熔炉锻炼,真伪立见,高下立判。浸染于老师"一笑泯祸患"的精神,朱熹的徒弟们亦在党祸之中大倡"性命之学",曹彦约《跋东阳郭氏石洞书院记》中曾记载:

> 此郭氏《石洞书院记》,叶水心之所作,楼攻媿之所书,朱晦翁之所题,为当代三绝矣。希吕继先志而述其事,求其文与笔而皆得之,近无此比。然方庆元戊午之冬,党论方炽,士大夫恐挂名三公间,若将浼已。希吕独于此时不以冷暖随世道,取三公于摈弃中,而曰:"吾欲为门户重。"资章甫而适越,人当笑之,而居之不疑,其高见远识,笃信好学,余子万万不侔也。

叶水心即叶适,楼攻媿即楼钥。生徒们认为,叶适、楼钥、朱熹是当代的屈指可数的理学大家。要知道,当时此三人

---

[1] 朱熹.答黄直卿[M]// 曾枣庄,刘琳.全宋文:第二四九册.上海:上海辞书出版社,2006:298.

均被列于禁党。希吕即石洞书院第二任山长郭津。在庆元党禁形势正严峻的时候，郭津恐三贤人之名泯灭世间，无畏党祸，无问人情冷暖，在人人都厌弃这三人之时选择将其奉于石洞书院，自立门户，面对他人的质疑与嘲笑，郭津笑而不言。这是何等的决心与勇气！曹彦约赞其远识高见，笃信好学，达到千千万万学子所无法相提并论的纯正之境！可见，一些书院历经庆元党禁，仍坚守住了精神，凝聚了本真的灵魂！

三、寒彻骨后扑鼻香——党禁解除后书院的勃兴

随着嘉泰二年（1202年）赵汝愚被平反，庆元党禁全面松弛，也标志着历经6年的庆元党禁终落下了帷幕。当初受困于政治祸难的理学家逐渐被洗刷冤屈，而书院也迎来了全新发展的局面。尤其是宋理宗即位后，其对理学十分推崇，他曾对朱熹的儿子说道："卿先卿《四书注解》，有补于治道，朕读之不释手，恨不与之同时。"[1] 宋理宗认为朱熹等人的理学著作对治国之道大有裨益，于是全面复兴理学，这也意味着理学得以在官方层面全面振兴。直到40年后的淳祐元年（1241年），宋理宗还在致力于理学的恢复和振兴，其在春正月诏曰：

> 朕惟孔子之道，自孟轲后不得其传，至我朝周惇颐、张载、程颢、程颐，真见实践，深探圣域，千载绝学，始有指归。中兴以来，又得朱熹精思明辨，表里混融，使《大学》《论》《孟》《中庸》之书，本末洞彻，孔子之道，益以大明于世。朕每观五臣论著，启沃良多，今视学有日，其令学官列诸从祀，以示崇奖之意。

帝王推崇是一件极为重要之事，因为任何一种学说或制度

---

[1] 汪圣铎. 宋史全文[M]. 北京：中华书局，2016：2637.

受帝王推崇即意味着上升到政治保护的层面,拥有了强大的"护身符"。宋理宗不仅认可朱熹的学说,北宋理学家的学说同样受其青睐,认为理学是继孔孟以来的洞悉圣明之学,还下令在学校为这些理学家立碑祭祀,以示褒奖。这便将理学重新纳入政府的官学体系内,作为科举取士即培养士人的官方教学内容——这何尝不是当时朱熹曾冒死坚持的理想与一生追求的局面!

理学的全面勃兴连接着书院的辉煌灿烂。《续文献通考》记载了宋代书院的概况:

> (书院)至理宗时尤夥。其得请于朝,或赐额,或赐御书,及间有设官者。应天有明道书院,苏州有鹤山书院,丹阳有丹阳书院,太平有天门书院,徽州有紫阳书院,建阳有考亭书院、庐峰书院,崇安有武夷书院,金华有丽泽书院……全州有清湘书院。

宋理宗不仅对理学进行自上而下的恢复,更对书院的振兴采取了一系列措施。其时鼓励重建或新建书院,致使书院数量大幅增加。理宗赐匾额、亲笔御书,或者在一些书院派设官员。不仅江苏地区书院呈现出勃兴的状况,各地书院都呈现出遍地开花的态势。王柏《上蔡书院讲义》提到:"恭惟圣天子尊崇道统,表章正传,学校之外,书院几遍天下。"书院繁盛之貌大抵如此。

以书院为依托的理学兴盛至此,俨然成为南宋社会一股不可阻挡的时代洪流。在当时,诸儒的祠堂遍布全国,理学著作成为家喻户晓、家家学习的重要内容。对此,魏了翁曾言:

> 自比岁以来,不惟诸儒之祠布满郡国,而诸儒之书家藏人诵,乃有剽窃语言,袭义理之近似以眩流俗,

以欺庸有司，为规取利禄计，此又余所甚惧焉者。[1]

在这里，魏了翁除了指出理学的繁盛状况，更提出了一个重要的问题，即有人为了阐释理学义理而剽窃他人言论，以夺世人眼球，从而获取虚名与利禄。毋庸置疑，这在当时是学术之风的流弊，但恰恰说明理学已繁盛到一定程度，以至于有人"蹭流量"，以此来获名获利。虽然是弊端，但从反面亦能看出程朱理学已然成为社会潮流。不仅魏了翁提出了理学勃兴后的流弊，周密亦曾以犀利的言语勾勒出当时"矫枉过正"之象，其于《癸辛杂识续集》中言：

> 其所读者，止《四书》《近思录》《通书》《太极图》东西铭、语录之类，自诡其学为"正心、修身、齐家、治国、平天下"，故为说之曰："为生民立极，为天地立心，为万世开太平，为往圣继绝学。"其为太守，为监司，必须建立书院，立诸贤之祠，或刊注《四书》，衍辑语录。然后号为贤者，则可以钓声名，致膴仕。而士子场屋之文，必须引用以为文，则可以擢巍科，为名士。否则，立身如温国，文章气节如坡仙，亦非本色也。于是，天下竞趋之，稍有议及，其党必挤之为小人，虽时君亦不得而辨之矣，其气焰可畏如此。

当时读书人对程朱理学的推崇与学习已经接近一种疯狂的态势。天下书籍浩如烟海，而其时的读书人只读朱熹《四书章句集注》、《近思录》，周敦颐《通书》、《太极图说》，张载《东铭》、《西铭》和理学家的语录之书。官员到地方任职，为地方必做的

---

[1] 魏了翁. 长宁军六先生祠堂记 [M]// 曾枣庄，刘琳. 全宋文：第三一〇册，上海：上海辞书出版社，2006：425-426.

事情便是建立书院、为理学家设立祠堂、刊刻《四书章句集注》等理学家的著作或语录,以此来博取官声与名望。科举场屋特为尤甚,其对于举子文章的好坏评判必要根据的一点便是是否引用理学著作中的文句,引用了才能够被拔擢中举,成为有名的士子。不然,就算有司马光那样的修身品德,有苏轼那般气节贯通的文章,也不被看重。于是天下的读书人争相学习、研读理学著作及思想,一旦有与之不同的见解便会被理学家一党视为异端,被排挤,被视作小人。当时对理学的个人崇拜竟容不得一点非议,可称得上是气焰可畏!

实际上,周密口中的理学家一党更多指的是程朱理学的后学。由于经历了庆元党禁这样的政治、文化祸事,理学后学对理想与学术的坚守也不难理解。尤其是历经试炼后筛选出来的一批真正推崇理学要义的纯粹之士,历经一番寒彻骨后终于迎来梅香满园,加之拥有皇帝推崇这样坚硬的"护身符",理学后学在推行理学的过程中难免矫枉过正。孰是孰非自有公断,而当从书院发展史的角度观之,此时的书院正处在压抑解禁后的蓬勃恣肆之期!

第四节 遗民助推与文化政策——元代书院的"北向"成长轨迹

清代学者朱彝尊曾在《日下旧闻》中对元代书院的概貌做出这样的评价:"书院之设,莫盛于元,设山长以主之,给廪饩以养之,几遍天下。"[1]这句话中隐含着三个层面的信息:第一,从清代的视角向前审视,书院在元代进入了一个繁盛的时期,

---

[1] 于敏中,等. 日下旧闻考:第三册[M]. 北京:北京古籍出版社,1981:775.

其最明显的佐证便是元代书院新建及重葺的数量是空前的。据王颋《元代书院考略》一文统计，元代新建书院为282所，复葺或改建已有书院124所。丁益吾、朱汉民在《中国书院史》附录《历代书院名录》中记载元代共新建书院296所，这个数量可谓十分可观，但依旧有不全之漏，如元初高伯川所建长芦中和书院便未被收录其中。相较于宋代600余所书院，元代新建书院的状况可谓空前繁盛。第二，元代书院与唐宋书院不同的是，其始终蒙受着政府的庇护与支持，无论是南宋遗民自发筹建的书院还是政府主导的兴建庙学，这些都备受政府的保护和鼓励。第三，元代书院由私学逐渐朝着官学化转变。随着四海渐平，元代政权的统治政策日趋成熟，书院开始了官学化转变。元初私人创办的书院兴盛时，元朝政府采取了鼓励与保护的态度；到了后期，元朝政府直接在书院设置山长，且山长之职由以前的乡里名儒担任逐渐变为政府委派。除此之外，政府更直接为书院拨付学田与资金，甚至直接规定"路、府、州书院，设直学以掌钱谷"，以此来帮助书院维持基本运转。纵观整个元代书院的发展历程，不难发现整个元代书院的明显发展趋势是由私人化向官学化逐步转变。元代政权是我国历史上第一个由少数民族建立的统一政权，其特殊性也影响着元代书院的状况和发展趋势。

一、元初书院——南宋遗民的栖息之所

元朝于公元1271年入主中原，开始了长达89年的享国之程。为少数民族所统治，这样的大事是历朝历代的汉人都未曾经历过的，这也使由南宋入元的遗民的心理产生了极大的震动。如前章所述，南宋的学术氛围以浓厚的理学为底色，因此南宋读书人的内心有着强烈的道德感与忠义观。经由理学大家的阐释，儒家经典逐渐义理化，形成哲学与文化潮流。南宋士大夫的内心以义理为宗，对忠孝节义的伦理道德体系有着无法撼动的坚守。随着南宋政权的迅速灭亡，南宋士人心中最后一道心理防线被击溃殆尽。他们不怕死，亦不怕伤，在心中所坚守的大义面前始终能保持凛然自若、慷慨豪壮之姿，然而他们最畏惧的是希望的幻灭，是生命犹在而心灵无处安放的民族之殇。一时间，南宋遗民群体中充斥着孤独与凄凉、苦闷与内疚、无奈与虚弱……

蒙古军队的铁骑踏破故国，残破与掠夺，凋敝与衰落，这些景象深深刺痛了南宋遗民。南宋遗民生活潦倒，心灵亦崩溃。此时，书院像一根救命稻草一般进入了他们的视野，成为他们身体和心灵的栖息之所。也正因南宋遗民的大量涌入，元初书院迎来了勃兴与繁荣之期。

南宋遗民对书院发展的助推，主要有三种情况：一是遗民自筑书院进行讲学活动；二是遗民在书院承担教学任务，以在书院任教作为栖身方式；三是在书院担任山长职务。无论哪种方式，对南宋遗民来说，都是对身体与心灵的庇护；对书院发展来说，都是勃兴繁荣的助推器。

1. 自筑书院进行讲学活动

南宋灭亡之后，一部分士大夫栖身山林，自筑书院进行讲学活动。据光绪《湖南通志》记载，龙阳人士丁易东曾在元初自筑石坛精舍授徒讲学：

> 官太府寺簿丞兼枢密院编修，入元，屡征不仕，筑石坛精舍，教授生徒，捐田千亩以赡之，著《周易

传疏》。事闻，授以山长，赐额沅阳书院。[1]

丁易东，号石坛，是南宋咸淳年间的进士，曾在南宋担任官职。作为一位凭借科举取士入仕的读书人，不仕二朝、不做贰臣的观念深入内心，于是在入元之后面对元朝政府的征召，丁易东屡次拒绝，坚持隐居。由于丁易东在南宋曾为官，因此有一定的经济实力，他以自家千亩之田自筑石坛精舍，授徒讲学，著书立说。这在当时是极具代表性的，因为自筑书院必不可少的便是人力与财力。自筑书院的情形在元初屡见不鲜，又如崇德人卫富益：

> （卫富益）闻崖山亡，日夜悲泣，设坛以祭文、陆二丞相，词极哀惨。叹曰："夷、齐何人邪！冯道何人邪！"遂绝意进取，隐居石人泾讲学，所谓白社书院者也。先生立学规，凡荐绅仕元者不许听讲，为人所恨。至大中，有司荐之，不就，遂遭构，毁其书院。乃迁居湖之金盖山，授徒不辍。[2]

卫富益是一位刚烈果决之士。在崖山海战中，陆秀夫背负南宋最后一位皇帝——8岁的幼帝赵昺投海殉国，为南宋留下了最后一丝尊严，不至于重新遭受靖康之难的屈辱之痛。文天祥在宋亡后被俘至元大都，誓死不从，慷慨就义。卫富益听闻左右二丞相的忠节之事，万分悲恸，并以其作为精神支柱，发誓绝不仕元，于是自筑白社书院，祭祀文天祥、陆秀夫两位故

---

[1] 李瀚章，裕禄，等．光绪 湖南通志 五[M]．长沙：岳麓书社，2009：3094．

[2] 黄宗羲，全祖望．宋元学案[M]．陈金生，梁运华，点校．北京：中华书局，1986：2790．

国丞相，并在此授徒讲学。更为决绝的是，他为白社书院订立学规，只要是仕元的人均不得进入白社书院听讲！这样无比决绝的态度最终招致了构陷与祸患，也让书院遭禁毁。但他仍然在金盖山自筑精舍，始终坚持授徒讲学，未曾间断。卫富益在当时亦具有典型意义，像他这样对故国怀有崇敬之心的士人太多了。对于他们来说，书院是一处身体的避风港与灵魂的栖息地，让这些心怀悲恸、满腔遗憾的士人能有地方栖息，在混乱的世界中坚持着自己的义理与信仰。

熊禾也是一位自筑书院进行讲学的读书人。熊禾是南宋咸淳十年（1274年）的进士，建阳崇泰里人，幼年便有志于濂洛关闽之学，他师从朱熹的门人辅广，称得上是朱熹的再传弟子，思想也深受朱熹理学的影响。南宋灭亡之后，熊禾誓死不仕元。《宋元学案》记载：

> 入元，不仕。谢枋得闻而访之，相与讲论而别。束书入武夷，筑洪源书堂讲学，凡一星终。乃归故山，筑鳌峰书堂，及门者甚众。[1]

熊禾在武夷山构筑了洪源书堂，以供讲学授徒。在归隐之初，熊禾凭借着对程朱理学的精深之识与誓不仕元的崇高气节吸引了一大批学者和文士，与其一同探讨义理学问，使"四方来学者云集，粝食涧饮，日以孔孟之道相磨砻"[2]。随着从游之士与门人日渐增多，熊禾将洪源书堂扩建为洪源书院。在武夷山居住了12年后，熊禾回到了家乡熊墩，也就是建阳崇泰里，在鳌峰的山麓又自筑了"鳌峰书堂"，讲学著书，供奉先贤，以继承

---

[1] 黄宗羲，全祖望. 宋元学案 [M]. 陈金生，梁运华，点校. 北京：中华书局，1986：2068.

[2] 刘超然，郑丰稔. （民国）崇安县新志 [M]. 铅印本. 1941（民国三十年）.

理学道统。当时与他在熊墩一起讲学、跟随他研习义理之学的门人众多,后他又将"鳌峰书堂"改名为"云谷书院"。《新元史》记载曰:

> 宋亡,隐居不仕,筑云谷书院以教生徒。郡有考亭书院,大德十一年有司更新之,辟禾分教大小学于中,学者称勿轩先生。[1]

鳌峰书堂因其门对着云谷,因而改名为"云谷书院"。可见熊禾入元之后创建书院活动十分频繁,且产生了颇大的影响。像熊禾这样的学者自筑书院,不仅传播了自己的圣学理想,更为当时千万无处安放心灵的读书人提供了一方栖息之所,这也是其从游者甚众的原因。

2. 以在书院任教为栖身方式

上文提到,南宋遗民自筑书院是有条件的,即须要有建造书院所需的财力和人力。经过政权混战,民生凋敝,很大一部分士人有着学识和影响力,但却没有建房构室的钱财,于是这部分士人便以任教于书院作为栖身方式,以此来平衡人生选择与生存的矛盾,继续传播圣学要义。元初的张卿弼便是这类士人的代表:

> 宋亡,归弋阳,隐居不出,门生弟子,从受业者甚众。郡邑方内附,学校多废,金提刑按察司事王公某强起之,至县学以为师。县人士翕然来从之,乃新作县学。江东宣慰使王公某,又迎至郡学以为师,以教一郡六邑之人,又作郡学。于是有列荐之于朝者,非其志也,即摄衣而归。至元十七年,其门人杨应桂、申益章以

---

[1] 何绍忞. 新元史 [M]. 影印本. 北京: 中国书店, 1988: 907.

> 来学者之众，无所息游也，规为学舍以处之。……明年九月告成，名之曰蓝山书院，……张君始为山长，应桂继之。既列为学官，行省署官来任之矣。[1]

张卿弼，字希契，南宋咸淳四年（1268年）进士。南宋灭亡之后，张卿弼归隐于江西弋阳，授徒讲学。从中国书院史的角度观之，从唐代书院肇始至南宋，江西都是书院"大户"，在历代书院数量中都称得上是海内翘楚。这或许也是张卿弼选择归隐江西的原因之一。其时历经战乱与破坏，江西的书院大多几近损毁又亟待复兴，于是当地的县学官员便强制任命张卿弼为讲学教师教授生徒。虽为"强起"，但对张卿弼来说不失为一种承继道统、著书立说的有效方式；后因其生徒颇众，又被迎至郡学为老师，教授一郡六邑的读书人。可见张卿弼当时在江西的影响力是很大的。树大招风，由于张卿弼的学识与教授之功，有心人便将其推荐到朝廷做官。这便有了本质的区别，对于张卿弼这样的南宋遗民来说，仕元是不可以接受的事情，于是便解衣归乡，不再任教。

陈普，字尚德，因生于宁德石堂村且晚年隐居石堂山，故世称其为石堂先生。陈普是南宋著名的教育家与理学家，其所铸刻的"漏壶"是世界上最早钟表的雏形。方志记载：

> 元初，聘本省教授，不就。自以宋遗民不仕，隐居授徒，倡明道学，岿然为后学师表。四方来者数百人，馆里之仁峰寺至不能容。尝聘主建州云庄书院，熊勿轩延讲于建阳之鳌峰，寻讲于德兴之初庵书院，晚居

---

[1] 虞集．蓝山书院记[M]// 纪昀，等．影印文渊阁四库全书：第1207 册．影印本．北京：北京出版社，2012：128．

莆中，十八年造就甚众。[1]

自南宋咸淳七年（1271年）开始，陈普便隐居于家乡石堂山，倡明道学，穷经著述。宋亡之后，陈普以遗民自居，誓不仕元。元朝建立初期，朝廷曾三次下诏聘其为官学教授，陈普都严词拒绝。因为怕再次拒绝朝廷征召而招致祸患，于是陈普离开石堂山而四处云游讲学，他曾在云庄书院、前文提到的熊禾创建的鳌峰书院、德兴的初庵书院担任教师并进行讲学活动。当时负笈曳屣从学于陈普的学子达数百人，其所到之处学者便翕然来归，络绎不绝。从这个角度来看，南宋遗民以理学思想为纽带的聚合与联结无疑是一件令人十分感动之事！

汪一龙，安徽休宁人，咸淳四年（1268年）进士，曾为新安县令。汪一龙不仅是官员，还是南宋末年的一位著名的藏书家，一生醉心于藏书，曾建藏书楼"经畲楼"，楼内藏书万卷。南宋灭亡之后，汪一龙隐居不仕。《宋元学案补遗》记载：

> 至元戊寅，江东按察起教紫阳书院。先时，守将李铨降元，毁书院屋为城守具。先生与曹泾竭力重建书院，使人知朱子之学。[2]

与张卿弼、陈普一样，汪一龙在决心不仕元后选择任教于紫阳书院。当书院被毁时，汪一龙便与曹泾一起重建书院，目的是传播朱子之学，可见南宋遗民对于朱子理学的拥护。

魏新之，字德夫，浙江桐庐人。魏新之在南宋咸淳七年（1271

---

[1] 殷之辂，朱梅，等．（万历）福宁州志[M]．影印本．北京：书目文献出版社，1990：236．

[2] 王梓材，冯云濠．宋元学案补遗[M]．沈芝盈，梁运华，点校．北京：中华书局，2012：4610．

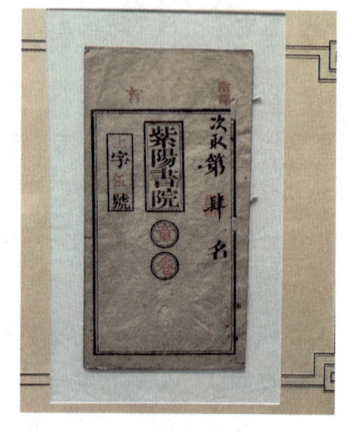

● 紫阳书院课卷　　　　　　　　● 紫阳书院附课生课卷

附课生，也称随课生，是书院的增补学生，名额不定。

年）登进士第，为庆元府（鄞县）教授。南宋灭亡之后，魏新之隐居故乡。当时的他十分贫穷，甚至衣食温饱都难以保证，每天靠砍柴烧火做饭维持生计。但他依旧能保持着"孔颜之乐"，扣弦而歌，心灵保持着纯净与欢愉，闲暇时刻与老师方逢辰（蛟峰先生）、何梦桂、孙潼发等志同道合之人交游。当朝廷起用他，魏新之亦坚决地辞不就任。《宋元学案补遗》记载："所居有垂云洞，因倡嗜义之士建垂云书院，开迪新学，孜孜如不及。"[1] 魏新之曾在垂云洞讲学著述，后又倡议有志之士创建垂云书院，自己讲学于其中。从其身上不难看出，魏新之想要构筑书院，无奈家贫无财力支撑，于是便找寻其他方式，以任教讲学为己任。与其他遗民学者不同的是，魏新之还在讲学之余利用书院集结抗元志士，聚集遗民，寻找精神的寄托与希望。

---

[1] 王梓材，冯云濠. 宋元学案补遗[M]. 沈芝盈，梁运华，点校. 北京：中华书局，2012：4874.

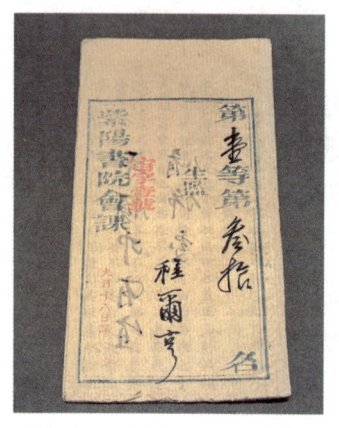

3. 担任书院山长

南宋遗民以书院为栖息之所的第三种方式便是在书院担任山长的职务。所谓书院山长即书院的院长，对于山长这个职务，在论述之前需要进行一个性质的确定。山长职务的性质一般来说取决于书院性质，也就是说，若书院是私人创办，那么书院山长便与仕元之事无关；若书院受朝廷的控制，且接受了朝廷的俸禄，那么山长便是具有仕元性质的职务。对此，清代的全祖望曾有过一段评论，其主要是针对南宋著名学者、"宋元之际浙东学派三大家"之一的王应麟入元后担任山长职务发出的评判，其曰：

> 先生应元人山长之请，史传、家传、志乘诸传皆无之，不知其何所出。然即令曾应之，则山长非命官，无所屈也。箕子且应武王之访，而况山长乎？予谓先生之拜疏而归，盖与马丞相碧梧同科，即为山长，亦与家参政之教授同科，而先生之大节，如青天白日，不可掩也。[1]

从全祖望的角度来看，山长并非朝廷命官，即便是应元人的邀请担任山长之职，也不能与仕元一概而论，因此王应麟的气节如青天白日，不可被掩盖。可以看出，全祖望是从纯粹传播知识的角度进行评判的，本书认为，山长职务的性质还是应取决于书院的性质。

在书院担任山长一职的南宋遗民大有人在，其中便有欧阳逢泰之子欧阳龙生。欧阳龙生，字成叔，湖南浏阳人。龙生先生入元后便隐居于浏阳白云山庄，长达17年。当时浏阳有北宋

---

[1] 全祖望. 全祖望集汇校集注 [M]. 朱铸禹，汇校集注. 上海：上海古籍出版社，2000：1105.

大儒杨时讲学的书院——文靖书院，宋末毁坏坍塌。元初兴学之时，欧阳龙生便受礼部使者所派修复浏阳书院，并担任山长一职。光绪《湖南通志》记载：

> 至元丙子，（欧阳龙生）侍逢泰还浏阳，左丞崔斌召之，以亲老辞。居霞阳山之白云庄十有七年。浏有文靖书院，祠龟山杨时，沦废已久，部使者至，谋复其旧，以龙生为山长。[1]

欧阳龙生在入元后以侍奉父亲为由拒绝元廷的招揽，隐居讲学，直到文靖书院重新修复后才担任山长，可见欧阳龙生这个山长的职位并非朝廷的官职。尽管后来他担任了道州路教授，但此时的山长一职仍属于私学性质。

胡炳文，即胡云峰，元初著名的文学家、教育家，其出身于易学世家，其祖父胡师夔是朱熹的门人，精通四书五经，尤其对《易经》有很深的造诣；其父胡斗元师从朱洪范（洪范即朱熹之从孙），主攻《易经》，后以传播经学为己任，在当时产生了十分深远的影响。胡炳文秉承易学家传，一生都潜心于钻研、弘扬朱子理学精神，入元后担任书院山长，进行讲学活动：

> 仁宗延祐中，以荐为信州道一书院山长，调兰溪学正，不赴。至大间，其族子淀为建明经书院，以处四方来学者，儒风之盛甲东南。[2]

起初，胡炳文被推荐担任信州道一书院山长一职，后来知

---

[1] 李瀚章，裕禄，等. 光绪 湖南通志 五[M]. 长沙：岳麓书社，2009：3098.

[2] 黄宗羲，全祖望. 宋元学案[M]. 陈金生，梁运华，点校. 北京：中华书局，1986：2986.

州想要让其升任兰溪学正，胡炳文辞不赴任。这亦能说明在南宋遗民的眼中，书院山长与官学体系中的学正有着本质区别，更能印证遗民在书院任山长是出于对学问的纯粹追求和对入朝为官的不屑。至大三年（1310年），胡炳文的宗族子侄胡淀、胡澄分别捐田300亩、50亩共建"明经书院"。胡淀时任龙泉县主簿，有了田地和官府背景的支撑，明经书院得以顺利兴建。在当时，明经书院无论是规模还是影响上都是很大的，其不仅供胡氏家族的宗族子弟读书，更接纳四方有志向学的学子士人。无论贫穷富贵，不分远近亲疏，都可以来明经书院读书学习，这样一来，四方求学之士人络绎不绝，明经书院在江西婺源又掀起了一阵儒理之风。元代吴澄曾赞扬明经书院道："真儒明经之学，复见于朱子之乡，不其伟欤！"婺源知县黄维中亲自考察明经书院之后上奏元廷，朝廷赐明经书院匾额"明经铨注"。而后期胡炳文也辞去了道一书院的山长之职，前来明经书院担任教学工作。

黄泽，南宋末著名的理学家与经学家。黄泽一生以明经学道为志向，勤于思考钻研义理，甚至积思成疾而不辍。元成宗大德年间，江西行省的一位大臣听闻其名，荐其为山长：

> 大德中，江西行省相臣闻其名，授江州景星书院山长，使食其禄以施教。又为山长于洪之东湖书院，受学者益众。始泽尝梦见夫子，以为适然，既而屡梦见之，最后乃梦夫子手授所较《六经》，字画如新，由是深有感发，始悟所解经多徇旧说为非是，乃作《思古吟》十章，极言圣人德容之盛，上达于文王、周公。秩满即归，闭门授徒以养亲，不复言仕。[1]

---

[1] 宋濂，等. 元史[M]. 北京：中华书局，1976：4323.

据《元史》记载，入元后黄泽任景星书院的山长，并接受朝廷的俸禄。后又担任东湖书院的山长，从游者逐渐增多。黄泽可谓是一位"经痴"，由于昼夜不停地思索明经义理，他连做梦都梦到与孔子对话，接受圣人的教诲与点拨，再将新的思索与感悟之语行诸笔端，以此来解读圣人之学。根据《元史》记载，黄泽担任的山长职务事实上是"食元禄"且具有学正的性质，因此他的山长职位应当属于具有"仕元"性质的官职。不过从黄泽本人来看，作为一位"经痴"，黄泽"食元禄"本身就是为了具备更好的条件以继续钻研经学与授徒传道，因此亦不能说他凭借山长一职来钻营仕途，毕竟追求纯粹的知识与依靠知识钻营仕途终是两回事。

可以说，书院在元初的蓬勃之势很大程度上是依赖于南宋遗民对故国的思念与坚贞、对两宋理学精深的探讨和对道义、人生的选择。不仅如此，从历史政治的角度观之，南宋遗民通过多种方式表达对元廷的不合作态度。元朝政府逐渐减少了武力的使用而选择以柔缓的方式完成了对南宋遗民、南宋文化的接纳和融合过程。也就是说，书院中潜藏的南宋遗民的坚守与元代朝廷对书院的态度是互相包容、互留空间的。当无力挽救故国，面对异族统治的新政权又无能为力时，这些有志之遗民找到了"书院"这条新的精神出路。可见，书院的意义对中国古代士大夫来讲已经超越了一砖一瓦的实体事物，其中亦潜藏着中国古代士大夫精神栖息与灵魂的旨归，更意味着书院是中国古代特有的一种光辉绚烂的文化符号！

二、元代统治者积极的书院政策

单就书院而言，面对异常强大的遗民力量，元代统治者无法对书院进行禁毁与废弃，只能顺势而下，以柔和的态度进行着和缓过渡。一方面，这是元代统治者所面临的严峻现实，也是其采取的顺应时代和现实的明智举措。因此，元代统治者在初期对书院采取的是一种"无为而治"的容许政策。另一方面，翻开宋元朝代更替的历史，我们会发现，元代统治者对汉族文化始终保持着一种敬畏和学习的心理。这从蒙古政权与南宋对峙开始能显现出来。具体到对书院的态度，从一开始蒙古政权便没有将南宋书院"赶尽杀绝"。

1. 蒙宋对峙时的书院容许政策

翻开史书可知，在与南宋政权对峙时期，蒙古政权便下达了一系列保护书院的政策。如《元典章》中记载："管内凡有书院，亦不得令诸人骚扰。"[1] 言简意赅却指令清晰，这道政令因发布在战乱中而显得尤为可贵。《至正金陵新志》对此亦有详细的记载，其曰：

> 大军入城。平章阿珠占居明道书院，军士异弃圣像野中。书院儒人古之学等诣丞相淮安王前，告给榜文，还复书院房屋、租产，招安秀才。当奉钧旨，令书院依例复旧。由是诸学弦诵不辍。[2]

蒙古军队攻破金陵城后，丞相平章阿珠占领了明道书院，而官兵将书院中所祭祀的明道先生（程颢）之圣像弃入荒野中。士可杀，不可辱。对于心中充满道统观念的读书人来说，这件事情无疑是对理学极大的侮辱，他们于是将此事告到淮安王面前，要求蒙古军队归还书院的房产学田。蒙古政权的态度是：

---

[1] 陈高华，等. 元典章 [M]. 天津：天津古籍出版社，北京：中华书局，2011：1086.

[2] 张铉. 至正金陵新志 [M]. 王会豪，等，校点. 成都：四川大学出版社，2009：1207.

下达诏令，安抚书院的读书人，并勒令恢复书院的一切旧制，由是士人得以在书院这方净土中继续读书。可以说，蒙古政权在战乱中攻破对方的军事重镇，却能对书院实施保护的政策，实属难得。

2. 元朝建立后的书院保护政策

不仅如此，元朝在建立之后的几十年间也没有停止对汉文化与书院的保护。尤其是元代上层统治者自上而下连续下达诏令，勒令保护书院。至元二十八年（1291年），在元朝建立的第20个年头，忽必烈仍然在下达保护书院、支持书院发展的诏令。《元史》记载：

> 二十八年，令江南诸路学及各县学内，设立小学，选老成之士教之，或自愿招师，或自受家学于父兄者，亦从其便。其他先儒过化之地，名贤经行之所，与好事之家出钱粟赡学者，并立为书院。[1]

从元世祖忽必烈诏令中的"亦从其便"中可以看出，元代上层统治者支持全民兴学，不仅从政府的角度兴办学校，聘请名儒教授，还鼓励私人创办书院，只要是与"名儒""先贤"有关的经行教化之所，有向学之心的组织者只要有一定的经济实力且有创办书院的人力，就可以在各地方州县内创立书院。元朝政府一系列关于书院的举措可以清晰地呈现出其高度包容的文化政策，这种文化政策的背后潜藏的正是对汉文化的接受与崇仰。至元三十一年，元朝政府持续向文武百吏及各路州府诏谕。《庙学典礼》记载：

> 孔子之道，垂宪万世，有国家者，所当崇奉。其赡

---

[1] 宋濂，等. 元史[M]. 北京：中华书局，1976：2032.

学地土产业及贡士庄，诸人毋得侵夺。所出钱粮，以供春秋二丁朔望祭祀及师生廪膳。庙宇损坏，随即修完。[1]

从上引材料即可看出，元朝政府极力反对破坏书院、利用书院之便进行敛财侵占等行为。各路府州县的官员要遵守元世祖的书院保护政策，在全国太平安定的形势下，不得在书院聚集诉讼而扰乱书院读书研习的正常秩序；也不能对书院的工程建造工作存有亵渎之心，要有端正的态度；更不能利用修建书院之便聚敛财帛，以权谋私，破坏书院的正常兴建。关于学田也有明确的规定：学田是书院所属财产，官员及乡绅不得非法霸占。政府或乡绅所资助的钱粮，都要用以供给书院的祭祀和师生日常开销，决不能私自挪用。对于受人尊敬的贫寒老病之人，地方政府及所在书院也要优赡奉养。如果书院年久失修或有所残损，政府也应立即履行修缮之责。[2]

元廷下达这样的政令实则与其时破坏书院的现象有关。至元二十八年，元廷查处到一例"杨琏侵地案"：杨琏是一名西夏商人，在当时任江南佛教事务总摄一职。杨琏利用职权之便，以权谋私，仗势欺人，强行侵占了其管辖范围内的多所书院、

---

[1] 佚名. 教官任满给由 [M]// 纪昀, 等. 影印文渊阁四库全书：第648册. 影印本. 上海：上海古籍出版社，1986：375.
[2] 关于禁止破坏书院的政策，元世祖后仍然在继续。如据《元史》卷七六《祭祀·郡县宣圣庙》记载，元成宗即位（1295年）时下令，"诏曲阜林庙，上都、大都诸路府州县邑庙学、书院，赡学土地及贡士庄田，以供春秋二丁、朔望祭祀，修完庙宇。自是天下郡邑庙学，无不完葺，释奠悉如旧仪"，继续着元世祖忽必烈的书院保护政策；再如据《元典章》记载，元武宗至大年间下诏："各处有的庙学、书院房舍里，不拣那个官人每、使臣每、军人每，休安下者。休断公事，休做筵会者。休造作者。系官钱物，不拣甚么休顿放者。属学校的田地、水土、贡士庄，不拣是谁，休争占侵犯者。"可见元朝统治者历时三代、近40年的时间里都未停止保护书院的政策，这也是元代书院繁荣的重要原因之一。

学舍,安定书院、淮海书院等著名书院便在其中。侵占书院之后,杨琏不仅"不为修理爱护",更是肆意"毁坏圣像,喂养头匹,宰杀猪羊,恣行蹂躏",其行为属实过分。此事在当地不仅惹得民怨沸腾,在元廷大力推行书院保护政策之时更是与朝廷政策相违背,因此政府下令查抄杨琏管辖范围内的一切田产、财帛、宫观、庙宇等资产,责令其将书院、学舍的资产归还,且张贴大字报,对民众、乡绅、官员起到警示作用,以儆效尤。

3. 因俗而治——元朝政府的统治智慧

不得不说,元朝政府从蒙宋对峙到元朝建立的40年中持续推行的书院保护政策从本质上来讲是一种高超的统治智慧,有其明显的政治意图。一方面,元朝统治者看到了宋元易代中南宋遗民强大的力量,而书院对于南宋遗民来说是身体与心灵的双重栖息地,也是得以在探寻自身价值中所找到的答案。尽管元代政权由少数民族构创,但对于一个大一统的王朝来说,元政权最亟待要做的便是缓和民族矛盾,争取士人阶层的支持,从而获得政权的稳固与国家的安定。因此,元廷的书院容许与书院保护政策实则是以学术自由来缓解统治矛盾与压力。另一方面,宋代理学具备极大的思想韧性,其凭借思想的强大与受众的广泛使得元代统治者产生了对汉文化的高度崇敬与文化慑服心理。在宋元易代的时代境遇下,书院成为南宋遗民文化与学术的聚集地和特有符号,因此元代统治者保护书院的做法在客观上也保护了汉文化。从实际效果上来看,元代对书院及汉文化的保护政策取得了明显的效果。在其保护政策下,不仅部分士人归顺元朝,以自身学识为元王朝效力,更改变了书院的成长轨迹,即改变了书院"南盛北衰"的面貌,书院在元朝逐步向北方扩展并不断发展。

三、元代书院北向深入的成长轨迹

元代书院成长轨迹的一个重要的特点就是北向深入。不言而喻,元代书院的北向深入烙印着深刻的历史与政治痕迹。南宋享国 150 年,其政权偏安江南一隅,因此南宋文化的活动范围仅限于长江以南,包括书院的勃兴与理学的辉煌。元朝统一全国后,经由统治者一系列的汉化政策,书院及理学迎来新的发展契机,即逐渐地向北深入。以黄河流域的书院数量为例,据邓洪波统计,宋代黄河流域的书院数量为 13 所,占全国书院总量的百分比为 3.25%;而元代黄河流域共有书院 43 所,占当时书院总数的 18.94%。显而易见,黄河流域的书院数量在元代处于上升态势,尽管增长态势不是爆发性的,但在长江流域、珠江流域书院数量在元代均处下降趋势的情况下,北方书院的发展与书院的北向深入是一个毋庸置疑的事实。[1]

在元代,书院呈北向深入趋势。在元代创立之初,北方书院是在元代统治者积极的书院政策背景下发展起来的。其时文人王旭在《中和书院记》中对元初书院的情形与北方书院的发展进行了一个整体的概述:

> 草创以来,国家以伐宋为事,未暇文治。今圣人在上,天下一家,书籍盛于中国,学校遍于四方,斯文其将复兴乎!且书院一事盛于南国,而北方未之有,今高君(伯川)营此,盖将以为北方倡,而因以上迎乎天意,安知不有好事者随而和之哉!他日择形胜之

---

[1] 本数据来源于邓洪波《中国书院史(增订版)》第 230 页。书中以表格的方式统计、对比了宋元两代黄河、长江、珠江三大流域的书院数量。其中,在长江流域,宋代书院总数为 297 所,在元代则为 152 所,呈下降趋势;在珠江流域,宋代的书院数量总数为 89 所,在元代则为 32 所,亦呈下降趋势。

地,尽规模之大,有如白鹿,如石鼓,如岳麓,称于天下,名于后世,以惠学者于无穷。

这则材料呈现出两个层面的意思:其一,在元代大一统的政治背景下,由于统治者重视汉文化,实施积极的文化政策,书院与文化在全国开始了盛行之势。其二,面对当时书院在南方兴盛而在北方衰败的局面,高伯川在大德年间于沧州建立创立中和书院,一来为了倡导在北方建立书院,改变书院南北分布不均的状况;二来是迎合统治者推行的汉文化政策,符合上意;三来是希望以此为范,带动更多的书院"好事者"跟随回应、兴建书院,从而掀起在北方建立书院的潮流,并发扬光大,力求使北方书院得以与南方著名书院相匹敌。不得不说,这样的理想对于书院的北向深入甚至是书院在全国的推进均有着积极的作用。

除此之外,萧㪺在《学古书院记》中也明确地强调了元代初期书院在南、北方发展不均衡的事实,其曰:"时天下有四书院之称。是后,江南诸郡凡先正过化之地皆置书院,敬延儒先,昭明斯道,以遵前轨。北方金氏,百年所无也。"在南方,凡是先儒大家经过并教化百姓之地大多都建置书院,以此来敬奉先贤,昭明道学;而在北方,书院却是"百年所无"。随着元代统治者推行积极的汉化政策与书院政策,加之有高伯川这样的书院"好事者"的推进,北方书院也在逐渐地崛起。萧㪺在《学古书院记》中又说道:

皇元奄有九围,教尚儒术,屡敕有司勉励学校。世祖渊龙,书召鲁斋许公畴咨启沃之余,命教人于京兆,成德者多为时用,今悉物故。陕西行台立鲁斋书院,以绍前人、淑后学,邦人兴起焉。是时湍阳、平水、

> 渭上亦有书院，籍籍有成。于是三原民李子敬聚弟子，懸以民钱五万缗，筑室储书，号曰"学古"。

在元朝政府与有志之士的共同努力下，北方书院逐渐兴起的势头已初露端倪。萧勰提到了陕西在地方大吏的官署中建立了鲁斋书院，为的是继承先贤之学且引发后学的追述，进而对当时辖区的民众亦起到了感召的作用，不仅如此，还引发了湍阳、平水、渭上等地书院的建造。由是可见，书院的北向深入是元代书院发展的独特成长轨迹。

书院北向深入带动了理学北传。元代书院向北深入发展的一个重大贡献在于以书院为媒介，带动了南宋理学的北传。受宋金对峙及蒙宋对峙政治局势的影响，不仅书院在北方寥寥无几，南宋理学的传播更是受到阻断与隔绝。许有壬在《雪斋书院记》中对此有清晰的描述：

> 金源氏之有中土，虽以科举取士，名尚儒治，不过场屋文字，而道之大者盖漠如也。天相斯文，新安朱夫子出，性理之学遂集大成。宇宙破裂，南北不通，中原学者不知有所谓四书也。宋行人有箧至燕者，时有馆伴使得之，乃不以公于世，时出一论，闻者竦异，讶其有得也。皇元启运，道复隆古，倡而鸣者则有雪斋姚公焉。

从学问倾向上来看，北方之学重在场屋之文、章句之学，而读书人对于性理之学则是漠然模糊。南方之学经南宋诸儒的研习、阐述，性理之学十分成熟。而导致这种南北学术倾向迥异的原因正是上文所提的"南北不通"。随着元代书院的北向深入，两宋理学也随之传入北方。当先贤倡导的理学言论传扬于北方时，北方读书人感到奇特迥异，石破天惊，遂以其为学习准的。这是南宋诸儒阐发理学的成功，更是其思想魅力之所在。材料中提到的"雪斋姚公"即姚枢，他对于元代书院最大的贡献在于和杨惟中一起在大都创立了元代第一所书院——太极书院，并延请大儒赵复讲学其中。[1] 郝经《太极书院记》记载：

> 庚子、辛丑间，中令杨公当国，议所以传继道学之绪，必求人而为之师，聚书以求其学，如岳麓、白鹿建为书院，以为天下标准，使学者归往，相与讲明，庶乎其可。乃于燕都筑院，贮江淮书，立周子祠，刻《太极图》及《通书》《西铭》等于壁，请云梦赵复为师儒，右北平王粹佐之，选俊秀之有识度者为道学生，推本谨始，以太极为名，于是伊洛之学遍天下矣。

庚子、辛丑年即 1240 年与 1241 年。在这两年中，中书令杨惟中执掌国事。当时的姚枢与杨惟中为了"绍前人而淑后学"，传承道学义理，先后延请了云梦大儒赵复等人为师，群聚宋儒之书且求习其学，在燕都（元大都）建立书院，在其中贮藏性理之书，设立周敦颐祠堂，铭刻《太极图》《通书》《西铭》于书院之墙壁，择取立志向学且见多识广之人为学生。记中又提到："今建书院以明道，又伊洛之学传诸北方之始也。""使不传之绪，不独续于江淮，又继于河朔者，岂不在于是乎！"姚、杨二人创建太极书院的意图很明显，就是要将两宋的性理之学传入北方，而太极书院则成为实现这一目标的重要依托与载体。从地位上来讲，太极书院是由当时权力中心的重要人物设计、筹建

---

[1]《元史·赵复传》记载："惟中闻复论议，始嗜其学，乃与（姚）枢谋建太极书院，立周子祠，以二程、张、杨、游、朱六君子配食，选取遗书八千余卷，请复讲授其中。"

的，且位于元大都，便天然地具备影响力大且备受瞩目的特性。因此，太极书院对理学北传发挥了十分重大的作用。此外，在理学北传的过程中，江汉大儒赵复的角色亦不可替代。当时作为南臣的赵复被俘，杨惟中对其学问及言论十分敬仰，于是将其赠送的性理之书带回了大都，开始谋划创建书院以传播理学，后又延请赵复来太极书院讲学。《元史·赵复传》记载：

> 复以周、程而后，其书广博，学者未能贯通，乃原羲、农、尧、舜所以继天立极，孔子、颜、孟所以垂世立教，周、程、张、朱氏所以发明绍续者，作《传道图》，而以书目条列于后；别著《伊洛发挥》，以标其宗旨。朱子门人，散在四方，则以见诸登载与得诸传闻者，共五十有三人，作《师友图》，以寓私淑之志。又取伊尹、颜渊言行，作《希贤录》，使学者知所向慕，然后求端用力之方备矣。枢既退隐苏门，乃即复传其学，由是许衡、郝经、刘因皆得其书而尊信之，北方知有程朱之学，自复始。

赵复在太极书院讲学时做了一件十分重要的事，即对程朱理学的学脉谱系进行了梳理。由于著述繁多，当时的读书人读之驳杂，未能一以贯之，融会贯通。于是赵复便推究羲、和、神农氏、尧、舜为何能承继天命、创立学问之极，孔孟等先秦诸儒如何立身垂教，周敦颐、"二程"、张载、朱熹如何发明其说，昭明延续，朱熹门人散落四方，其真传之徒如何传扬发挥……将这些学脉谱系做成形象之图示，从而昭明理学传承，使学者得以追本溯源，知道应在学问的何处用力发挥。当时姚枢也以赵复为师，修习程朱理学。经由赵复的传扬与努力，北方理学家中出现了许衡、郝经、刘因这样的大儒，在当时几乎可以与南方大儒相提并论。黄宗羲在《宋元学案》中曾将许衡、刘因与南方大儒吴澄并称为"三先生"。可见以书院为主阵地、以讲学为重要方式的理学北传颇具成效。书院北向深入与理学北传也从另一个角度印证了元代统治者汉化政策的成功与大一统政权的渐趋稳定。

在中国古代书院发展的历史长河中,元代书院的阶段性发展仰赖两股不可忽视的力量,即身具强大力量的南宋遗民和极具兼容精神的元代统治者。少数民族统治的政权有着其特殊性,但易代从来不会让文化的力量消磨殆尽。南宋遗民的强大力量昭示的是中华文明的强韧,而元代统治者包容与保护文化的政策则彰显的是中华文明的持久与顽强。可以说,元代书院在宋元易代中充当了"见证者"与"过渡者"的角色。在战乱时期,书院成为南宋遗民心灵与身体安居的栖息之所;到了大一统政权建立时,书院又成为元代统治者缓和阶级矛盾与民族矛盾的重要依托;到了国家文化复兴阶段,书院亦承担着南北文化传播与交融的重要使命。总之,书院作为一个文化符号,当是我们开启元代历史与元代文化不可忽视的一把钥匙,也是元代发展过程中无法绕过的问题。

第五节 荣衰更替与劫后余生——明代书院的跌宕起伏

纵观明代书院的发展史,我们会发现明代书院亦有其独特的时代特征。从中国思想史的角度考察,明代无疑是一个思想活跃且学术自由的时代。尤其是中晚明时期,由于王阳明及其后学掀起了一阵波澜壮阔的心学思潮,有明一代烙印着深刻的思想解放印记。在此过程中,明代书院在跌宕起伏的成长过程中与明代思想的发展形成了密不可分的联系,主要表现为书院成为思想传播的主阵地。思想的活跃发展依赖书院这个重要实体，而统治者打击思想的行动同样殃及书院。可以说，明代书院是继南宋书院与理学一体化发展之后又一个与学术呈共生发展关系的文化形态，此为明代书院最为本质的时代特征。立足于书院这个生命体，明代书院的荣辱同样与官学的盛衰互相联系。明初由于历经易代纷乱、政府压制，书院寂寥，但与此同时，官学却呈现出严整完备的兴盛之态。明中期之后，由于官学的弊端逐渐暴露，书院又重获士人青睐，用以挽救士风、匡翼官学、传播思想学说。书院在明代又一次上演了与官学此消彼长、此起彼落的基本发展规律。

一、明初书院的寂寥与官学的兴盛

书院在每次朝代更替时都要经历一次沉重的劫难。元末明初的时局动荡使绝大多数书院都毁于兵燹、坍圮荒颓。就连昔日弦歌不绝，在历代被视为精神文化象征的白鹿洞书院、岳麓书院也没有躲过劫祸。据王祎《游白鹿洞记》载，明初的白鹿洞书院"昔日规制不可见，惟闻山鸟相呼，鸣山谷虚，余韵悠扬，恍类弦歌声"。白鹿洞书院曾经飘扬的是士子的读书声，而如今只剩下鸟鸣于空山的破败之象。对此，余鼎在《次胡祭酒三首·其三》一诗中亦有直接的感慨：

> 弦歌怀往昔，地胜境还幽。
> 道统传今古，文光贯斗牛。
> 荒榛迷故址，啼鸟怨清秋。
> 前辈今何在？伤嗟忆旧游。

白鹿洞书院始建于唐，传至明初已有近600年的历史。这样一所散发着道统之光、闪耀着文化之辉的书院如今荒榛遍布、野鸟鸣啼，全然不见昔日的文化盛景。不仅白鹿洞书院如此，同样在历史上位列"中国四大书院"的岳麓书院亦是此番衰败之景。杨茂元《重修岳麓书院记》记载："今殿址故在，而列屋颓垣，隐然荒榛野莽间，其址与食田皆为僧卒势家之所据矣。"曾经俨然整列的教室如今已成断壁残垣，被湮埋在荒山杂草之中；当初作为书院经济来源的学田如今也被僧人霸占。具有历史文化印记的著名书院都如此光景，更何况其他书院！不知朱夫子看到书院如此这般寂寥惨烈的景象该作何感叹！

明初书院的寂寥不仅受殃于战祸，更与明初统治者压制书院的政策脱不开干系。历经兵燹战乱，书院完全能够在明初统治者的支持下尽快恢复元气，可百年间均是寂寥之貌，这便不得不说明太祖朱元璋"消极"的书院政策。洪武初年，太祖下令"改天下山长为训导，书院田皆令入官"[1]。短短数十字，其意图跃然纸上。山长一职即书院院长。前一节在论述元初南宋遗民以担任书院山长的方式为自己谋求一方栖息之地时已言明：山长的性质取决于书院的性质。大多数情况下，书院是独立于官学之外的，因此书院山长一般不被定性为朝廷的官员。在朱元璋的诏令中，明朝疆域内所有的书院山长一职皆变更为"训导"，而训导的性质就是实打实的学官，主要负责协助同级学官教育所属生员。这样一来，天下书院便全都被"整编"进官学体系内；不仅如此，诏令又明确表示：用作书院经济来源的学田也要充公入官。显然，致力于集中权力的明太祖对书院的压制不止于此。洪武五年其又下令"革罢训导，弟子员归于邑学"，直接罢黜训导一职，将原来书院的生员归入县学管理。这样的

---

[1] 曹秉仁. 万经. 宁波府志 [M]. 刻本. 雍正十一年.

诏令对书院的打击是毁灭性的，没有老师、没有学生的"书院"显然已成为一具空壳，也是书院在明初"惟闻山鸟相呼，鸣山谷虚"的关键原因。由是，无论是从行政体系上还是经济体系上，统治者都从根源上将书院官学化，完全纳入官方学校体系中。书院何以不寂寥！从统治意图上来讲，明太祖一系列消极书院政策的背后隐藏的是其对专制主义中央集权的狂热。

与书院的寂寥相对应的是明初官学的兴盛。自明政权建立伊始，统治者便大兴官学，建立相对完备的官学体系。由于书院被政府压制得无喘息之机，官学的兴盛则不言而喻，《明史·选举志》记载："天下府、州、县、卫所，皆建儒学，教官四千二百余员，弟子无算，教养之法备矣。"明政权从中央到地方，都建立了十分完备的官学体系，无一遗漏。洪武二年，朱元璋在初创中央官学时，便诏谕中书省，说明其力图创建官学系统的目的：

> 学校之教，至元其弊极矣。上下之间，波颓风靡，学校虽设，名存实亡。兵变以来，人习战争，惟知干戈，莫识俎豆。朕惟治国以教化为先，教化以学校为本。京师虽有太学，而天下学校未兴。宜令郡县皆立学校，延师儒，授生徒，讲论圣道，使人日渐月化，以复先王之旧。

由于民族的特殊性和南宋遗民力量的不容忽视性，元政权对书院自始至终都持有积极的保护态度。而朱明王朝因其为正统的汉民族政权，无须在调和民族矛盾上多下功夫，这便是元明二代书院政策截然相反的重要政治因素。在朝代更迭的特殊环境里，后代总是对前代颇多微词，甚至一概否定，说到底还是时代不同导致的统治思路与角度不一致。或许是出于此种原因，明太祖对元政权支持书院的态度十分不满，其将在元代受轰轰烈烈的书院所压制的官学教育作为着眼点，大谈官学体系"名存实亡"的弊端。站在明太祖的立场上看，刚刚结束了纷乱的王朝，势必要巩固自身的专制主义中央集权。立足于教育，明太祖诏谕中提到的"教化以学校为本"实则无可厚非。按照朱元璋勾勒的学校教育统治蓝图，只是建立中央学校还远远不够，还要在天下大兴学校。地方学校也要延请名儒讲师教授生员，讲习圣学之道，以教化百姓的方式来巩固明王朝的统治。对于地方官学体系，政府也有明确诏令：

> 于是大建学校，府设教授，州设学正，县设教谕，各一。俱设训导，府四，州三，县二。生员之数，府学四十人，州、县以次减十。师生月廪食米，人六斗，有司给以鱼肉。学官月俸有差。生员专治一经，以礼、乐、射、御、书、数设科分教，务求实才，顽不率者黜之。十五年，颁学规于国子监，又颁禁例十二条于天下，镌立卧碑，置明伦堂之左。其不遵者，以违制论。盖无地而不设之学，无人而不纳之教。庠声序音，重规叠矩，无间于下邑荒徼，山陬海涯。此明代学校之盛，唐、宋以来所不及也。

明代中央政府对地方学校的要求十分详备，细化到府、州、县的最高管理者称谓，训导数量、生员数量、生员生活补贴等均有具体、详细的标准。不仅如此，学校在科目分教、学规、禁令等方面也都有严格的限制。这样一来，明王朝便形成了自上而下十分完备的官学体系。这样的规范式教育体制与大一统政权无疑是相契合的，但对在野的书院却是一个不小的冲击。据邓洪波统计，自洪武至天顺年间，历经七帝，共97年，创建兴复书院的总数仅为143所，年平均数只有1.474所。[1]也就是说，在明初近百年之间，偌大的明王朝每年几乎仅有1所书院兴复或创建。这样的情形可谓前所未有，也让书院发展从明代一开始便曲折艰难。

二、书院迎来生长之机——区别于庙堂的二元路径

明初书院历经近百年的荒榛寂寥，到成化、弘治年间迎来了一次新的发展契机。邓洪波统计："明宪宗成化和明孝宗弘治年间（1465—1505年），共41年，为明代前期书院发展的第二个阶段。是期时间比第一阶段少46年，但创建兴复书院数却多出30所，达173所，从总体上呈现出恢复性发展的势头。"[2]出现这样的变化也有着深刻的现实因素，其中最重要的当属官学、科举至其时的腐朽没落与书院作为官学的匡翼再次进入大众视野两方面因素。

物极必反：官学的衰败与没落

上文已论，由于明初期官学体系的构建成了明政府关于教育的主要着力点，书院面临着被压制的困境。然世间万物都是盛极必衰，物极必反，如果对于某一件事情太过于用力，那么势必将引发新的问题——此时的官学便是如此。

首先，明代科场舞弊腐化的乱象丛生。或许是科举选拔全然依赖于官方学校，又或者说进入官学系统是科举入仕的唯一途径，到了成、弘年间，舞弊钻营现象频生，《明史·选举制》记载："贿买钻营，怀挟倩代，割卷传递，顶名冒籍，弊端百出，不可穷究，而关节为甚，事属暧昧，或快恩仇报复，盖亦有之。"

鬻售考题、私自夹带、请人代笔、冒名顶替……各式各样

---

[1] 邓洪波. 中国书院史（增订版）[M]. 武汉：武汉大学出版社，2021：286.
[2] 邓洪波. 中国书院史（增订版）[M]. 武汉：武汉大学出版社，2021：292.

的科场舞弊手段层出不穷。更可气的是,上层考官对此模棱两可,态度暧昧,更有甚者还通过科举来快意恩仇,打击报复,科场风气十分败坏。不仅如此,成化二年(1466年),礼部尚书姚夔还指出:"太学乃育才之地,近者直省起送四十岁生员,及纳草纳马者动以万计,不胜其滥,且使天下以货为贤,士风日陋。"[1]

地方学校择取生员入太学的标准竟然是"捐监",即花钱买官,动辄数以万计。这样一来,取士便非任人唯贤,而是任人唯"钱",生员士子便秉持着有钱能使鬼推磨的理念,无心专注于读书学问,而是靠金钱来进入仕途。读书士风都如此,更何况朝堂风气!

其次,学生逐利争名,失读书人之风骨。如此这般的科场乱象势必引起生员士子的内质颓化,引得学生追逐名利,无视道德圣学,全然失去士人风骨。对此,顾炎武《日知录》云:

> 天下之人惟知此物可以取科名,享富贵,此之谓学问,此之谓士人,而他书一切不观……士子有登名前列,不知史册名目、朝代先后、字书偏旁者。举天下而惟十八房之读,读之三年五年,而一幸登第,则无知之童子俨然与公卿相揖让,而文武之道弃如弁髦。

顾炎武所提的"此物"为"程文",是由考官十八房(明代科举会试中房考官的合称,分《诗》五房、《易》五房等,分阅《五经》试卷)所选定、刻录的八股范文。这些八股范文有些是主考官所作,有些是士子所作,在科举士子中流行,本意是以此为范式来指导学生写出更高质量的八股文来。但由于争名逐利之风盛行,士子们只读这些"程文",那些治国安邦的经典著作

---

[1] 张廷玉,等. 明史 [M]. 北京:中华书局,1974:1683.

全然不顾，弃如敝履，认为这样才能考取功名、安享富贵，以至于科举入榜、名列前茅的士人竟然不知道史册名目、朝代先后、字书偏旁，这是何等的夸张！由是可见，其时的官学学生已大失读人之风骨。

最后，老师畏首畏尾，失为师者之风范。官学学校中的士子如此，老师亦然。在这样风气的浸染下，官学中的教员也呈现出质量低下、教导无方之态。《明宣宗实录》卷十记载：

> 近年以来，为师者多记诵之学，经不能明，身不能正；生徒放效而不敢责；有所问辩而不能对。故成材者少，无良者多，皆由师不得人。

作为培养国家栋梁之材的官学教师，他们只知在记诵之学上下功夫，不能为学生阐述经史中蕴含的微言大义，更无法以身作则，以其身来潜移默化地教导学生；学生放纵、旷课也不敢责问，学生有问题也不能够解答。老师的质量如此低下，学生也就难以成才。关于这一点需要指出的是，官学教员也不一定都是囫囵学问之庸才，只是受当时官学腐朽的裹挟，他们只能以记诵之学来教导学生，因为学生想要的仅仅是名利。况且行为放纵、旷课的学生大多都是通过"纳草""纳马"的捐监方式而进入学校，因此更加地不服管教。教学相长，从而致使大部分的官学教师无心与学生谈道论学，整日沉沦在畸形的教育环境中。

重获青眼：书院再次进入视野

尽管明太祖在朝代初立之时建立了自中央到地方十分完备的官学体系，但因其逐渐腐朽与没落，官学失去了择贤而取的作用与圣学之传的本真。在政权层面上，教育如果罔顾圣学真传、教化人伦、匡正士风，而全然沦为功利之手段，那么此种教育体系势必会被群起而攻之,为时代所淘汰。在面对社会问题时,有责任感的士大夫总是最先以敏锐的眼光看到症结所在,进而寻求疗愈良方。当看到官学逐渐腐落之后,士大夫再次把目光放到了书院身上。于是书院在历经百年寂寥之后又重获青眼,再次进入了大众的视野。对此,王阳明在《万松书院记》中明确指出书院对官学的"匡翼"作用,其曰:

> 惟我皇明,自国都至于郡邑,咸建庙学,群士之秀,专官列职而教育之。其于学校之制,可谓详且备矣。而名区圣地,往往复有书院之设,何哉?所以匡翼夫学校之不逮也。

阳明先生说得很委婉,先是含蓄地承认了书院在历朝历代都有设立的合理性,更重要的是,之后他提出了书院有着"匡翼夫学校之不逮"的作用。也就是说,在官学体系出现问题时,书院便能以另一种方式去弥补官方学校教育带来的弊端。通过各方有识之士的努力,书院迎来了一次恢复性发展,而政府也随之改变了以往强硬的压制态度,渐渐承认书院的合理性。总体来看,明前中期书院的恢复主要有以下几种表现。

第一,前代知名书院被有识之士修葺完成,以期恢复圣学之传。以岳麓书院的修复为例。《岳麓书院志》记载钱澍修复岳麓书院的事迹,其云:

> 钱公澍,明金坛人。天顺中,自给事中权长沙知府,……留心文教。成化五年,慨然兴复岳麓书院,百数十年丘墟之地,顿觐大观,厥功伟矣!

当时钱澍任长沙知府,在任期间十分关注以文道教化百姓。于是在成化五年(1469年)立志兴复岳麓书院。岳麓书院从明初的百年荒废中被修葺得有模有样，钱澍可谓功不可没。不仅如此，在修葺岳麓书院的过程中不得不提长沙府通判——陈钢。《明史》记载：

> （陈钢）迁长沙通判，监修吉王府第。工成，王赐之金帛，不受。请王故殿材修岳麓书院，王许之。

陈钢当时奉吉王朱见浚之命监理吉王府邸的修建工程。竣工之后，吉王对其十分满意，欲赐给陈钢金银财帛。但陈钢婉言拒绝，金银财帛一概不要，只提出了请吉王将修缮吉王府邸的剩余建筑材料拿来修葺岳麓书院这一个要求。吉王听了之后十分感动，答应了陈钢的请求。陈钢修葺岳麓书院的事迹在杨茂元《重修岳麓书院记》中也有详细的记载：

> 吾友陈君钢，通守于此，慨然图兴复之。遂即文公更建之所为大门五间，两庑各三间，名其左曰"敬义"，右曰"诚明"，取《白鹿洞赋》语也。北上十数级，复建书院五间。又十数级，创祠以祀晦庵、南轩二先生，匾曰"崇道祠"。缭以周垣，杂植竹柏花卉于隙地，然其规制则隘于旧矣。

陈钢在修复岳麓书院时对其规制进行了改造。光是大门就建了五间，堂下的屋子左右各三间，左边叫敬义堂，右边称诚明堂，都是取自朱熹《白鹿洞赋》中的语句。此外，陈钢把岳麓书院向高处建造，先是在十多级台阶上多建出五间书院，再向上十多级台阶建朱熹、张栻两位理学大家的祠堂。四周空隙以花草树木点缀，以营造清幽高雅的读书氛围。如此规制与之前的岳麓书院大不相同，其焕然一新的装修实得益于陈钢的设计与努力。修缮后的岳麓书院既有读书研习的功能，又有祭祀功能，但陈钢描绘的书院蓝图不止于此：

> 君间尝语予（杨茂元）曰："……吾于祠后又治址，将构亭以远眺，名曰'极高明'。又欲置田百亩，以供祀事，以食学者，未能也，子其为我咏之。"未几，君以忧去，归其乡。其同官四明李君锡为构亭四楹，推官吉水彭君琢、国子生安化李经为买田若干亩，皆成君之志也。

从杨茂元的描述中可知，陈钢在朱、张二先生的祠堂后又建造了一座亭台，用以登临赋歌、极目远眺。他还想再购置百亩学田来用于祭祀、供养生员，只是没多久陈钢就因为父亲去世而回乡守丧，没来得及完成这些构想，而是由继任他的通判李锡和推官彭琢、国子生李经三人完成了陈钢的购置学田的未竟之志。经由这样的一批有志之士的共同努力，岳麓书院又重现了昔日的辉煌。不仅岳麓书院，白鹿洞书院的修葺也是经过一大批士大夫的共同努力才得以完成。关于白鹿洞书院的重修可见陈琏《重建白鹿洞书院记》，兹不赘述。岳麓、白鹿洞二书院的重葺掀起了修复书院的潮流，全国大大小小的书院相继被修复，书院迎来了恢复之机。

第二，政府改变了对书院的压制政策，开始以和缓的态度支持书院的建设。最具代表性的当属官府对一些书院"赐额"，予以"褒奖"等。据《明宪宗实录》卷一九八记载：

> 兵部右侍郎李敏奏："臣往年为浙江按察使，守制还河南襄城县，市地于县南紫云山之麓，凡三十亩有奇。建屋若干楹，积书数千卷，日与学者讲读其中。其地之所入，亦足以供教学者之用。愿籍之于官，以为社

学."因请敕额,并令有司岁时修葺。从之,赐额为"紫云书院"。

成化十五年,兵部侍郎李敏回家乡河南守丧期间,在襄城县南的紫云山麓购置了30多亩地,建造了几间房屋,又以千余卷书充盈其中,创建紫云书院,以供文人士子讲学其中。李敏将这件事上达天听,请赐匾额,并请求朝廷每年进行修葺。宪宗皇帝听从了李敏的建议,赐额"紫云书院"以示支持与褒奖。在当时,获赐额的书院并不是很多,还有成化十四年明宪宗为浙江金华"正学书院"赐额,为上者对书院态度的转变足以让地方官员乃至民间士人揣摩上意,纷纷效仿。

第三,地方官员与士绅纷纷投入兴建书院的队伍当中。由于统治者书院政策的宽松,地方官员闻风而动,不少有志于文的士绅也参与到书院的建设与修葺中来。以河南为例。成化五年（1469年）郏县人建造青云书院[1];成化八年至十年南阳知府段坚慨然有志于兴学,先后建造了豫山书院、诸葛书院和志学书院;成化十六年（1480年）宝丰知县朱铨创建程子书院;成化十七年（1481年）河南提学佥事吴伯通修复伊川洛西书院[2]。吴伯通不仅在辖地河南建造书院,还在辉县兴复了百泉书院,在汝阳修葺汝南书院,在通许建造育英书院。这仅仅是河南的地方官员修建并兴复书院的例子,其他地方亦纷纷行动。光绪《善化县志》记载:"周辛甫,江西人,从燕王靖难,封都指挥佥事。后随谷王之长沙,授卫指挥。捐修岳麓书院讲堂。"包括上文提到的岳麓书院也是以多名地方官员为主力完成修复任务的。除了地方官员,地方乡绅修复书院亦热情不减,如郏

---

[1] 商传.明代文化志[M].上海:上海人民出版社,1998:224.
[2] 龚崧林,汪坚.洛阳县志[M].刻本.乾隆十年.

县的王璇兴建符井书院，邓州廉使李让重葺贾状元书院等。

到了成化、弘治年间，兴复书院已成潮流。到了明中期，全国范围内的书院才迎来继明初百年寂寥之后的第一次小高潮。柳诒徵在《中国文化史》中指出：

> 宋元之间，书院最盛，至明而浸衰。盖国学网罗人才，士之散处书院者，皆聚之于两雍，虽有书院，其风不盛。……其后国学之制渐隳，科举之弊孔炽，士大夫复倡讲学之法，而书院又因之以兴。

此番论断足以证明由明初至明中期书院发展的状况，也佐证了前文所述阳明先生提出的书院"匡翼学校之不逮"的观点。值得注意的是，柳诒徵提出的书院复兴的背后是士大夫复倡讲学之法，这种观点可谓十分准确，其看到了书院兴盛的背后是士大夫对于圣学的无限追求与渴望。从功能上来看，书院从诞生之初便带有讲学的性质。当官方学校无法满足士大夫的精神需求，那么书院重获青睐，再次回到士大夫的视野中也是意料之中的，更是符合时代发展的规律与契机的。自明中期之后直至有明一代的落幕，讲学都始终伴随书院发展的始终，并由此带来了明代书院最为辉煌的时期，亦为书院招致了一场场沉重的灾难。

三、走向荣耀之路——书院与心学的共生发展

在书院的生命轨迹中，似乎永远绕不开一个话题，即书院与官学的博弈。以元、明两代书院的发展史来看，元代书院始终凌驾于官学之上，成为一种统治者无法以武力镇压、抗衡的强大力量，因此书院在元代因其本身具备的民族特征而自然而然地胜过了官学。反观明代，卑屈于强有力的中央集权下的明

代书院自诞生之初便力量弱小、备受打压，其后迎来了生长之机也是由于官学本身出现了内在的腐蚀与衰落，它重新以"吾强他弱""官学唱罢书院登场"的替代方式登上了明代历史的舞台。从统治者的书院政策来看，由于土木堡之变、边疆战事吃紧等因素造成整个明代科举体系问题频发（具体来讲即以选官"捐监"等方式解决国库空虚与钱财匮乏的问题），明统治者不得不承认书院的合法地位而改变了起初的压制政策。不过从一开始，统治者也是先从国家层面下令修建以藏书、祭祀功能为主的书院来补救国家教育体系的缺漏，但其对书院褒奖、赐额的积极态度正迎合了士大夫对于圣学的渴求与对讲学论道的兴趣。于是到了明中后期，伴随着书院陆陆续续地创立，书院的功能也并未朝着统治者希望的方向前进，反而是刺激了书院的讲学功能，一发不可收。正如南宋书院深深烙印着与理学交织的痕迹，明代中后期书院因讲学而与心学相互缠绕，密不可分。明代书院也正因如此走向了属于这个时代的荣耀之路。

在明代中期书院走向繁盛的过程中，心学两大家王阳明、湛若水可谓功不可没，以其心学思想的传播构筑了书院建设的坚实壁垒。湛若水对于书院的贡献更凸显于兴建数量上，其活动范围主要集中在岭南。在思想传播与心学实践过程中，湛若水兴建了诸多书院，"平生足迹所至，必建书院以祀白沙"。毫不夸张地说，湛甘泉所到之处，必建书院。《湛甘泉先生文集》卷三二记载：

（湛若水）于其乡，则有甘泉、独冈、莲花；馆谷于增城、龙门，则有明诚、龙潭；馆谷于羊城，则有天关、小禺、白云、上塘、蒲涧；馆谷于南海之西樵，则有大科、

> 云谷、天阶；馆谷惠之罗浮，则有朱明、青霞、天华；馆谷韶之曲江，则有帽峰；英德则有清溪、灵泉；馆谷南都，则有新泉、同人、惠化；馆谷溧阳，则有张公、洞口、甘泉；馆谷扬州，则有城外、行高、甘泉山；馆谷池州，则有九华山、中华；馆谷在徽州，则有福山、斗山；馆谷福建武夷，则有六曲、仙掌、一曲；王湛会讲，馆谷湖南，则有南岳、紫云。

材料中明确记载，湛若水建立了近40所书院。后代学者统计其建立、修复的书院达50多所，与其相关的书院多达上百所。这些数据足以说明湛若水在其时专注于书院的建立与讲学活动。除湛若水，另一位对书院做出杰出贡献的当属心学大师王阳明。《万历野获编》载：

> 书院之设，昉于宋之金山、徂徕及白鹿洞，本朝旧无额设明例。自武宗朝，王新建以良知之学行江浙两广间，而罗念庵、唐荆川诸公继之，于是东南景附，书院顿盛，虽世宗力禁而终不能止。[1]

王新建即王阳明。据材料可知，心学在明中后期掀起了一阵波澜壮阔的狂潮，由此促进了书院的"顿盛"，哪怕明世宗屡次力禁，最终都无法遏制。可见明代书院之繁盛实则归功于王阳明及其后学。正是由于心学的崛起，其后学罗洪先、唐顺之等有志于心学之士对阳明心学进行大力弘扬与宣传，也促进了书院在东南地区的兴建。下文将着重论述王阳明的书院活动及其对书院建设的丰功伟绩。

---

[1] 沈德符. 万历野获编[M]. 北京：中华书局，1959：608.

四、心学背景下书院的劫后余生——书院罹禁毁之难

正所谓"成也心学，祸亦心学"。书院与明中期学术的紧密联合使书院形成了一股此起彼伏的兴建气象。但紧密联合也造成了灾难性的后果，书院在明后期惨遭禁毁之难。一方面，心学依托书院在全国范围内大面积推广，使得明统治阶级宣扬的程朱理学受到了极大的挑战。另一方面，书院本身的聚徒讲学性质使其易被视为"党"。在明中后期错综复杂的朝局风云中，党争是一个危险之词，稍不留意便会惹来杀身之祸。可以说，书院在晚明时代惨罹禁毁之祸与上述两个因素密切相关。若以时间线为着眼点，可以嘉靖之禁、万历之禁、天启之禁三次罹祸来展示晚明书院命运的跌宕起伏，下文将具体述之。

嘉靖之禁——黜"邪说"正人心

书院在嘉靖朝罹难，本质上是因王学在嘉靖朝的发展形势骤变。自帝王到朝臣，王阳明（守仁）及其学说均被视为眼中之钉。先来看其时帝王明世宗对王守仁及其学说的不满。《明通鉴》卷五四"嘉靖七年闰十月"记载：

> 王守仁报断藤之捷，因言："庙廊诸臣，推诚举任，公心协赞，故臣得以展布四体，共成厥功，宜先行庙堂之赏，次录诸臣之劳。"上不悦。先是上以守仁捷书示阁臣杨一清等，谓守仁自夸大，且及其生平学术，一清等不知所对。

嘉靖七年正是王守仁赴广西平定思恩、田州之乱，屡立奇功之时。当他在上报断藤峡一战大捷的喜讯时，世宗表露出明显的不悦，认为他居功自傲，夸大己功，于是连同王守仁的心学都被贴上夸耀矜伐的标签。关于世宗何以

对王守仁不满，其中关涉的原因错综复杂，本节未遑深论，但无论出于何种原因，帝王对王学的态度已露不满，朝中自然充斥着对抗王学之声。随之而来的，便是朝臣以各种各样的理由斥王学为"伪学"。有的针对王阳明及其弟子讲学规模声势太盛而发起抨击[1]；有的就王学本身思想的"异端"性大发议论，认为其实则为投机取巧。自作聪明的偏僻之学[2]；有的从学术传统的角度来看，认为王学的声势渐盛实则是对明朝统治者所确立的正统学术"程朱理学"的挑战与诋毁[3]。在这样的政治与学术、帝王与朝臣的共同作用下，以书院为大本营的心学被宣布为"伪学"。嘉靖年间，书院遭到第一次禁毁。《明世宗实录》卷九八"嘉靖八年二月甲戌"条记载：

> 吏部会廷臣议故新建伯王守仁功罪，言守仁事不师古，言不称师，欲立异以为名，则非朱熹格物致知之论；知众论之不与，则著朱熹晚年定论之书。号召门徒，相互倡和。才美者乐其任意，或流于清谈；庸鄙者借其虚声，遂敢于放肆。传习转讹，悖谬日甚。其门人为之辩谤，至谓杖之不死，投之江不死。以上渎天听，几乎无忌惮矣。若夫剿辈贼，擒除逆濠，据

---

[1] 黄绾《阳明先生行状》记载："四方来游其门益众，科道官迎当路意，以伪学举劾。"即是此意。

[2]《明史》记载："三代以下，正学莫如朱熹。近有聪明才智，倡异学以号召，天下好高务名者靡然宗之。取陆九渊之简便，诋朱熹为支离，乞行天下，痛为禁革。"认为阳明心学的本质是以异端邪说遍倡天下。

[3] 顾炎武《日知录》："朱陆之论，终以不合，而今之学者，顾欲强而同之，岂乐彼之径便，而欲阴诋吾朱子之学与？究其用心，其与何澹、陈贾辈亦岂大相远与？至笔之简册，公肆诋訾。以求售其私见礼官举祖宗朝故事，燔其书而禁斥之，得无不可乎？"

> 事论功，诚有可录，是以当陛下御极之初，即拜伯爵，虽出于杨廷和预为己地之私，亦缘有黄榜封侯拜伯之令。夫功过不相掩，今宜免夺封爵，以彰国家之大信，申禁邪说，以正天下之人心。

在这场"甚合上意"的讨论会议中，群臣最终得出了王守仁"功不抵过"或者"过甚于功"的结论。具体来说，王阳明的"过"主要在于不师古学，企图以标新立异来博取名声，进而诋毁朱子学说；当民众不认可其学说的时候，他便对"朱陆之学"进行调和。他聚徒讲学，传播甚广，导致天下学术流于清淡与放肆。尽管他平定宁王朱宸濠的叛乱，又在江西、广西屡立战功，但朝廷已因此对其进行封侯拜伯，有功已赏。因此其功与过不能算相抵，而是异谈邪说之过远大于所立之战功，应黜落爵位来彰显国家申禁邪说、正乎人心的决心。关于朝臣对王守仁及王学的讨论结果，世宗表现出十分赞同的态度，其曰：

> 上曰：卿等议是。守仁放言自肆，诋毁先儒，号召门徒，声附虚和，用诈任情，坏人心术。近年士子传习邪说，皆其倡导。至于宸濠之变，与伍文定移檄举兵，仗义讨贼，元恶就擒，功固可录。但兵无节制，奏捷夸张。近日掩袭寨夷，恩威倒置。所封伯爵，本当追夺，但系先朝信令，姑与终身。其殁后恤典，俱不准给。都察院仍榜谕天下，敢有踵袭邪说，果于非圣者，重治不饶。

世宗本就对守仁不悦，听完朝臣的弹劾之言后，又从另外的角度补充了王守仁的两条"罪证"。其一，世宗认为在平宸濠之乱时，王守仁虽能以机巧应变平定叛乱，但他的兵法肆意无节制，上呈捷报的奏议措辞也十分夸张。其二，王守仁此次平定广西思恩、田州叛乱时恩威倒施。仅凭这两桩罪便足以褫夺伯爵之位，但因"新建伯"之爵位是武宗皇帝在正德十六年时为奖励其平定宸濠之乱而封的，所以姑且留之至终身，待其身后再褫夺封号，且都察院要张榜公示，晓谕天下：如果再有修习心学异说者，处以重罚，绝不轻饶。

从文学思想史的角度来看，嘉靖八年的"心学定伪"可谓是王学在中晚明际遇的一个分水岭。不难看出，这次的心学受挫并非仅仅是学派间的论争，也不仅仅是政治上的党同伐异，更多的是帝王意志的主导。在这样的学术背景下，历经时间的发酵，以讲学为内在核心的书院便遭到了第一阶段的禁毁。嘉靖朝的书院禁毁运动主要由许赞、游居敬率先发起。《皇明大政纪》载：

> （嘉靖十七年）五月申，毁天下书院。吏部尚书许赞上言，近来抚按两司及知府等官，多将朝廷学校废坏不修，别起书院，动费万金，征取各属师儒，赴院会讲，初发则一邑治装，及舍则群邑供亿，科扰尤甚。日者南畿各处，已经御史游居敬奏行撤毁，人心称快，而诸路未及，宜尽查革，如仍有建立者，许抚按官据实参劾。帝以其悉心民隐，即命内外严加禁约，毁其书院。

嘉靖十七年，明朝政府发出第一次禁毁书院的正式诏令。吏部尚书许赞上报：近来地方官员多将地方上废弃坍圮的学校改造成书院，动辄万金，劳民伤财，更重要的是延请名儒为师，兴办讲会，大大地扰乱了科举秩序。故派吏部御史游居敬将书院拆毁，虽然还未拆完，但已计划清查盘算，如有再建便上书弹劾，绝不姑息。世宗皇帝对此大加赞成，并下诏禁毁书院。关于许赞、游居敬主导的书院嘉靖之毁，《明世宗实录》中亦有详载：

> 御史游居敬论劾南京吏部尚书湛若水学术偏诐，志行邪伪，乞赐罢黜。仍禁约故兵部尚书王守仁及湛若水所著书，并毁门人所创书院。戒在学生徒毋远出从游，致妨本业。疏下，吏部覆言：若水尝潜心经学，希迹古人，其学未可尽非。诸所论著，容有意见不同，然于经传多所发明。但从游者日众，间有不类，因而为奸，故居敬以为言。惟书院名额似乖典制，相应毁改。上曰：若水已有旨谕，留书院不奉明旨，私自创建，令有司改毁。自今再有私创者，巡按御史参奏。

此为嘉靖十六年游居敬上书弹劾南京吏部尚书湛若水以"随处体认天理"的心学为学术核心，请求罢黜其官，并奏请世宗皇帝禁王守仁与湛若水平生所著之书，拆毁他们的门人所创立的书院。当游居敬上书弹劾湛若水时，由于湛若水身为吏部尚书，当时吏部官员曾为其求情，认为湛若水潜心经学，以继承古人之志为学术根基，由是甘泉心学不可全然否定，其只是对经典有不同的见解罢了。显然，事件的结果是以游居敬等人禁毁书院而告终，而弹劾者给出的理由是：甘泉心学由于门徒众多，因此党聚成奸；其讲学的书院声势又太大，与学校教育的规制相背离。书院被禁毁或整改，只是未祸及湛若水本人而已。从此事件可以看出，朝廷禁毁书院的重要原因之一便是心学以书院为大本营进行大肆扩散，而其中潜藏的便是心学在中晚明士人乃至平民阶层中的蔓延扩张，甚至已经到了失控的地步，因此引起统治者的干预与禁止。此亦为政府的自我保护机制，对此《明世宗实录》载曰：

> 七，禁兴造。如擅改衙门，另起书院，刊刻书籍，甚为民害。今后额设衙门，不许擅自更改书院官房，应创建者必须请旨，教官生员悉令于本处肄业，不许刊刻书籍，刷印送人，糜费民财。……疏入，上嘉其悉心民隐，令所司严禁厘正，果有积弊难除，格于沮挠者，各抚按官具以实闻。[1]

实际上，嘉靖之禁比起后面的万历之毁、天启之毁还是显出相对的宽松性与包容性，因为其原则更多的是禁止再兴建新书院，且对旧有有条件改造的书院进行"收编"管制，对一些"讲学尤甚"的书院进行拆毁。从目的来看，嘉靖之禁书院还是以禁止"邪说"扩散、正学术人心为根本目的。后面的两次禁毁相比于此，包含更多的党争倾轧、权力争夺等因素，从这个意义上来讲，书院禁毁实则牵扯出更复杂、更宏大的问题。

万历之毁——恶讲学　正学术

书院的万历之毁是在明朝首辅张居正的主导下发起的。张居正是有明一代著名的大臣，在政治上有着极大的贡献与建树，但在此阶段书院的发展中却扮演了负面的角色。张居正本人与王阳明诸多后学都保持着交往与联系，但对心学本身及其活动产生的影响却是颇有微词，对于书院与讲学，他深恶疾之。《明通鉴》卷六十七记载："而是时，士大夫竞讲学，张居正特恶之，尽改各省书院为公廨，凡先后毁应天等府书院六十四处。"

从材料来看，张居正对书院讲学及会讲持明显的厌恶态度，

---

[1] 此材料为《明世宗实录》"嘉靖十七年五月癸酉朔"条，吏部尚书许赞条陈地方事务所宜裁革之项，共八则条款，此为第七款，涉及书院事项及禁毁书院的原因。

他上奏万历皇帝要尽快将书院改成官署，且先后共拆毁包括应天书院在内的64处书院，可见其禁毁书院的规模之大与程度之深。关于张居正为何会对书院"特恶之"，我们可以从其上疏呈报的奏章中窥见一斑。《张太岳先生文集》卷三九《请申旧章饬学政以振兴人才疏》记载：

> 圣贤以经术垂训，国家以经术作人。若能体认经书，便是讲明学问，何必又别标门户，聚党空谭？今后各提学官督率教官生儒，务将平日所习经书义理，着实讲求，躬行实践，以需他日之用。不许别创书院，群聚徒党，及号招他方游食无行之徒，空谭废业，因而启奔竞之门，开请托之路。违者，提学御史听吏部、都察院考察奏黜，提学按察司官听巡按御史劾奏，游士人等许各抚按衙门访拏解发。

张居正对"讲学"持有反对态度源于其对"学问"的理解。他认为：国家要以圣贤经术作为治国理政的第一要义，因此只要是能遍读经书，有所发悟便是学问要旨，不需要再别立门派、聚党空谈。这种对学术的见解实则囿于一隅，因为非辩无以明学问，学问只有在不同的时代有着新阐发、新理解才能历久弥新，彰显圣贤之说的经典之处。无疑，张居正此种对"学问"的理解是立足于国家政治统治及思想统一的角度而形成的，但对学问本身及书院的发展却是致命的。在这种态度之下，一方面，他以内阁首辅的身份下令禁止书院讲学，勒令各个层级的提学官组织教官教导儒生，务必将程朱义理落到实处，躬身实践，杜绝空谈。另一方面，不许再创立书院、聚徒讲学，亦禁止以书院讲学之名招揽四方游士，跟风空谈，废弃科举仕途之理想。可以看出，张居正主张禁止书院讲学的原因之一便是意识到了书院教育对官学的冲击，进而以勒令禁止的方式打击书院讲学，从这个意义上来看，张居正禁毁书院带有着浓烈的政治色彩，此其一。

其二，张居正在国家学术的走向方面提出了"正学术，反邪说"的观点，认为心学横行有损于正统程朱理学的推广。他又强调：

> 国家明经取士，说书者以宋儒传注为宗，行文者以典实纯正为尚。今后务将颁降四书五经《性理大全》《资治通鉴纲目》《大学衍义》《历代名臣奏议》《文章正宗》及当代诰律典制等书，课令生员诵习讲解，俾其通晓古今，适于世用。其有剽窃异端邪说，炫奇立异者，文虽工弗录。所出试题亦要明白正大，不得割裂文义，以伤雅道。

从学术倾向来看，张居正主张要跟随国家科举取士的主流，以程朱理学为宗，文辞要尚典实纯正。儒生要以朝廷规定的正统经典、圣贤之训作为主攻方向，切忌宗异端邪说，炫奇立异，有这种思想的文章哪怕外在的文辞再严整也不会被录用。这段材料明显呈现出其作为内阁首辅对科举取士选拔标准的看法。从这个意义上来讲，张居正从学术倾向上便对王学异端显露不满。

由上文可知，嘉靖之禁的一个重要原因便是王学在当时的迅速扩张，而此亦为万历书院之毁的原因。随着阳明先生的逝世，万历年间，王学的主力军转为王门后学。据《明儒学案》记载，黄宗羲将王门后学称为"姚江学派"或"阳明学派"，共分为"浙中王门""江右王门""南中王门""楚中王门""北方王门""粤闽王门""止修学派""泰州学派"等八个分派。从学术分化的角度观之，王学分化的背后是王门后学对阳明心学的理解与阐释产生了分化，即各弟子对先师精深学说发挥的侧重点有所差异。需要强调的是，王门后学对心学的多角度阐释，确实导致了相应的问题。不过无论如何变化，书院聚众、轰动式讲学的方式却未曾改变。《明儒学案》中《文贞徐存斋先生阶》一文记载了一次由王门弟子徐阶主导的盛大讲会——灵济宫大会，其曰：

> 及在政府，为讲会于灵济宫，使南野、双江、松溪程文德分主之，学徒云集，至千人。其时癸丑甲寅，为自来未有之盛。丙辰以后，诸公或殁，或去，讲坛为之一空。戊午，何吉阳自南京来，复推先生为主盟，仍为灵济之会，然不能及前矣。[1]

学徒云集，拥至千人，由此足以见得心学讲会的盛大状况，这是从未有过的盛会。之后心学后学的主盟者逝世、离散，仍有后来者何吉阳复主灵济大会。由是可见，王阳明逝世后，其弟子讲学不衰；王门弟子散离后，其追随者又讲学不衰。这说明心学在当时的风靡之盛与深入人心，延续不绝，难怪嘉靖时期世宗屡禁心学不止，而万历时亦如此。

当时的张居正也参加了灵济宫大会，但其对此次讲会的感受却是相当不好，颇有微词。《张太岳先生文集》所载的一篇《答南司成屠平石论为学》记载：

> 夫昔之为同志者，仆亦尝周旋其间，听其议论矣。然窥其微处，则皆以聚党贾誉，行径捷举，所称道德之说虚而无当，庄子所谓"其嗌言者若哇"，佛氏所谓"虾蟆禅"耳。而其徒侣众盛，异趣为事，大者摇撼朝廷，

---

[1] 黄宗羲. 明儒学案[M]. 沈芝盈，点校. 2版. 北京：中华书局，2008：617.

爽乱名实，小者匿蔽丑秽，趋利逃名。嘉隆之间，深被其祸，今犹未殄。此主持世教者所深忧也。……仆愿今之学者，以足踏实地为功，以崇尚本质为行，以遵守成宪为准，以诚心顺上为忠。兔鱼未获，无舍筌蹄；家当未完，毋撤藩卫。毋以前辈为不足学而轻事诋毁，毋相与造为虚谈，逞其胸臆以挠上之法也。

张居正周旋于灵济宫大会间，听到了其时讲会的内容。通过他的细微观察，张居正认为此次讲会实则为党聚标榜之会。其中所谈论的圣贤之说虚妄无当，缥缈无根。徒众都以趋附异端学说为好，这样的大会实在是朝廷的蠹虫，撼动了国家政治、学术的根本，自嘉靖之际而屡禁不止，于是张居正决意杜绝此等祸害国家之事，以正学术人心。

由是，张居正发动了对万历书院的尽毁运动。万历之毁的导火线为常州知府施观民假借书院之名聚敛财物之事。《明通鉴》卷六十七记载：

七年（1579年）春正月戊辰，诏毁天下书院。先是，原任常州知府施观民，以科敛民财，私创书院，坐罪褫职。

禁毁书院也要师出有名，张居正假借施观民私创书院聚敛财帛之事对其进行革职查办，并将祸引至书院，下令"毁天下书院"，斩草除根。此亦可从其《答陕西提学李翼轩》一文中详细观之，其曰：

承示查改书院、并田粮事，一一明悉。必如是，而后为芟草除根，他日亦不得议复矣。但军屯难以招买，只宜募军佃种纳粮，幸惟裁之。比审学政精明，风标峻整，旦夕部议公平，必当为举首矣。慰甚！[1]

与嘉靖之禁相比，张居正此番万历之毁显得更加彻底，持续的时间也长达十年之久。他并没有给书院以整改喘息的机会，而是直接拆毁天下书院，斩草除根。据《明通鉴》记载，张居正禁毁的书院有64所。据邓洪波统计，万历五年至万历十二年的七年中，因张居正厌恶讲学而遭毁废改卖的书院计有55所，而实际受害的书院远不止55所，甚至还要超过史志所记的64所。可见万历之毁对书院的沉重打击与深重危害。

天启之毁——党争笼罩下的书院之灾

书院的天启之毁由熹宗一朝宦官头目魏忠贤谋划并实施，其本质是一场由党争引起的祸乱，或者说是借毁书院之名进行的一次政治大清洗运动。天启年间，魏忠贤与天启帝乳母相互纠合，把持朝政，朝野上下遍布以魏忠贤为首的阉党，政治形势风云变幻。从明代书院的处境来看，经历嘉靖之禁、万历之毁后，书院变得战战兢兢，风雨飘摇，因为禁毁书院运动并未完全结束，书院仍然处于一种"随时毙命"的状态。当时，天下书院以东林、关中、江右、徽州最为兴盛，而此时的书院禁毁运动则以打击东林书院及其相关书院为主要目标。

书院的天启之毁开始于邹元标、冯从吾在京师创立的首善书院。邹元标和冯从吾都以心学为宗，但由于处于京师之地，首善书院在讲学谈道的过程中尽量避免激论时政，只讲义理。关于首善书院的具体情况，《续文献通考》记载曰：

神宗万历十年，阁臣张居正以言官之请，概行京省查革，然亦不能尽撤。后复稍稍建置，其最著者，

---

[1] 张居正. 张居正全集 四 集部 太岳集[M]. 孙大鹏, 点校. 武汉：崇文书局，2022：410.

> 京师有首善书院,江南曰东林书院。孙国敕《燕都游览志》曰:首善书院在宣武门内左方,天启初,都御史邹元标、副都御史冯从吾为都人士讲学之所,大学士叶向高撰碑,礼部尚书董其昌书。党祸起,魏忠贤矫旨毁天下书院,摧碎碑,嗣即其地开局修历。

在万历十年张居正主导的书院禁毁运动中,尽管内阁首辅大力压制,但仍不能将书院一网打尽,全然禁毁。在张居正逝世后的一段时间里,一些书院建设初见反弹之象,而其中最突出的当属京师的首善书院和江南的东林书院。首善书院建于京师的宣武门内,由都御史邹元标和副都御使冯从吾兴建并讲学其中。内阁大学士叶向高曾为书院撰写碑文,礼部尚书董其昌曾为其题字。邹元标、冯从吾二人在首善书院讲学是在公事之余,不聚众门客,亦不设宴党聚,只作义理之谈,当时士风为之一振。[1] 但由于首善书院的发起者均为朝中大臣,其讲学内容无法全然不涉及朝政;加之当时的邹元标在朝中极力推荐与其志趣相投的高攀龙、赵南星等人入主朝中事务,因此这些也成了首善书院被魏党抨击的因素。

首善书院首先是受到阉党郭允厚、朱童蒙的弹劾,认为其以讲学为由结党,在朝中招揽同人,祸及国家。接着是御史倪文焕上疏奏请禁毁书院,理由是首善书院的讲学内容皆为伪学,于是毁坏首善书院的先师木主,此前大学士叶向高撰写的碑文、董其昌题的字也都被一并砸碎,暴露于书院门外,并焚毁书院中所藏的经籍。关于此,《明诗综》中《首善书院感旧作》诗后

---

[1] 关于此,《明诗综》载云:"天启二年,御史台诸公构书院一所于宣武门内东墙下。南皋、少墟两先生朝退公余,不通宾客,不赴宴会,辄入书院讲学,一时士风为之少变。"

记载：

> 未几，逆珰用事，郭允厚、朱童蒙辈相继论劾，以讲学为门户。及杨忠烈劾魏忠贤疏上，党祸大作，善类一空。而御史倪文焕遂奏请毁书院，弃先师木主于路左。左壁有记，为叶公向高文，董公其昌书，并碎焉。书院既毁，逆祠乃建矣。
>
> ……
>
> 两公讲学事在天启二年，既而御史倪文焕等诋为伪学，疏略曰："聚不三不四之人，说不痛不痒之话，作不深不浅之揖，啖不冷不热之饼。"是年，碎其碑，暴之门外，毁先圣栗主，焚经籍于堂中。

邹元标、冯从吾不堪重压而相继告老还乡，首善书院也因阉党的弹劾被付之一炬。从以魏忠贤为首的阉党行事来看，其对首善书院的打击并非真的出于学术之争与国家兴亡之责任，而是全然以排除异己为目的与出发点。从这个角度上来看，被禁毁的首善书院实则是晚明政权争夺的无辜波及者。魏党下个打击的目标就是与首善书院关系密切的东林书院。

东林书院位于江苏无锡，由宋代大儒杨时兴建，后废弃为寺庙。万历年间，顾宪成被罢黜归乡之后，在宋代杨时讲学原址修复东林书院，同乡有志同道合的人亦在此构建精舍，以供高攀龙等人在其中讲学。高攀龙为官之时，曾上疏弹劾崔呈秀贪赃枉法一案，崔呈秀便依附魏忠贤并为其义子，撺掇魏忠贤说："东林党想要杀了我们父子二人。"这引起了阉党的仇视，于是杨涟、左光斗等人上疏弹劾魏忠贤一党，致使首善书院、东林书院相继被毁，亦引起了天下书院的又一场灾难。关于此事件，《续文献通考》卷五十载曰：

《春明梦余录》曰：京师有首善书院，不知者统谓之东林。当日，直借东林以害诸君子耳。盖东林，无锡书院名也，宋儒杨时建。后废为僧寺。万历中，吏部考功郎顾宪成罢归，即其地建龟山祠，同志者为构精舍居焉，乃与行人高攀龙等开讲其中。及攀龙起为总宪，疏发御史崔呈秀之赃。呈秀遂父事魏忠贤，日唊忠贤曰："东林欲杀我父子。"既而杨涟、左光斗交章劾珰，珰益信呈秀之言不虚也。于是，遂首毁京师书院，而天下之书院俱毁矣。

因阉党与顾宪成的政治恩怨，东林书院成为打击报复政敌的借口。当时崔呈秀等人毁东林书院的理由是顾宪成等人利用东林书院聚结党羽，迫害朝臣。这样的借口实则难以服众。事实上，东林书院"风声雨声读书声，声声入耳；家事国事天下事，事事关心"的政治理念妨害到了魏党掌控朝政，这些有责任心的士大夫怎会将国家命运交由宦官把持？天启五年八月，魏忠贤的鹰犬张讷上疏诋毁邹元标、孙慎行、冯从吾、余懋衡等讲学官员，并奏请焚毁天下一切书院。《乾隆御批纲鉴》记载曰：

（天启五年）秋八月，毁天下书院。御史张讷（阆中人）上疏，力诋邹元标、孙慎行、冯从吾、余懋衡（字特国，婺源人）等，请毁其讲学书院。于是，元标、慎行、从吾、懋衡俱削夺，东林、关中、江右、徽州及天下一切诸书院皆毁。讷为忠贤鹰犬，最效力，忠贤深德之。书院既毁，未几，逆祠建矣。（时元标已前卒，追论夺官。崇祯初，赠尚书，谥"忠介"。慎行寻复以红丸事遣戍，具详后。从吾以病卒，崇祯初复官，谥"恭定"。

悬衡亦于崇祯初复官。）[1]

张讷的理由是：东林党人李三才聚敛财物、搜刮民脂民膏来修建书院，侵占的良田美宅价值不下数十万金，为当地人民带来了深重的灾难；孙慎行、高攀龙利用书院之便结党营私，藏污纳垢，收受贿赂；租赁佃户的田产钱财从不按期缴纳，又借口灾情，欠款颇多。于是他奏请禁毁天下书院：

> 其来已久，乃李三才科聚东南财赋，竭民膏血为之修建者，良田美宅，不下数十万金。孙慎行、高攀龙辈窟穴其中，以交结要津，纳贿营私，皆是物也。如租佃户高转逊编朴千余，从来硬不完纳。近日借口灾伤，逋欠尤多，有司不敢问。

前文已提，与书院的嘉靖之禁、万历之毁相比，天启之毁的本质是一场政治斗争。可以说，嘉靖之禁让书院的发展受到了遏制，万历之毁使书院遭受了前所未有的打击与破坏，使得因心学而发展起来的书院终结了辉煌强盛的局面，而天启之毁由于受制于党争，虽然禁毁书院的数量不算多，但仍让身处风雨飘摇的晚明政局中的书院陷入了没落之境。尽管在禁毁书院的三次大运动当中，仍然不乏有志之士进行着恢复书院的行动，但伤及根基的书院已然在"一毁抑，再而衰，三而竭"的禁毁活动中走上了末路穷途。

第六节　中兴徘徊与华丽落幕——清代书院的运蹇命舛

中国书院发展到了清代即走到了其在封建时代的尽头。在

---

[1] 爱新觉罗·弘历. 乾隆御批纲鉴：第8册 [M]. 合肥：黄山书社，1996：6980.

命运最后的时刻,清代书院完成了一次华美的涅槃。在清朝统治的 276 年里,书院由清初的复苏重生到中期的瓶颈,随后又背依中西文化的冲突迎来了短暂的辉煌,直至 1901 年清朝教育改革,中学堂的普及令书院这一延续千年的文化符号与精神栖息地湮没在历史的尘埃中。可以说,清代书院本身就烙印着深深的改革印痕,又在中西方文化冲突下彰显着顽强的生命力,激发了其本身随时代大潮之势而迸发的生命之火,在命运多舛中完成了千年文化的华美落幕。

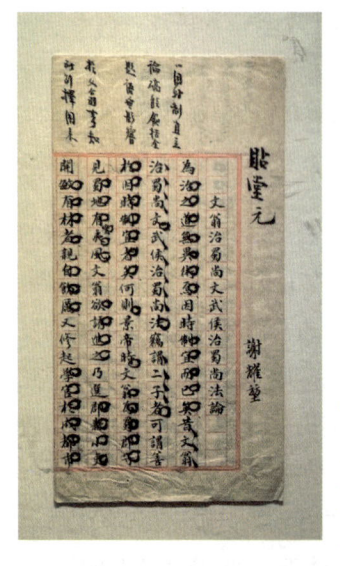

●清代书院的贴堂作业

书院学生的课艺作业,优秀之作,会撕去封面当堂贴出,称为"贴堂",供大家传阅学习。文章中标注的圈、点越多,表明文章越优秀。

一、清初书院政策——顺、康、雍、乾的复苏重生

1644 年 4 月 25 日,李自成攻陷都城北京,崇祯皇帝自缢于煤山,明朝宣告了政权意义上的终结。同年,顺治帝入主北京,正式开始了清朝的统治。历经明末的三次禁毁,加之朝代更替的硝烟战火,书院发展到清代可谓面临着严峻的局面。同样是少数民族建立的政权,在朝代初期的书院政策上,清代呈现出

与元代截然不同的书院政策：前文已述，元代书院无论是在蒙宋对峙时期还是战争时期都受到保护，因此在元初即开始了积极的恢复与发展；而清代在政权草创初期即显示出了明显的反对书院政策，而随着时间的推移，书院在顺、康、雍、乾四朝时间里完成了复苏与重生。

（一）顺治时期的书院政策

每个朝代在易代之初便会反思前代之过，以历史之鉴来映照本身，避免重蹈覆辙。从这个意义上来讲，清代对书院的消极态度也是可以理解的。回首晚明社会，无论是思想还是文学都充斥着一股不可遏制的自由解放的思潮。书院本身带有的讲学特质很容易引发思想的讨论与观念的互通，尤其是在清初异族统治的社会背景下，力量较之南宋遗民有过之而无不及的明代遗民更需要一个思想与精神的容身之所来倾泻其家国灭亡的抑郁与愤懑，更何况除了家国之仇更有民族矛盾。从清初当时的政治形势来看，虽然顺治帝入主中原，开始了对全国的统治，但明朝的余火尚未熄灭，甚至历经弘光帝、隆武帝、鲁王监国、绍武帝、永历帝等政权的南明小朝廷直至1663年才宣告灭亡，多地还有大大小小"反清复明"的小政权。可以说，在朝廷尚未稳固的情况下，在对待书院的态度上，顺治朝保持着谨慎且压制的态度，从《钦定皇朝通志》的记载中可以看出此等端倪，其曰：

> （顺治九年）又题准：各提学官督率教官，令诸生将所习经书义理讲求实践，不许别创书院，及号召游食之徒空谈废业。

顺治九年（1652年），朝廷诏令上下学官务必教导儒生们平日里致力于学习朝廷规定的义理之书，讲求务实与实践，不能在学校内聚党结徒，空谈讲学。这样的政策与明中后期的书院政策如出一辙，其本质皆是以堵塞言论的方式来达到中央集权的目的。相似的记载在《皇朝文献通考》中亦可见：

> 朝廷建立学校，选取生员。免其丁粮，厚以廪膳。设学院、学道、学官以教之。各衙门官以礼相待。全要养成贤才，以供朝廷之用。诸生皆当上报国恩下立人品。所有条教开列于后：
>
> ……
>
> 生员不许纠党多人，立盟结社，把持官府，武断乡曲；所作文字，不许妄行刊刻，违者听提调官治罪。

此为《皇朝文献通考》卷六十九记载的顺治九年颁布的直省儒学明伦堂卧碑。从中可以看出清初统治者致力于打造官方教育体系而压制书院的发展。从提倡官学的举措来看，朝廷在选取生员的时候有着很多的优惠政策，如减免其丁粮赋税，每月给予相应的生活补助，通过教育培养的方式为朝廷输送人才。同时，官府还勒令学校生员不允许群聚结党，订盟结社，亦不许将自己所作的文字、言论刊行流传，如有违反便要治罪。诸如此类的政策对书院的针对性显而易见。站在统治者的角度来看，这样的压制书院的政策有其可理解之处，但从文化的长远发展来讲，其对书院、人才乃至思想的限制却是危害性极大的。

中国书院发展到清朝，历经了唐、两宋、元、明五个大朝，其在发展的过程中经受过各种各样的艰难与压制，但凭借着顽强的生命力，总能露出希望之光。据《皇朝文献通考》记载，顺治十四年，书院迎来了一次命运的转机，史料记载曰：

> 又修复衡阳石鼓书院，抚臣袁廓宇疏言：衡阳石

鼓书院崇祀汉臣诸葛亮及唐臣韩愈、宋臣朱熹等诸贤，聚生徒讲学于其中，延及元明不废。值明末兵火倾圮，祀典湮坠，今请倡率捐修以表章前贤，兴起后学，岁时照常致祭。从之。

顺治十四年，偏沅巡抚袁廓宇上疏主张修复衡阳石鼓书院。他的理由是：始建于唐代的石鼓书院在祭祀历代先贤中发挥了重要的作用，在宋、元、明代都聚徒讲学，只不过在明末毁于战火。如今新朝建立，政治昌明，理应重新修葺石鼓书院来表彰前代先贤，延续文化，以兴后学，恢复祭祀与讲学传统。关于袁廓宇的奏请，顺治帝最后听从了其建议，下令重修石鼓书院。虽然只是针对石鼓一所书院，但这代表了朝廷对于书院压制政策的松动，各地开始纷纷效仿，重建书院，而书院也因之迎来了一个新的发展契机。据统计，顺治朝新建、修葺的书院达100多所，虽数量不算多，但也算打开了书院恢复发展的局面。

（二）康熙朝赐额以支持书院发展

随着海内外政治形势的稳定，清王朝在康熙皇帝的时代渐趋稳定与太平。就帝王本身而言，康熙皇帝是一位雄才大略又极崇汉文化的帝王。一方面，面对这样的政治形势，帝王需要采取积极的文教政策来缓和民族矛盾与阶级矛盾；另一方面，自小接受汉文化熏陶的康熙帝选择了程朱理学作为政治统治的核心思想，着力构建以程朱理学为核心的中央文化体系。在这样的情势下，康熙朝对书院持有相对积极的态度。康熙二十四年（1685年），湖南巡抚丁思孔上疏请旨，希望康熙皇帝颁书赐额。赵宁《岳麓书院志》记载：

伏念必蒙御书赐额并颁给解义诸经书，使士子恭

> 睹宸章，仰窥圣学，益深忠爱之思，更明理学之统，不惟增光旧制，而于治化实有裨焉。

丁思孔上疏建议康熙皇帝对书院进行赐额褒奖并颁发解经之书给书院，让书院士子亲眼目睹帝王的鼓励，敬慕圣贤之学，从而潜移默化地生发忠君、敬圣的思想，传承理学正统，这样对国家政治及人民教化大有裨益。面对此请，康熙帝因势利导，同意了其御书赐额的奏请。据邓洪波统计，康熙帝赐额书院的数量有23所，如康熙二十五年，赐额白鹿洞书院、岳麓书院"学达性天"；康熙三十三年赐额游梁书院"昌明仁义"；康熙四十二年赐额白雪书院"学宗洙泗"、昆明书院"育才"；康熙四十四年赐额考亭书院"大儒世泽"，并赐对联"诚意在心，阐邹鲁之实学；主敬穷理，绍濂洛之心传"……

凡此种种，足以证明康熙朝积极的书院政策。在帝王的引导下，书院在康熙朝蓬勃发展。据统计，康熙年间敕建、修复的书院多达785所，相较于顺治朝的100余所可谓是飞跃性的进步。清代书院正由此而形成恢复与发展之势。

（三）雍正朝由统一官话而发起的敕建书院浪潮

雍正朝推广书院的原因与前代大有不同，其起因于一次统一官话的契机，即雍正皇帝发布"正音"诏令。雍正皇帝共在位十三年，其执政时间虽短，但其做事方式却是雷厉风行。他勤于政务，在批阅奏折时发现了一个很重要的问题，即需要统一官话。《世宗宪皇帝上谕内阁》卷七十二记载，雍正六年（1728年）戊申八月甲申，雍正皇帝诏谕内阁：

> 凡官员有莅民之责，其语言必使人人共晓，然后可以通达民情，熟悉地方事宜而办理无误。是以古者

六书之制，必使谐声会意，娴习语音，皆所以成遵道之风，著同文之治也。

雍正皇帝指出：官员有指导民众的责任，而官员下达命令所使用的语言应该使民众无论文化水平高低皆能通晓，这样才能够沟通民情，便于下达命令，从而有效地传达朝廷政令，教化民风。可以说，雍正皇帝看到了语言在政治统治中的重要作用，接着他又说：

> 朕每引见大小臣工，凡陈奏履历之时，惟有福建、广东两省之人，仍系乡音，不可通晓。夫伊等以现登仕籍之人，经赴部演礼之后，其敷奏对扬，尚有不可通晓之语，则赴任他省，又安能于宣读训谕、审断词讼，皆历历清楚使小民共知而共解乎？官民上下，语言不通，必致吏胥从中代为传述，于是添饰假借，百弊丛生而事理之贻误者多矣。且此两省之人，其语言既皆不可通晓，不但伊等历任他省不能深悉下民之情，即伊等身为编氓，亦必不能明白官长之意。是上下之情，扞格不通，其为不便实甚。

在励精图治、勤于政务的过程中，雍正皇帝发现，臣子们在陈述履历之时，福建、广东两省的官员在语言上存在困难。这些官员还是经由科举选拔而出，再经统一培训过朝见之礼的人才。他们尚且语言不通，当他们去别省赴任，怎能准确地宣读诏令、审判讼案、为民做主呢？官民上下如果连语言都不能通达，那么势必会导致中间代为传达之人搞小动作，夸大其词，偷工减料，这样势必会贻误事情，对整个国家的吏治而言是有百害而无一利的。可以说，雍正皇帝的担忧不无道理。同时，

他又看到要改语言之习非一日之功,其云:

> 但语言自幼习成,骤难改易,必徐加训导,庶几历久可通。应令福建、广东两省督抚,转饬所属各府州县有司及教官,遍为传示,多方教导,务期语言明白,使人通晓,不得仍前习为乡音,则伊等将来引见殿陛奏对可得详明,而出仕地方,民情亦易于通达矣。

语言不同于其他外在的习得,是经由长年累月的浸染而成的,很难在短时间内突然改变,一定要缓缓地加以训导方能有机会实现语言互通。于是雍正皇帝下达正音诏令,敕令福建、广东两省的官员,自上而下将政令传示,并多加训导,务必使其子民通晓官话,不得再用家乡话。这样,出身于广东、福建两省的官员在面奏时能够详细明白地表述,而出任地方官时亦能用官话下达政令,沟通民情。由于这是帝王直接下达的政令,因此必然引发强大的执行力,当时官府甚至规定如果不深谙官话,就不得参加科举考试。俞正燮《癸巳存稿》记载:

> 雍正六年奉旨,以福建、广东人多不谙官话,著地方官训导。廷臣议以八年为限,举人、生员、贡监、童生不谙官话者,不准送试。

雍正朝此番正音诏令引发了相当大的轰动。正音诏令下达之后,特别是广东、福建两省以此为契机,积极响应朝廷的号召,在两省的辖地纷纷建立书院,来执行推广官话的命令。据统计,以推广官话为契机建立的书院多达100多所,其中不少书院被命名为"正音书院"。在闽粤两地,正音书院在推广官话方面起到了积极的作用。在这样的背景与契机下,书院在雍正朝获得了被政府认可与支持的地位。《皇朝文献通考》卷七十记载:

> 择一省文行兼优之士，读书其中，使之朝夕讲诵，整躬砺行，有所成就，俾远近士子观感奋发，亦兴贤育才之一道也。督抚驻扎之所，为省会之地，著该督抚商酌举行，各赐帑金一千两。将来士子群聚读书，须预为筹画，资其膏火，以垂永久……则书院之设，于士习文风有裨益而无流弊，乃朕之所厚望也。

雍正皇帝不仅不针对书院采取消极的政策，反而下诏敕建书院，并且要选择行省中品学兼优之士在书院读书，昼夜讲学，力求学子们在书院的学习中能有所成就。除此之外，各行省官员要依据当地的实际情况，为书院的建设赐金一千；官府在书院聚集学生学习，要为其筹划前途，为其提供生活补贴。可以说，设立书院于士风是大有裨益的。

值得注意的是，雍正朝敕建书院的浪潮如火如荼，从中央到地方均进行了行之有效的书院建设实践。显而易见，这样的正音书院抑或是敕建的书院带有着明显的官学色彩，与民间自由讲学、谈道论政的书院大有不同，从另一个方面加快了清代书院官学化的进程。

（四）乾隆朝书院官学化

乾隆朝的书院政策延续了雍正朝的官学化方向，对书院的管理更加直接与制度化。随着乾隆盛世的到来，清廷对文教政策也愈加重视，但在对书院的管理政策上，一方面给予书院一个宽松的氛围使其肆意生长，另一方面又规定了书院的发展方向，即戴着枷锁跳舞。可以说，乾隆朝书院的勃兴实则不离其官学化的发展思路，也就是说，书院无论如何发展，都始终沿着清廷规定的方向来进行。关于此，可从乾隆元年（1736年）

乾隆帝训饬直省书院师生的谕令中窥见：

> 书院之制，所以导进人材，广学校所不及。我世宗宪皇帝命设之省会，发帑金以资膏火，恩意至渥也。古者，乡学之秀，始升于国，然其时诸侯之国，皆有学。今府、州、县学并建，而无递升之法，国子监虽设于京师，而道里辽远，四方之士不能胥会，则书院即古侯国之学也。

乾隆皇帝谕令：书院制度是选拔人才的重要制度，可弥补官学所不能及。此般对书院的理解实则与明代大儒王阳明"书院匡翼学校之不逮"的见解异曲同工。从乾隆帝对书院的定位来看，其认为"书院"是地方官学体系中不可或缺的一环。他以"古侯国之学"来形容书院，认为书院像先秦地方诸侯国之学一样，是与中央官学相补益的地方官学——这样的意图已经很明显了，即明确将书院纳入官方教育体系当中。他接着又说：

> 居讲席者，固宜老成宿望，而从游之士，亦必立品勤学，争自濯磨，俾相观而善，庶人材成就足备朝廷任使，不负教育之意。
> ……
> 该部即行文各省督抚学政，凡书院之长，必选经明行修、足为多士模范者，以礼聘请；负笈生徒，必择乡里秀异、沉潜学问者，肄业其中。其恃才放诞、佻达不羁之士，不得滥入书院中。

此则对书院之"师"与"生"提出了严格的要求。教员要德高望重的才学之士担任；书院山长也必须让修习明经正统理学、行为有楷模作用、沉潜于学问、有志于培养国家人才之人担任；学生也需挑选品学兼优、奋勇争先之人，那些恃才傲物、放荡不羁的人则不得选入书院中进行学习。这种对书院师生的严格要求有助于提升教学质量，但亦压制了学生的多样发展之路。关于书院人才发展的目标，该上谕中亦有明确说明，其曰：

> 若仅攻举业，已为儒者末务，况藉为声气之资，游扬之具，内无益于身心，外无补于民物，即降而求文章成名，足希古之立言者，亦不多得，宁养士之初旨耶？

书院培养人才不应仅仅着眼于科举，而是以备朝廷任用的有用之才。若书院教育与学习的目的仅仅是专攻科举，那么便流于儒者之末；若书院教育仅仅是为了党同伐异，博取声名，那么既无益于身心修养，也无益于治国安邦；若培养的人才仅仅是为了显明于文章，以求立言于世而于国无功，那么也有失教育的初心与本质。这样的论断可谓对书院提出了相当高的要求，即既要培养通经明理的才学之士，又要满足国家社稷的需要。因此，乾隆从国家的角度对书院从规章制度上提出了严格的要求：

> 酌仿朱子《白鹿洞规条》立之仪节，以检束其身心；仿《分年读书法》予之程课，使贯通乎经史。有不率教者，则摈斥勿留。学臣三年任满，咨访考核，如果教术可观，人材兴起，各加奖励。六年之后，著有成效，奏请酌量议叙。诸生中材器尤异者，准令荐举一二，以示鼓励。

乾隆敕令各书院仿照朱熹《白鹿洞书院揭示》订立规章制度，以此来约束学生的行为与思想；仿照元代程端礼的《程氏家塾读书分年日程》来设置书院课程，力求通过科学的课程安排帮助书院生员学贯经史。如果书院中有学生不服管教，那么山长及教员也无须挽留；而对于在书院中潜心读书、学问有所建树的学生要加以奖励，特别是品行突出且学业优异的学生，书院可直接向上推荐，以资鼓励。

这样的诏令对书院的规范化是有益的，但却将书院完全"整编"于官方教育体系中，从而泯灭了自唐以来书院的自由之风，一定程度上磨灭了书院本身的特质与个性。不管怎么说，乾隆帝的书院政策对清代中期书院从明末禁毁之祸与战火硝烟中重生具有积极作用。在这样的政策的引导下，乾隆朝修葺及新建的书院多达1298所，在历代书院建设中都居于榜首。清代书院也在乾隆朝迎来了一个鼎盛的高峰时期。

二、嘉、道、咸——书院发展的瓶颈期

书院在乾隆朝迎来鼎盛与繁荣的一个重要的原因便是依托太平稳定的乾隆盛世。作为滋生书院的土壤，政治局势的稳定无疑会带来文化的昌盛与书院的繁荣。乾隆帝在位长达60年之久，还在嘉庆朝做了3年多的太上皇，他在位期间，清朝达到了鼎盛时期。但到了乾隆末年，政治腐败问题日益凸显，朝廷内部权臣擅权，贪赃枉法，吏治遭到了严重的破坏；统治阶级高度集中的土地与无尽的盘剥使百姓生活日益贫困，阶级矛盾一触即发。嘉庆、道光两朝都曾试图以改革的方式整顿朝纲，肃清吏治，但有限的行动根本无法消除国家内部堆积的腐朽；更为严峻的是，嘉、道之际，国家开始遭受外国势力的觊觎。鸦片贸易猖獗，闭关锁国的政策使清政府看不到西方列强殖民扩张的野心，最终两次鸦片战争的失败让清朝开始向半殖民地半封建的社会性质变迁。国力衰退、民族尊严受损，在这样内忧外患的局势下，举国上下都呈现出一种软弱无力与气力耗尽之象。在这般情势之下，受中外政治的影响，书院的发展面临着前所未有的挑战——书院遇到了发展的瓶颈期。1817年嘉庆帝诏谕曰：

> 各省教官废弃职业，懒于月课，书院、义学夤缘推荐，滥膺讲席，并有索取束修，身不到馆者，殊失慎选师资之义。著该督抚学政等，务延经明行修之士讲习讨论，如有学品庸陋之人、滥竽充数者，立即斥退，以励师儒而端教术。

可以看出，当时书院的教员已经懒于教学，教员之中鱼龙混杂，甚至有的教师还向学生索取"馈赠之礼"，书院之风堕落到何等地步！尽管朝廷下令各行省要延请名师，避免滥竽充数之人来书院误人子弟，但似乎并未见多大成效。到了道光朝又因此问题下诏曰：

> 各省府厅州县分设书院，原与学校相辅而行。近日废弛者多，整顿者少。如所称院长并不至馆，及令教职兼充，且有并非科第出身之人腼居是席，流品更为冒滥，实去名存，于教化有何裨益？著通谕各直省督抚，于所属书院，务须认真稽查，延请品学兼优绅士，住院训课。其向不到馆支取干俸之弊，永行禁止。至各属教职，俱有本任课士之责，嗣后亦不得兼充，以专责成。

此为《大清会典事例》中记载的道光二年（1822年）由皇帝所下的谕旨。谕旨中强调设置书院的初衷本是使之与官方学校相辅相成，但书院呈现出明显的颓靡之势，缺乏整顿。掌管书院一切事务的山长都不到院中主持大小事宜，实为怠惰。且担任山长这一重要职位的,有的也是非科班出身的专业人士,尸位素餐,山长之职名存实亡,这对于整个书院都是十分有害的。从嘉庆到道光年间,尽管历任帝王都关注且有心整顿,但这个问题却持续了近20年,直至道光十四年(1834年)又自上而下地颁布了相似的谕旨:

> 嗣后各省会书院院长,令学政会同督抚司道公同举报。其各府州县院长,由地方官会同教官、绅耆公同举报。务择经明行修之人,认真训课。概不得由上司挟荐,亦不得虚列院长名目,并不亲赴各书院训课,仍令学政于案临时,就便稽查,以昭核实。

这次的谕旨可谓显示出道光皇帝无比强烈的决心,他特意强调了从中央到地方的各级书院,并对书院内的各种职务进行了详细规定,他要求书院的教师认真上课,不得形同虚设,尸位素餐,且要严加核查。这样的诏谕在近20年中反复下达,甚至在15年后仍然有大臣上疏整改书院。[1] 尽管如此却又屡整不效,其背后亦隐藏着更为严重的问题,即中央君权的式微与腐朽怠惰王朝的积重难返。尽管有识之士也看到了这样的问题,但也是无力回天,书院的发展已经到了一个气息衰弱的"瓶颈期",因为没有任何一种文化符号能在动荡混乱的政治背景下蓬勃发展。但从数量上来看,嘉庆、道光、咸丰三朝66年的时间修葺及创建的书院为1116所,也不算少。这其间存在的矛盾,或许与乾嘉汉学的兴盛与乾隆盛世书院发展的惯性相关;但从质量上来看,清代书院的发展问题重重,若不经改革与整顿,

---

[1] 1849年葛其仁《书院议》云:"今之应书院课者,惟八比五言之是务,拿浅固陋,逐末忘本,甚者较膏奖之多寡,争名第之先后,叫嚣拍张,以长傲而损德,则书院反为诸生病矣,何教化之足云?"

书院的发展气数迟早濒临尽绝。

三、同光中兴——清代书院最后的余晖

从历史演进的角度观之,同治、光绪是晚清的一个"中兴"时期。在历经两次鸦片战争的失败后,清政府逐渐打破闭关锁国的局限,开始睁眼看世界,发起了以"师夷长技"为口号的洋务运动,在全国范围内进行军事、文化、教育等全方位的改革,试图通过学习西方先进技术来增强国力。尽管改革最后仍以失败告终,但清廷积极的态度唤醒了朝廷内外的有识之士。在此背景下,晚清书院在轰轰烈烈的西学东渐中迎来了一次"中兴"。随着洋务运动的推进与清朝在中日甲午战争中的惨败,清政府开启了政治制度的改革,由此书院在光绪皇帝的一纸诏令下蜕变为学堂,至此,书院在千年的发展历史中华丽落幕,而晚清书院也成了最后的一道余晖。

师夷长技的本质实际上在于其冲破了中国传统之道的局限转而引进西方先进之术。在教育的领域,其表现在书院的教学内容的变革,即在传统的四书五经之道的基础上又明确了"经世致用"的学习内容。关于这一点,可从校经书院的改制中窥见,《校经堂学议》云:

> 寝馈于四书、六经,探治平之本,然后遍读经世之书,以研究乎农桑、钱币、仓储、漕运、盐课、榷酤、水利、屯垦、兵法、马政之属,以征诸实用。

显然,在书院的教授内容上,除了传统的以科举为主要目标的四书五经之外,还增加了诸如此类立足于国家实际的实用内容。在经由一系列的动作之后,书院逐渐完成了以经世致用为目标的近代化转型。从国家层面观之,这次改革是强而有力的;

从地方的层面来看，地方官员也积极地投入书院的建设与改制中。光绪《钦定大清会典事例》中记载：

> 嗣后由各督抚严饬各属，于事平之后，将书院膏火一项，凡从前置有公项田亩者，作速清理。其有原存经费无存者，亦当设法办理，使士子等聚处观摩，庶举业不致久废，而人心可以底定。

朝廷命各地方官员严格查看书院在战争中的被破坏、转移资产的情况，并在战争结束之后将原有经费补阙，归还在战争中被侵占的学田财产。这样的处理方式实则是对书院的保护，进而稳定民心，维持科举不废。由于清廷对书院下达保护政策，地方官员纷纷以此为效。《中国书院旧事》记载：左宗棠在闽浙总督任上创建正谊书院；任陕甘总督时，一方面精心经营兰山、关中等省城书院，同时修复仰止等书院 19 所，新建味经等书院 18 所；在两江总督任上又极力支持学政创建南菁书院。广建书院，广施教化以定人心，张之洞堪称楷模。[1] 在如火如荼的改革浪潮下，书院在同、光时期迎来了中兴。据邓洪波统计，同治年间创建书院 440 所，恢复旧书院 28 所，合计 468 所。光绪年间，新建书院 793 所，修复旧书院 27 所，合计 820 所。这样的数量在清代书院的发展史上可谓是名列前茅，也是书院最后的回光返照。

1898 年，光绪皇帝在戊戌变法中发布诏令，将全国范围内的书院改为学堂。由于实权未握与发布诏令的冲动性，书院骤改涌现出许多问题。据《湖南时务学堂遗编》记载，梁启超曾言：

> 然今日欲多立学堂，亦无教习之才，中国士大夫

---

[1] 曹华清，别必亮. 中国书院旧事 [M]. 北京：人民出版社，2021：78.

> 能兼通中西深明教旨者，有几人乎？然则请寻常学究以为教习，虽有学堂极多，能有益乎？

梁启超先生可谓一针见血地指出了书院改学堂的关键问题。改革不会一蹴而就，光绪帝对书院改学堂抱有丰满的理想，但具体到实际的施行，连基本的师资力量都无法满足书院的需求，更遑论能教出贯通中西的学生！如果是这样的话，学堂设立得再多，也于大计无益。随着戊戌变法的失败，学堂又废改回书院。直至 1900 年八国联军侵华战争爆发后，清政府感受到了前所未有的危机，又在举国上下发起变法运动（清末新政），将书院集体改为新式学校，诏曰：

> 著各省所有书院，于省城均改设大学堂，各府及直隶州均改设中学堂，各州县均改设小学堂，并多设蒙养学堂。其教法当以四书五经纲常大义为主，以历代史鉴及中外政治艺学为辅。务使心术纯正，文行交修，博通时务，讲求实学……著各该督抚学政，切实通饬，认真兴办。[1]

这样，在清政府的改革诏令下，全国的书院被改造为大、中、小三级学堂，同时，蒙养学堂也得到推广。教学内容也开始多元化，以四书五经为主、中外政治、文艺学为辅。清政府力图在学堂教育体制下培养经世致用、博通时务、振兴国力的人才。至此，自唐代滥觞的中国书院宣告终结，湮没在历史的长河中，被近代中国学校教育体系所取代。

---

[1] 朱寿朋. 改书院为学堂上谕 [M] // 陈谷嘉，邓洪波. 中国书院史资料：下册. 杭州：浙江教育出版社，1998：2489.

第三章

思想争鸣：中国书院与讲学活动

千年书院,承载遗风。讲学会友,取善辅仁。在中国书院千年发展的长河中,讲学是贯穿其始终的重要功能。有了讲学的陪伴,书院在不同时期散发着各具特色的思想光芒,也因之在中国古代思想史上占据了重要的位置,以特定的形式推动着中国儒学的发展与变革。不同时代的先贤在书院这片净土中进行着学术的碰撞与思想的绽放,勾勒出中国儒学的发展脉络,书写着思想深处对中国传统文化的坚守与执着,诉说着一个个令人动容的书院故事。本章旨在以中国书院的讲学活动为线索,通过论述著名先贤与书院的故事,梳理出因书院而勾连起的学术发展概貌。

第一节 泰山三贤的讲学活动

若追溯宋代理学的源头,其应起源自宋初的"泰山三贤":孙复、石介、胡瑗。这三位先生之所以被称为"泰山三先生",正是由于他们在泰山书院的讲学活动。他们力排唐五代盛行的佛老思想,为重振儒学道统而不懈地努力。据《宋元学案》卷二《泰山学案》记载曰:"宋兴八十年,安定胡先生,泰山孙先生,徂徕石先生始以师道明正学,继而濂洛兴矣。故本朝理学虽至伊洛而精，实自三先生而始，故晦庵有'伊川不敢忘三先生'之语。"

可以说，泰山三贤在泰山书院的讲学活动中复兴了儒学，成为宋代理学的先驱者，也因之开启了宋明理学光辉的时代。他们因不满于唐五代以来佛老之学凌驾于儒学之上，于是在泰山书院的讲学实践中直接上溯至先秦儒学并进行阐发，阐明师道正学，从而改变了士风，淳化民俗，进而影响到了有宋一代的右文政策。正如柳诒徵在《中国文化史》中所说：

> 自汉以后，学校教育，皆利禄之途，无所谓人格教育也。宋仁宗时，胡瑗倡教于苏州、湖州及太学，以经义、治事分斋，而以身教人之风始盛。周、张、二程，皆于私家讲学，而师道大兴。

书院自诞生之始似乎便与官学分属二途。从学习目的上来看，官学教育旨在为统治阶级培养治国安邦的人才，而书院教育更多的是在江湖之远为读书人提供一方纯净之所。然而，尽管官学与书院分属二途，但并不意味着二者始终处于敌对关系，因为在特定的历史情境中，官学会促进书院的振兴与发展，而书院也会补官学之缺，二者应该是相互补充、相辅相成的关系。从中国儒学发展的分途来讲，儒学提倡积极入世，但不能仅将儒学作为追求功名利禄的工具，而是应该在儒家传统思想中汲取人格智慧与道德养分，以修己身而至平天下。孙复、石介、胡瑗这三位先生正是在泰山书院中推崇此种人格教育与道德之风，通过讲学的方式传授于弟子，引起了周敦颐、张载、二程等后代贤人的讲学之风，从而重振儒家师道。

高明刚健的泰山先生——孙复

孙复（992—1057），字明复，晋州平阳（今山西临汾）人。

宋真宗年间屡次参加考试都不能考中,于是退居泰山书院研习《春秋》,著书讲学,其所著《尊王发微》十二篇,都颇具新阐发。[1]

石介在当时享有盛名,虽然他已科举及第,但仍师事布衣之身的孙复;孔子的四十五代孙孔道辅听闻孙复颇具贤德,于是便前往泰山书院前去拜访。石介执杖以弟子之礼侍奉在泰山先生左右,由此可见二人即以师徒之礼示于人前。《宋史》记载:

> 石介有名山东,自介而下皆以先生事复。……孔道辅闻复之贤,就见之,介执杖屡立侍复左右,升降拜则扶之,其往谢亦然。[2]

尽管身为布衣,但孙复的贤名却是名扬于世人。当时的孙复潜心研读经书,直至四十岁尚未婚娶,北宋的宰相李迪欲以侄女妻之,孙复表露出犹豫的态度。据《宋史》记载:

> (孙复)年四十不娶,李迪知其贤,以其弟之子妻之。复初犹豫,石介与诸弟子请曰:"公卿不下士久矣,今丞相不以先生贫贱,欲托以子,宜因以成丞相之贤名。"复乃听。

看到老师犹豫,石介等人劝导他:"很久以来,王公贵卿们不愿屈尊交往、礼贤下士,现在当朝的宰相不因为您出身贫贱,不看轻您无官无职,想要把侄女嫁与您,先生也应该涌泉相报,成就李丞相的贤名!"这样,孙复最终娶了李氏女,且并没有

---

[1]《宋史》列传第一九一载曰:"孙复,字明复,晋州平阳人。举进士不第,退居泰山。学《春秋》,著《尊王发微》十二篇,大约本于陆淳,而增新意。"
[2] 关于此,欧阳修在《欧阳文忠公文集》卷二七《孙明复先生墓志铭》中亦载曰:"介执仗屡侍左右,先生坐则立,升降拜则扶之。及其往谢也,亦然。鲁人既素高此两人,由是始识师弟子之礼,莫不嗟叹之。"

因之攀附丞相，仍然在泰山书院淡薄寡欲，一心讲学。从这件事情不难看出，孙复以己之身践行着贫贱不移的人格操守。

孙复在早年可谓贫贱潦倒，其一生能够在学术、政治上有所建树，离不开范仲淹、富弼的知遇之恩与弟子石介的推荐之情。魏泰在《东轩笔录》中曾记载这样一段详事：

> 范文正公在睢阳掌学，有孙秀才者索游上谒，文正赠钱一千。明年，孙生复道睢阳，谒文正，又赠一千，因问："何为汲汲于道路？"孙秀才戚然动色曰："老母无以养，若日得百钱，则甘旨足矣。"文正曰："吾观子辞气，非乞客也。二年仆仆，所得几何，而废学多矣。吾今补子为学职，月可得三千以供养，子能安于为学乎？"孙生再拜大喜。于是授以《春秋》，而孙生笃学不舍昼夜，行复修谨，文正甚爱之。
>
> 明年，文正去睢阳，孙亦辞归。后十年，闻泰山下有孙明复先生以《春秋》教授学者，道德高迈，朝廷召至太学，乃昔日索游孙秀才也。

范仲淹当时在睢阳书院任学官，当时还是秀才的孙复前来拜谒，于是范仲淹便赠予了他一千钱。第二年，孙复又前来拜谒，范仲淹又赠予其一千钱，并问道："两年来，秀才你为什么心情迫切地想要得到接济呢？"孙复涕泗横流，面容悲怆地诉说道："家有年迈的母亲无法赡养，如果每天都能得到百钱，那么供养亲人就够了。"范仲淹闻此语颇感不解，问道："我看你气度不凡，不像是没有风骨的乞食之人。你两年来到处寻求的接济甚少，但你失去学习的机会却甚多。现在我在睢阳学院为你补一职位，每月可以有三千钱让你供养母亲，这样你可以安心向学了吧！"对于范仲淹的知遇之恩，孙复感到十分欣喜，又非常感动。可以说，范仲淹为当时穷困潦倒的孙复带来了一束光芒，于是孙复开始了在睢阳书院的教学生涯，主授《春秋》。他亦没有辜负范仲淹的期望，勤勉笃学，昼夜研读，言行举止小心谨慎，范仲淹对其十分满意。

随着范仲淹调任离开睢阳，孙复也随之辞去了睢阳书院的教师一职，转而到泰山书院继续讲授《春秋》经学。历经十多年的勤勉钻研，孙复此时已经成为一位道德高迈的学者。后来石介任掌学官职，曾对别人说："我的老师孙复先生并非是隐居之人，像他这样的道德高崇之士应受聘于朝廷。"范仲淹、富弼等人也都推举孙复到朝中任职，于是孙复被授予秘书省校书郎、国子监直讲职务。皇帝亲临太学也多次对他进行赏赐，并直接召他为迩英阁祗候，在朝廷进行讲学。后来由于杨安国上疏弹劾其对于先秦经典的阐释与先儒多有不合，诬其为"异端之学"，于是孙复就被罢免了。[1] 可以说，如果没有受知于范仲淹、石介等人，孙复可能会将书院研读、讲学作为一生的事业，而他在北宋前期也十分支持范仲淹倡导的"庆历新政"，成为范仲淹改革重要的成员之一。关于孙复的学术禀性，全祖望曾在《宋元学案》中提到：

> 宋世学术之盛，安定、泰山为之先河，程、朱二先生皆以为然。安定沉潜，泰山高明；安定笃实，泰山刚健，各得其性禀之所近。要其力肩斯道之传则一也。安定似较泰山为更醇。

泰山即孙复，安定即胡瑗。可见泰山三先生的学术是为繁

---

[1]《宋史》记载："介既为学官，语人曰：'孙先生非隐者也。'于是范仲淹、富弼皆言复有经术，宜在朝廷。除秘书省校书郎、国子监直讲。车驾幸太学，赐绯衣银鱼，召为迩英阁祗候说书。杨安国言其讲说多异先儒，罢之。"

盛的宋代理学的先河，且高明刚健为孙复的学术个性。孙复在宋代儒学的开创之功上主要表现为对《春秋》之学的研究。他反对汉代经学拘泥于辞章之习，主张发明义理，将《春秋》中的微言大义作用于北宋王朝的一统化政治。孙复研究先儒之道而传之，为一改有宋一代的学术气象做出了巨大贡献。

振顽儒、严气象的徂徕先生——石介

石介（1005—1045），字守道，兖州奉符（今山东泰安）人。天圣八年举进士第，任郓州观察推官、南京留守推官，并提举应天府书院、御史台主簿，曾任国子监直讲、太子中允、濮州通判。石介是一位疾恶如仇、敢作敢为的耿介之士，笃学尚志，喜好声名。当时御史台推举他为主簿，他还在考察期未就任，就因宋仁宗下诏录用五代国君后人为官，上疏了一篇言辞激烈的劝诫文章，极力反对朝廷的"战统"政策，因此被罢免为镇南掌书记。遭逢父母去世，石介每天蓬头垢面，光脚跟跄，躬耕于徂徕山下，并建"徂徕书院"讲授《易经》于其中，因此山东人称之为"徂徕先生"。《宋史》载其事迹如下：

> 石介，字守道，兖州奉符人。进士及第，历郓州、南京推官。笃学有志尚，乐善疾恶，喜声名，遇事奋然敢为。御史台辟为主簿，未至，以论赦书不当求五代及诸伪国后，罢为镇南掌书记。代父丙远官，为嘉州军事判官。丁父母忧，耕徂徕山下，葬五世之未葬者七十丧。以《易经》教授于家，鲁人号介"徂徕先生"。入为国子监直讲，学者从之甚众，太学繇此益盛。

石介因在徂徕书院讲学而获有贤名，为山东乡人所敬重。他们敬重石介不是因为石介的官职，而是因为他的德行，并誉

之为"徂徕先生"。[1] 石介后入国子监担任直讲、太子中允、集贤院直讲,听他讲学传《易》的学子十分众多,太学也因之一振。

除了徂徕书院,孙复讲学于其中的泰山书院也是石介所创建。当时身为孙复弟子的石介以一己之力创建泰山书院,为其与老师提供了一方学术研究之所,而石介的学术造诣也奠基于此。

有关石介的学术成就,总的来说便是以道统为己任,力辟佛老之学,恢复道统,大倡师道。在当时北宋改革的背景下,他积极参加欧阳修、范仲淹等人倡导的革新运动,力求在政治上实现道统和文统的统一。《宋元学案》记载:

> 尝患文章之弊,佛、老为蠹,著《怪说》三篇及《中国论》,言去此三者,乃可以有为。又著《唐鉴》,以戒奸臣、宦官、宫女,指切当时,无所忌讳。

当时在文坛上,以杨亿、刘筠等人为代表的雕润密丽、华美乏实的西昆体风靡;在思想领域,释、老之学风行天下。石介认为,文章之弊、佛老之害是威胁其所欲创建的"道统""文统"的最大祸患。而这样的直陈时弊,直切时政之要害,可谓是其耿介学术人格的外露。庆历三年,由于庆历新政的推行,政治主张更倾向于保守派的吕夷简被罢黜宰相,夏竦被免去枢密使一职,而与之有政治分歧的改革派登上权力中心,于是杜衍、章得象、晏殊、贾昌朝、范仲淹、富弼、韩琦同时上台执政;欧阳修、余靖、王素、蔡襄同列谏官。他们主张以改革的方式澄清吏治、严格法制,进行一场彻底的革新。由于政治理念的不同,两派开始了权力之争。石介人如其名,面对这种敏感的

---

[1] 关于此,欧阳修《欧阳文忠公集》卷三四《徂徕石先生墓志铭》记载曰:而先生非隐者也,其仕尝位于朝矣。鲁之人不称其官而称其德,以为徂徕鲁之望,先生鲁人之所尊,故因其所居山以配其有德之称,曰徂徕先生者,鲁人之志也。

权力之争，他耿介地表现出了自己的态度，认为改革派诸公上台执政是本朝盛事，而保守派被罢黜则是大奸去除。当时其师孙复就曾告诫过他，这样会引来杀身之祸！[1] 随着保守派与革新派的权力争斗，以夏竦为首的保守派为革新派编织了"朋党"的罪名，而石介也因此成为打击的对象。庆历五年，石介被外放为濮州通判，只不过还没有赴任便逝世了，年仅四十一岁。《宋元学案》记载曰：

> 初，夏竦在枢府，深怨石介之讥己，必欲报之。滁州狂人孔直温谋反伏诛，搜其家，得石介书。时介已死，竦为宣徽南院使，言介诈死，乃富弼遣介结契丹起兵，期以一路兵为内应，请发介棺验之。诏下兖州。时知兖者为杜衍，语僚属，莫敢答。掌书记龚鼎臣愿以阖族保介必死。提刑吕居简亦言无故发棺，何以示后，具状上之，始获免。[2]

果然如孙复所言，夏竦当权后对石介进行诋毁与报复，哪怕是石介去世后也要开棺验尸，诋毁他受改革派富弼的指派诈死，实则与契丹勾结谋反。若不是龚鼎臣、吕居简等人作保，石介死后亦遭受政敌的侮辱。石介这样的刚介人格与学术秉性是一以贯之的，他以身殉道，用一己之力把道统付诸实践。正

---

[1] 黄宗羲《宋元学案》记载：庆历三年，吕夷简罢相，夏竦罢枢密使，而杜公衍、章公得象、晏公殊、贾公昌朝、范公仲淹、富公弼、韩公琦同时执政，欧阳公修、余公靖、王公素、蔡公襄并为谏官。先生喜曰："此盛事也！"乃作《庆历圣德诗》，略曰："众贤之进，如茅斯拔；大奸之去，如距斯脱。"众贤指杜等，大奸斥竦也。泰山见之曰："子祸始此矣。"

[2] 黄宗羲．全祖望．宋元学案 [M]．陈金生，梁运华，点校．北京：中华书局，1986：111-112.

如叶适在《习学记言》中说道：

> 救时莫如养力，辨道莫如平气。石介以其忿嫉不忍之意，发于褊荡太过之词，激犹可与为善者之心，坚已陷于邪者之敌，群而攻之，故回挽无毫发，而伤败积丘陵。哀哉！然自学者言之，则见善明，立志果，殉道重，视身轻，自谓大过上六当其任，则其节有足取也。

石介的身上充斥着刚正不阿与激荡愤慨之意，并以身殉道，从而实现自己的道统理想，改变文坛的卑弱之气，以严严气象振顽儒，倍有力焉。泰山书院因有石介这样的创始人而熠熠生辉，在百年间绽放着闪耀的光彩！

沉潜笃实的安定先生——胡瑗

钱穆在《朱子学提纲》中曰："胡瑗治《易》，孙复治《春秋》，此乃宋儒研经开先两大宗。"胡瑗在治经方面主要致力于《易》学的钻研，且在泰山三贤中对后世宋代理学更具开启之功。胡瑗（993—1659），字翼之，泰州海陵（今江苏泰州）人，以经术教授吴中达二十余年。历任秘书省校书郎、丹州军事推官、保宁节度推官。滕宗谅知湖州，聘胡瑗为教授。与孙复一样，胡瑗出身布衣，青年时代也饱受生活贫穷的困扰。《宋元学案》卷一《安定学案·文昭胡安定先生瑗》记载：

> 家贫无以自给，往泰山，与孙明复、石守道同学，攻苦食淡，终夜不寝，一坐十年不归。得家书，见上有"平安"两字，即投之涧中，不复展，恐扰心也。以经术教授吴中，范文正爱而敬之，聘为苏州教授，诸子从学焉。景祐初，更定雅乐，文正荐先生，以白衣对崇

政殿。

由于家贫不能供给基本的生活保障,胡瑗与孙复、石介共同在泰山书院读书、讲学,箪食瓢饮,因探讨学问整夜不眠,这一读书便是整整十年的光阴!其对于学术极其痴迷,若有家书来报,他只要看到上面有"平安"二字便当即扔到山涧中,不再阅读,恐怕扰乱心神,接着再潜心学问,其嗜学如此,而他的学术基础也正是在此时形成。范仲淹对其甚为合意且十分敬重他,曾聘胡瑗为苏州教授,在当地从学于他的学子众多;景祐初年又荐其入朝更定雅乐,胡瑗以白衣身份对政于崇政殿。可以说,范仲淹对胡瑗有知遇之恩。

"苏湖教法"是胡瑗为北宋教育体制做出的重大贡献。作为一位学者,将自己所钻研的学术成果以恰切的方式传授于人是一件十分重要的事情。他在苏州、湖州讲学授徒的过程中,开创了一套"苏湖教法",并被朝廷取用于太学,《宋史》记载曰:

> 瑗教人有法,科条纤悉备具,以身先之。虽盛暑,必公服坐堂上,严师弟子之礼。视诸生如其子弟,诸生亦信爱如其父兄,从之游者常数百人。庆历中,兴太学,下湖州取其法,著为令。召为诸王宫教授,辞疾不行。为太子中舍,以殿中丞致仕。

胡瑗的"苏湖教法"条理清晰,条目详尽,并在苏州、湖州教授生徒时亲身实践。即使是暑热的天气,他也要着官服于堂上,严格执行师徒之礼。在学问上严格,但是在生活上,胡瑗却对弟子爱护如子女,诸弟子对老师也是敬爱如父兄。从学者称其为"安定先生",可见,胡瑗的讲学备受弟子推崇与信服。庆历年间,朝廷下令将其"苏湖教法"取为太学教法,并召胡

瑗到皇宫进行授徒讲学,但胡瑗因疾请辞。关于"苏湖教法"的具体内容,《宋元学案》记载道:

> 立"经义""治事"二斋:经义则选择其心性疏通、有器局、可任大事者,使之讲明《六经》。治事则一人各治一事,又兼摄一事,如治民以安其生,讲武以御其寇,堰水以利田,算历以明数是也。凡教授二十余年。

这种教育方法可谓上承孔子"因材施教"的教育思想,并创造性地提出了分科教学的方式。胡瑗把诸弟子按照其天赋秉性与擅长之事分为"经义"和"治事"两个大类。选拔那些悟性高绝、通达有格局、可培养做大事的学子就读于"经义斋",主要学习的内容是儒家六经典籍;擢取善于实践、在某一方面有天赋的学子就读于"治事斋"。治事斋中又细划为具体的科目,且每位生员除了主学一事,又要兼学一事,做到二事相辅相成。值得注意的是,这二者并不矛盾,也并非全然不能交叉。这样的教育方法在苏州、湖州沿用了20多年,且取得了相当大的成就,难怪会被朝廷下令引用。

"明体达用"是胡瑗学术思想的核心。梁启超曾在《论语考释》中说道:"'内圣外王之道'一语,包举中国学术之全体,其旨归在于内足以资修养而外足以经世。"从先秦到宋代,中国传统学术无外乎此"内圣外王"。胡瑗的"苏湖教法"表面上看是一种教学策略,实际上蕴含的正是此明体达用的学术思想。关于胡瑗对"体"与"用"的理解,可以从《宋元学案》中记载的一则宋神宗与胡瑗在湖州讲学时的弟子刘彝的一段对话中窥探,其曰:

> 后熙宁二年,神宗问曰:"胡瑗与王安石孰优?"(刘

彝）对曰："臣师胡瑗以道德仁义教东南诸生时，王安石方在场屋中修进士业。臣闻圣人之道，有体、有用、有文。君臣父子，仁义礼乐，历世不可变者，其体也。《诗》《书》史传子集，垂法后世者，其文也。举而措之天下，能润泽斯民，归于皇极者，其用也。国家累朝取士，不以体用为本，而尚声律浮华之词，是以风俗偷薄。臣师当宝元、明道之间，尤病其失，遂以明体达用之学授诸生。夙夜勤瘁，二十余年，专切学校。始于苏、湖，终于太学，出其门者无虑数千余人。故今学者明夫圣人体用，以为政教之本，皆臣师之功，非安石比也。"

帝曰："其门人今在朝者为谁？"

对曰："若钱藻之渊笃，孙觉之纯明，范纯仁之直温，钱公辅之简谅，皆陛下之所知也。其在外，明体达用之学，教于四方之民者，殆数十辈。其余政事、文学粗出于人者，不可胜数。此天下四方之所共知也。"

帝悦。

刘彝是北宋著名的官员、水利学专家。故事的开端是宋神宗问刘彝：胡瑗与王安石谁的功劳更大？刘彝从学术的角度对其师胡瑗的学术做了一次精准的总结。刘彝对曰：圣人之道总体来说有三种路径：体、用、文。"体"是中国传统的伦理道德和亘古不变的仁义礼乐之制；"用"即是在"体"的核心下，将抽象的"体"具象化为实际有形的、能直接用于现实政治的具体举措；"文"则是将"体"与"用"外化成典籍，用来传扬于后世，膏泽后世的经史子集。这样的阐释与孔子的"三不朽"[1]核心内涵是一致的。着眼于胡瑗的"明体达用",其核心思想也正是通过教育、讲学来彰明圣贤之道德,而彰明道德并非止步于空谈,其目的是要将这些圣贤之传转化为能够济助当时社会与政治的有形举措,这样"体""用"达到统一才能实现"体""用"本真的意义。而这亦与前文所引梁启超所述"内圣外王"相一致:从个人的角度来看,只有内心拥有圣贤之道德,才能获得外在的治国之才能;从国家的层面来看,只有明伦理、彰仁义,才能获得真正的治国之王道。再观之胡瑗的"苏湖教法",其"经义斋"的设置便是旨在培养以"内圣"武装身心的明体之才;"治事斋"的设置便是旨在培养着眼于现实政治与社会的经世之才。值得注意的是,"苏湖教法"的分斋并非将明体与达用割裂开来,而恰恰意味着胡瑗着眼于"明体"与"达用"二者的统一。借刘彝之语,我们不难看出,当时北宋政治在科举取士上存在着本末倒置的弊病之风,即国家选拔人才看重的是浮华无实的"文",而非本质的"体""用"和实用之"文"。胡瑗在书院与学校 20 多年的授徒讲学过程中,通过宣扬"明体达用"的学术思想立下了整顿士风、清明政治之功。这在当时,无论是在政治方面还是学术方面,都是垂范后世、敏锐针砭之功绩,也正是其"明体达用"的学术思想在四方之民中的广为流传,激活了先秦内圣外王之精神,使北宋学术气象为之一振。

从宋学渊源上来看,胡瑗"明体达用"的学术思想直接影响且启发了后世的洛学。《宋元学案》载:

> (胡瑗)先生在太学,尝以"颜子所好何学论"试

---

[1]《左传·襄公二十四年》载曰:"豹闻之:'太上有立德,其次有立功,其次有立言',虽久不废,此之谓不朽。"孔颖达疏云:"立德谓创制垂法,博施济众……立功谓拯厄除难,功济于时……立言谓言得其要,理足可传。"

诸生。先生得伊川作，大奇之，即请相见，处以学职，知契独深。伊川之敬礼先生亦至。于濂溪，虽尝讲学，往往字之曰"茂叔"；于先生，非"安定先生"不称也。又尝语人曰："凡从安定先生学者，其醇厚和易之气，一望可知。"又尝言："安定先生之门人，往往知稽古爱民矣，于从政乎何有！"

洛学的开山之祖程颐（伊川先生）曾在太学受教于胡瑗，且得到了胡瑗的赏识并惺惺相惜，二人在思想上甚是投契。胡瑗提拔程颐学职，而程颐亦以师之礼待胡瑗。程颐在称呼曾经师从讲学的周敦颐为"茂叔"，却一直称胡瑗为"安定先生"，可见程颐对胡瑗的敬重之情且受之影响颇为深远，而胡瑗也以其沉潜笃实的学术品格浸染了有宋一代的淳厚士风！

孙复、石介、胡瑗三位先生对宋代儒学实具开创之功。泰山书院为胡瑗在布衣潦倒时提供了一方栖息之所，且在泰山书院的讲学活动中，胡瑗也构筑了其学术根基，从而启发了后世的宋学。泰山书院作为特殊的文化符号印记了泰山三贤曾经在此的思想碰撞与学术研究，三位大儒也通过讲学的方式建立了深厚的师生之情与朋友之谊。欧阳修在帮助孙复，让他就职于睢阳书院时曾发出过这样的感慨："贫之为累亦大矣，倘因循索米至老，则虽人才如孙明复者，犹没汩而不见也。"[1] 在中国古代士大夫穷困潦倒时，书院能够以包容的方式给以读书人守护理想的机会，这或许就是书院独特的意义，也是书院文化温度之所在。

---

[1] 魏泰. 东轩笔录［M］. 李裕民，点校. 北京：中华书局，1983：159.

第二节　濂溪讲学与宋学发源

周敦颐（1017—1073），字茂叔，道州营道（今湖南道县）人。他的名字本为"周敦实"，因避讳宋英宗的旧名讳而改为"周敦颐"[1]，世称濂溪先生。周敦颐的一生仕途平淡，但他却进入了宋代理学史的光辉名册，是宋代理学大盛过程中的关键一环，《宋元学案》记载：

> 孔、孟而后，汉儒止有传经之学，性道微言之绝久矣。元公崛起，二程嗣之，又复横渠诸大儒辈出，圣学大昌。故安定、徂徕卓乎有儒者之矩范，然仅可谓有开之必先。若论阐发心性义理之精微，端数元公之破暗也。

元公即周敦颐，因其逝世后宋神宗赐谥号"元"，后人称之为"元公"。黄百家认为：自孔孟圣学之后，汉儒崇尚的是经传之学，即通过传、注的方式对经典进行注解、作传，而对圣贤典籍中的义理阐发却几乎断绝了。可以说，对精深的性命之学的阐发是从北宋的周敦颐开始的，又传至程颢、程颐二昆仲，再经由张载、邵雍等理学大家的发扬，宋代理学才开始崛起并迎来了昌盛。从学术渊源的角度来看，泰山三贤的孙复、石介、胡瑗先做出了开山之贡献，而最终真正旨在从心性阐发精微义理当始自周敦颐。可见，周敦颐在北宋理学的繁荣昌盛中做出了相当重要的贡献。从理学本身来看，周敦颐创建了以乾元、太极、诚道为核心的宇宙论体系，将传统的以仁义、道德、伦理为核心的儒学体系上升到了哲学的高度，对宋代理学体系的

---

[1] 宋英宗旧名为"赵宗实"，后改名"赵曙"。

构建实有开创之功,后期各派学说均受到濂溪学说不同程度的影响。从书院的角度观之,周敦颐学术体系的形成绕不开其与书院、与讲学的密切关系,下文将对此详述之。

一、康定元年(1040年)讲学于"景濂书院"

周敦颐在康定元年调任洪州分宁县主簿。分宁即今江西省修水县。在分宁,周敦颐创建了第一所书院——景濂书院。由于心怀圣贤之道的传承重任,他在分宁任职期间"择地讲学,延四方游学之士,创书院,有楼台、亭阁,四周以垣墙,后人称景濂书院"[1]。周敦颐在分宁广交学人儒者,招徕四方向学之士,创立景濂书院并讲学其中。这座书院的规模不小,环境优美,有亭台楼阁,四周还砌上围墙,是一座标致的以讲学为务的书院。周敦颐曾在《濂溪集》中说道:

> 圣人定之以中正仁义而主静,立人极焉。故圣人与天地合其德,日月合其明,四时合其序,鬼神合其吉凶。

周敦颐主张"人为天地之灵秀",认为只有在"静"中才能体会到圣人的中正仁义,达到人极之境。因此修养自身需要重视静的作用。从景濂书院的四周围墙与亭台构筑上亦能看出周敦颐对书院环境优雅寂静与中正体悟的重视。

二、庆历元年(1041年)创建"宗濂书院"

宗濂书院是周敦颐创建的第二所书院。庆历元年,周敦颐

---

[1] 李才栋. 周敦颐与濂溪书院[J]. 江西教育学院学报(社会科学),1993(3):56-63.

"尝被台檄摄袁州卢溪镇市征局"[1]，这时他仍然在分宁，只不过兼任袁州萍乡县卢溪镇的监税官。史书记载：

> 时分宁县有狱，久不决，先生至，一讯立辨。邑人惊诧曰："老吏不如也。"由是士大夫交口称之。尝被台檄摄袁州卢溪镇市征局。袁之进士来讲学于公斋者甚众。

在任分宁时，有一案件拖了很久都不能判决，周敦颐以其雷厉风行之姿一审立成，当地人都称赞他："比在职多年的老吏还要厉害。"就这样，周敦颐凭借着官场上与学问上的好名声兼任袁州，且当时袁州跟随周敦颐到官署讲学的进士非常多。由于追随他讲学的士子实在是太多了，因此周敦颐利用其职务之便将袁州办公的"公廨"之地改为书院，正如光绪《江西通志》中记载"立书院以教授"。濂溪先生在办公之地公然建书院讲学并没有被当地官员和百姓所诟病，认为其以权谋私，恰恰是从其讲学之人甚众，这从另一个角度看出濂溪之学问深受人们的认可，而宗濂书院也是应袁州广大民众的要求而顺势创建的。

三、庆历六年（1046年）讲学于"云冈书堂"

庆历四年（1044年），周敦颐凭借着狱断才能被部使者举荐为南安军司理参军，当时南安军的治所在今江西大余县。过了两年，程珦调任南安军通判。程珦便是程颢、程颐两兄弟的父亲，于是濂溪先生开始与二程结下了学术渊源关系。《宋史·周敦颐传》记载曰：

---

[1] 周敦颐. 周敦颐集[M]. 梁绍辉，等，校点. 长沙：岳麓书社，2007：287.

（周敦颐）掾南安时，程珦通判军事，视其气貌非常人，与语，知其为学知道，因与为友，使二子颢、颐往受业焉。敦颐每令寻孔、颜乐处，所乐何事，二程之学源流乎此矣。故颢之言曰："自再见周茂叔后，吟风弄月以归，有'吾与点也'之意。"侯师圣学于程颐，未悟，访敦颐，敦颐曰："吾老矣，说不可不详。"留对榻夜谈，越三日乃还。颐惊异之，曰："非从周茂叔来耶？"其善开发人类此。

　　程珦此时与周敦颐同为僚属，看濂溪先生气度非凡，与之交流后发现其致力于道学，于是与其结为朋友，并让自己的两个儿子程颢、程颐跟随周敦颐学习性命之学。周敦颐经常让程颢、程颐思考"孔颜之乐"乐在何处、所乐何事，程颢也在学与悟中感慨道："自从跟随周敦颐学习，每次在自然界中吟风弄月、咏而归之后，才深刻地理解孔子赞同曾点之志的真正含义！"而二程之学也渊源于此。当时侯师圣跟随程颐学习，有一个问题始终无法领悟，于是侯师圣便去拜访周敦颐，濂溪先生与他对榻夜谈三天三夜，于是便明白了。程颐对此感到十分惊讶，问道："你是不是从周敦颐那里获取的答案？"可见濂溪先生在学问上善于启发学人，终身以授徒讲道为人生之志。据《同治万安县志》载："程珦，河南人，摄南安通守。长子伯淳，次正叔，经游万安，尝讲学云冈书堂，后人沐其教，因建祠祀周程三先生。"

　　关于周敦颐与程颢、程颐兄弟的师承关系，历来存有多种说法。全祖望在《宋元学案·濂溪学案序录》中认为二程之学非承自周濂溪，其曰：

　　濂溪之门，二程子少尝游焉。其后伊洛所得，实不由于濂溪，是在高弟荥阳吕公已明言之，其孙紫微又申言之,汪玉山亦云然。今观二程子终身不甚推濂溪,并未得与马、邵之列,可以见二吕之言不诬也。

全祖望认为二程只是少年时期曾与周敦颐交往,经由多方引证,并从学术宗派的角度认为二程之学非承自周敦颐。尽管如此,二程之学首受濂溪之启发却是不争的事实。先圣大儒之学术非一朝一夕便能形成,且在一生的悟道中,前期与后期对义理的体悟也会产生变化。《明道传》中亦言曰:

自十五六时,与弟颐闻周敦颐论学,遂厌科举之业,慨然有求道之志。其后先生作《太极图》,独手授之,他莫得而闻焉。

一方面,二程在少年时对性命之学萌生向学之志实则启发自濂溪先生;另一方面,濂溪先生将此后所作的《太极图说》也授予二程。尽管二程在对义理的阐释、理解上与濂溪先生持有不同的观点,但与周敦颐有着紧密的学术渊源关系。

四、庆历六年冬(1046年),在郴州鱼绛山建书堂

庆历六年冬,周敦颐因受转运使王逵的举荐赴任郴州知县,郴州即今湖南省郴州市,并在郴州设立书堂,授徒讲学。度正《周敦颐年谱》记载道:

六年丙戌(1046年)……至县,首修学校以教人,有《修学记》。七年丁亥(1047年),先生年三十一,作书堂于郴之鱼绛山。八年戊子(1048年),先生年三十二,知郴州事职方员外郎李初平知其贤,不以属吏遇之。尝闻先生论学,叹曰:"吾欲读书,何如?"先生曰:"公老,无及矣!某请得为公言之。"初平遂

> 日听先生论道，逾年，果有得。

周敦颐每转一地便修一书院，到郴州赴任的第一件事便是修建当地的学校，从而方便其讲学。第二年，他在郴州的鱼绛山设立了书堂，这个书堂没有留下名字，但毋庸置疑的是以授徒讲学为要务。周敦颐在当地也颇受官吏、士人的尊敬。当地有一个叫李初平的员外郎听闻濂溪先生的贤名，不以管理下属的态度对待他，而是与他论学谈道，获得学习性命义理的满足。

五、嘉祐六年（1061年），创建"濂溪书堂"

嘉祐六年，周敦颐升迁为国子博士通判虔州，道出江州。虔州即今江西省赣州市，江州为今江西省九江市。到了九江，他就被庐山盛景深深地吸引，度正《周敦颐年谱》记载：

> 先生迁国子监博士，通判虔州，道出江州，爱庐山之胜，有卜居之志，因筑书堂于其麓。堂前有溪，发源莲花峰下，流合湓浦，先生濯缨而乐之，遂寓名以"濂"。与其友潘兴嗣订异时溪上咏歌之约。

前文提到，周敦颐十分注重在环境幽静之地体悟道学，因此当他来到千古名胜庐山时便怦然心动，从内心生发出定居于此的强烈意愿，于是便在庐山山麓之上构建了一座书堂。书堂前面有一条小溪，发源于莲花峰下，溪水清澈冷冽，下流入湓江。当周敦颐得知这条小溪还没有名字的时候，他感到十分激动，于是来到小溪边，洗濯冠缨，寄情山水而以此为乐。周敦颐便把此溪命名为"濂溪"，并与朋友潘兴嗣订立了日后溪水之上的"咏歌之约"。关于此"咏歌之约"，潘兴嗣为其作《先生墓志铭》中载曰：

> （周敦颐）尝过浔阳，爱庐山，因筑室溪上，名之曰"濂溪书堂"。每从容为予言："可止可仕,古人无所必。束发为学，将有以设施，可泽于斯民者。必不得已，止未晚也。此濂溪者，异时与子相从于其上，歌咏先王之道,足矣！"此君之志也。尤善谈名理,深于《易》学。作《太极图》《易说》《易通》数十篇，诗十卷，今藏于家。

据潘兴嗣回忆，濂溪先生每每从容地对他说："自古以来，隐于山林与出于庙堂都是儒者自由选择的人生志向。十五而志于学，就要有所筹划，以膏泽万民、为国家做贡献为己任。但如果不能为此，那么在山水中寄情、讲学谈道也未尝晚矣！"周敦颐希望有一天能够和潘兴嗣脱去案牍的桎梏，共同在濂溪之上相约而游，谈论先王之道,这样就称得上是人生最愉悦之事，这也是周敦颐毕生的志向。

《年谱》记载："五年壬子（1072年），先生年五十六，自嘉祐六年筑书堂于庐山之麓，至是始定居焉。"由于后期周敦颐又转任多个地方为官，直到十年之后才定居于濂溪书堂，直至逝世。可以说，周敦颐一生的学术成就离不开其在书院中的授徒讲学，他在书院的讲学实践中，完成了《太极图说》《通书》《易说》《易通》等彰明儒学方向的哲学著作。其中,《太极图说》《通书》可谓宋代理学的开山篇章。周敦颐被誉为中国哲学史上宋代理学的鼻祖与客观唯心主义的开创者。

朱熹曾在《袁州州学三先生祠记》中给予周敦颐的学术成就高度的评价，他说道：

> 盖自邹孟氏没，而圣人之道不传。世俗所谓儒者之学,内则局于章句文词之习,外则杂于老子释氏之言。

> 而其所以修己治人者，遂一出于私智人为之凿。浅陋乖离，莫适主统。使其君之德不得比于三代之隆，民之俗不得跻于三代之盛。若是者，盖已千有余年于今矣。濂溪周公先生，奋乎百世之下，乃始深探圣贤之奥，疏观造化之原，而独心得之，立象著书阐发幽秘，词义虽约，而天人性命之微、修己治人之要，莫不毕举。河南两程先生，既亲见之而得其传，于是其学遂行于世。

自孔孟之后，圣学之道已失传久矣。儒者之学经由时代的变迁，到了宋代已经变得"面目全非"，全然没有昔日孔孟颜曾草创时的那般气象。当时所称的"儒者之学"几乎变成了支离的章句文辞之习、老释杂说之言，而致力于读儒者之书的"儒者"却是以一己私利、贪图富贵为目的，已然失却圣贤书中所蕴含的道德义理、修身性命之学。是周敦颐上承洙泗之学统，探究圣贤精奥深微之义理，造化天人之极，著书立说，阐发幽微性命之道，彰明修己立身之要，将传统儒学上升到哲学化的高度，再将此真谛传之于二程，使宋学由此发扬光大。可以说，宋学之兴实昌盛于濂溪先生，而在其濂学发源的过程中，书院与讲学实则功不可没！

第三节　二程讲学与洛学发展

纵观中国书院在北宋的成长轨迹，不难发现：北宋书院从一开始便是以补阙官学的方式进入统治者的视野，从而受到重视与褒扬。随着北宋三兴官学的运动的进行与官方教育体系恢复时机的成熟，书院在与官学博弈的过程中开始另辟蹊径，找寻到了另外的发展之路，即逐渐摆脱承担官学的责任，致力于寻求自我的发展。关于这一点，前章已有详细阐释，兹不赘述。基于这样的背景，北宋书院与私人讲学、学术争鸣相伴而生，也预示着北宋一代新学风的开创与繁荣。在当时的学术氛围下，北宋的那些纯士子因"病无所学"而产生的精神需求便从书院这一方天地中获得满足，也在书院这一阵地中幻化出百舸争流般的思想盛况。在这一时期，书院、私人讲学、思想争鸣形成了一个密不可分的共同体，共同促成了宋一代的新学风。正如著作郎李道传上书所言："河洛之间，大儒并出。"当时的大儒主要有主研"洛学"的程颢、程颐兄弟，主张"关学"的张载，致力于"新学"的王安石，保护"宿儒旧学"的司马光等。每一种思想都在广收门徒、传道授业的讲学活动中，围绕着当时的时代与儒家传统思想进行全方位的探讨，形成了继先秦百家争鸣之后的又一次思想绽放。

据前节所述，周敦颐开创的"濂学"对宋代理学体系的构建实具开创之功，而在这一时期的"河洛大儒"中最具影响力的当属程颢、程颐。二程以书院、讲学为依托，承继圣学之绪，对宋代理学进行新的阐发。雍正《河南通志》卷六一记载：

> 讲学以明理，启前圣之橐龠，作后学之津梁，莫盛于有宋。盖自二程子倡道伊洛，一时从游如李、刘、尹、谢诸贤皆克衍其绪，迨及元、明转相师授，中州理学之传久而益振。

二程的倡道之地主要集中于河南。他们以书院为阵地，对前圣先贤的学说进行阐释，并引导了后代的理学。当时跟从他们学习的门人甚众，他们的思想经过南宋诸儒的阐发，形成宋明理学，并作为官方正统学说延续至元、明、清历代，对后代学术产生深远的影响。

一、晋城讲学

程颢（1032—1085），字伯淳，号明道，世称"明道先生"，河南洛阳人，与其弟程颐合称为"二程"。程颢在嘉祐二年（1057年）举进士第，神宗时为太子中允、监察御史里行。在学术主张上，程颢提出"天者，理也""只心便是天，尽之便知性"的思想。宋英宗治平元年（1064年）至治平四年，程颐任晋城县令，并在其任职地建立"程颢书院"。其弟程颐《明道先生行状》记载：

> （晋城）诸乡皆有校。暇时亲至，召父老而与之语；儿童所读书，亲为正句读；教者不善，则为易置。俗始甚野，不知为学。先生择子弟之秀者，聚而教之。去邑才十余年，而服儒服者盖数百人矣。

程颢十分注重当地民众的道德教化，在任晋城县令时，程颢在多地建立讲学学校，在闲暇时便亲自到书院与当地的父老乡亲进行谈道讲学；乡校儿童所读之书也是其亲自标点；如果教员讲授得不好，那么程颢便立即将其更换。刚到晋城时，当地民俗还属于未开化的野蛮状态，学风不浓。于是程颢便从中择取悟性好且立志向学的优秀生员，聚徒讲学，亲自教授，从而转变了晋城当地的民风与学风。雍正《泽州府志》记载："泽，故伊耆旧壤，民有余古。而实自程纯公服教后，学者如牛毛野处，安得无才贤辈出，压太行而砥河流者乎！"经过程颢的一番努力，本是穷乡僻壤的晋城，儒者学人多如牛毛，贤才辈出，就连耕地农民与贩夫走卒都以造谣诽谤为耻而修习道德文化。[1] 读书人也继承了程颢重道德而去功利的思想，正如午亭陈氏云："（泽州）士皆却扫诵习，不鹜声利，有古隐君子风，得宋程明道遗教，

---

[1]《宋元学案补遗》云："（晋城）耕夫贩妇亦耻谣诼而道文理。"

则是邦之人，其节行之美应有自来矣。"可以说，晋城学风深深烙印着程颢的思想之遗。读书士人以道德学问为主要钻研方向，而非记诵之习，亦非将读书作为入仕的功利之途。这样的民风与文风离不开程颢始终如一的教育思路。为了兴建书院，程颢倾尽所有，甚至将为其夫人治病之资都投入其中。四年的时间，晋城焕然一新，以致于当程颢离开之日，成千上万的百姓携幼扶老，前来相送。据《凤台县志》记载："程县令去之日，民哭声振野，沿街设香案、摆供品，夹道相送，牵衣顿足者不计其数。"[1] 人民恸哭振于山野，沿途夹道相送……这样令人震撼的场面是对程颢政绩的肯定，更是其讲学身教，道德教化的有力外化。

二、洛阳讲学

晋城四年，程颢显示出非凡的政治才能，后经吕公著的推荐，熙宁三年（1070年）入朝担任太子中允、监察御史里行等职。宋神宗熙宁年间正是王安石变法如火如荼地展开之时，于是程颢便自然地卷入变法斗争之中。当时的宋神宗与王安石都对程颢青睐有加，程颢每每与宋神宗应对策问都废寝忘食，进言颇多。《宋史》卷四百二十七记载：

> 熙宁初，用吕公著荐，为太子中允、监察御史里行。神宗素知其名，数召见，每退，必曰："频求对，欲常常见卿。"一日，从容咨访，报正午，始趋出，庭中人曰："御史不知上未食乎？"前后进说甚多，大要以正心窒欲、求贤育材为言，务以诚意感悟主上。尝劝帝防未萌之欲，及勿轻天下士，帝俯躬曰："当为卿戒之。"

---

[1] 张志仁. 三晋史话·晋城卷[M]. 太原：山西人民出版社，2016：161.

从《宋史》的记载来看，程颢的主张事实上与熙宁变法的思路并非一致。王安石的新法最终是出于功利性的目的为朝廷获取更多实实在在的利益，改变北宋积贫积弱的状况。而程颢则主张以道德感化来实现政治的清明。正心修身，培养贤才，注重教化的力量。尽管宋神宗认为其说大有裨益，但终究变法的"功利性"是横在改革派与程颢之间的一个不可调和的矛盾。关于这一点，程颢在朝廷任职的八九个月中感受越来越明晰，《宋史》对此记载曰：

> 居职八九月，数论时政，最后言曰："智者若禹之行水，行其所无事也；舍而之险阻，不足以言智。自古兴治立事，未有中外人情交谓不可而能有成者，况于排斥忠良，沮废公议，用贱陵贵，以邪干正者乎？正使徼幸有小成，而兴利之臣日进，尚德之风浸衰，尤非朝廷之福。"遂乞去言职。

程颢已经意识到自己的思想与变法思路的矛盾性，于是委婉地展示了其反对变法的态度。他以例举证：大禹治水的智慧在于疏导，而非堵塞。朝廷应汲取大禹治水的智慧，不可用"堵淤"的态度来对待反对变法的声音。由于熙宁变法推行的过程中，改革派与守旧派展开了激烈的斗争，此事已经危及朝廷的吏治。因政见不合而引起的排斥异己、党争倾轧之事越来越多——这只是程颢反对变法的原因之一。再者，程颢从本质上认为熙宁变法是出于功利性目的，与其所一以贯之的道德教育实相违背。就算是变法取得一些成就也只不过是"兴利"日进，而"道德"便会越来越衰败，这对朝廷实非益事。最终，程颢辞去了御史之职，转而赴任军中掌管文书事务的镇宁军判官。[1]

熙宁五年（1072年），程颢以侍亲为由，辞去了镇宁军判官一职，归乡洛阳，潜心学问，精研义理。在乡居洛阳期间，程颢的学术有了一个里程碑式的进益。《宋史》记载："（程颢）泛滥于诸家，出入于老、释者几十年，返求诸'六经'，而后得之。"可以说，程颢的理学体悟与学术体系是在洛阳时期形成的。在洛阳研学期间，程颢亦致力于聚徒讲学，将其钻研所获的思想广泛传播。《二程集》中《明道先生行状》记载：

> 太中公得请领崇福，先生（程颢）求折资监当以便养。归洛，从容亲庭，日以读书劝学为事。先生经术通明，义理精微，乐告不倦。士大夫从之讲学者，日夕盈门，虚往实归，人得所欲。

程颢归乡洛阳后，对待父母从容孝顺，并致力于劝学读书。在对经书进行钻研体悟后，程颢不吝将其所得的义理感悟倾囊相授，从而身边聚集了一大批跟从他讲学受教的士大夫。"日夕盈门"说明当时程颢讲学有固定的场所，而前去问学的士大夫也是持惑而来，尽兴而归，在明道先生这里能够得到学问的满足。在洛阳讲学的十年里[2]，程颢与其弟程颐共同以讲学为务，并在讲学过程中行教化民众之事。《伊洛渊源录》卷二载：

> 先生（程颢）以亲老，求为闲官，居洛阳殆十余年，与弟伊川先生讲学于家，化行乡党。……士之从学者

---

[1]《宋史》记载："安石本与之善，及是虽不合，犹敬其忠信，不深怒，但出提点京西刑狱。颢固辞，改签书镇宁军判官。司马光在长安，上疏求退，称颢公直，以为己所不如。"虽然程颢与王安石政见不合，但王安石并未以异己的态度对待他，仍敬服其学问，可见程颢自身道德修养之高。
[2] 二程在洛阳讲学有一个反复的过程，并非只此一阶段，此处予以说明。

不绝于馆,有不远千里而至者。

由此可见二程洛阳讲学的盛况。两位先生不仅以自身的道德学问教化乡里,淳化洛阳民风,更是通过讲学的方式吸引大批外来求学的士人。关于程颢的讲学风格,上述典籍亦载:

先生于经,不务解析为枝词,要其用在己而明于知天。其教人曰:"非孔子之道,不可学也。"盖自孟子没而《中庸》之学不传,后世之士不循其本而用心于末,故不可与入尧、舜之道。先生以独智自得,去圣人千有余岁,发其关键,直睹堂奥,一天地之理,尽事物之变。故其貌肃而气和,志定而言厉,望之可畏,即之可亲,叩之者无穷,从容以应之,其出愈新,真学者之师也。成就人才,于时为多。

程颢研习经典并非拘泥于章句文词,而是着眼于将义理本真运用在己身。他批判百年来读书人舍本逐末,不从儒家最根本的孔孟之道中获取精神义理,反而去追逐那些支离末节的阐释,因而无法走近圣贤而获得真正的理学精微。因此,程颢学术的态度是单刀直入千年圣人的思想巢穴,以自身的体悟去攫取其中最为精深的义理,阐发其中的微妙关键,深入幽奥的本质,与天地之道相融合,探究出一套义理体系,进而极尽天地万物之变化规律。在洛阳讲学期间,程颢也在这样内在的浑融中形成了自身独特的外化气质:貌肃而气和,志定而言厉,远远望去令人心生敬畏,问学之时让人倍感亲和,愈叩问愈觉深不可测,思想令人焕然一新,然其容姿又从容不迫,真可谓是学者之师。

邵雍《击壤集》卷一九《四贤吟》曰:"彦国(富弼)之言铺陈,晦叔(吕公著)之言简当,君实(司马光)之言优游,伯淳(程颢）之言条畅。四贤洛阳之望，是以在人之上，有宋熙宁之间，大为一时之壮。"

三、扶沟讲学

宋神宗元丰元年（1078年）冬，程颢任扶沟（今属河南省周口市）县令。在任职扶沟县令之时，程颢建立了明道书院，清代又称大程书院。据年谱记载："冬。程颢任扶沟县令。其间，建明道书院。上蔡谢良佐来拜师求学。是年，程颐四十六岁，陪同父亲前往扶沟，住数月。程颐曾到京师开封，遇游酢，交谈之后，谓其资可进道，引见程颢，召为书院讲学。"[1]

程颢任扶沟县令后继续着其修建书院、授徒讲学之路。程门四大弟子之一的谢良佐便是在此时前来跟随程颢讲学问学。不仅如此，当时在京师与其弟程颐有过深入交谈的游酢也被引荐讲学于明道书院。谢良佐、游酢、杨时与吕大临四人合称为"程门四先生"，是后期传播二程思想的主力军，为二程理学思想的延续与发挥做出了至关重要的贡献。

程颢任扶沟县令期间，仍然保持着其一贯的宽仁淳厚的风格，崇尚以道德学问来教化百姓。当时由于广济河、蔡河在扶沟境内，河道边有许多水贼出没，强抢来往运输船只的财物，每年发生的盗案不下十起。面对猖獗的水贼，程颢依旧以道德教化的方式平息了县内盗贼的问题。有一次，程颢捕到了一名盗贼，经过审问牵扯出了数十名水贼，但就算全部就地正法也无法根治水贼祸乱的问题，于是程颢便以感化为策，把这几十名水贼分派到各个渡口挽舟拉纤，并监督其他水贼。以这样的

---

[1] 吴建设.河洛大儒：程颢程颐传[M].增订本.郑州：文心出版社，2013：283.

怀柔方式,扶沟的水贼得以平息。[1]又有一名盗贼,在审问过程中程颢愿意再给他一次机会,如果能决心改过自新那么便不处罚他。过了几个月,这名盗贼又犯案,于是盗贼对其妻子说:"我和县令有约定,要改过自新,不再偷盗。如今我还有何颜面再见程县令!"于是盗贼便自缢而亡。[2]以上两个事例充分证明程颢在地方治理中融入了其道德教化的思想,并将其体悟的圣贤之道运用到现实中,让理学不是浮于表面的空谈,而是一种人生修行与政治智慧。

四、嵩阳书院讲学

程颐(1033—1107),字正叔,世称"伊川先生",是程颢的同胞弟弟,与其兄程颢共同创立"洛学"体系,主张"天下之物皆能穷,只是一理"。历任汝州团练推官、国子监教授和崇政殿说书等职。二程虽然一母同胞,但其学术路径却是分属两端,相同中又有所差异。程颐的学术活动主要是与其兄聚集在嵩阳书院与伊川书院,授徒讲学。

嵩阳书院是宋代初期兴起的著名书院之一,与岳麓书院、应天府书院、白鹿洞书院并称"天下四大书院"。吕祖谦《白鹿洞书院记》记载:

> 某窃尝闻之诸公长者,国初斯民新脱五季锋镝之厄,学者尚寡,海内向平,文风日起,儒生往往依山林,即闲旷以讲授,大师多至数千百人。嵩阳、岳麓、睢阳(应

---

[1]《宋元学案·明道学案》载:"迁太常丞、知扶沟县,广济、蔡河在县境,濒河恶子胁取行舟财货,岁必焚舟十数。先生捕得一人,引其类,得数十人,不复根治,但使分地挽舟,督察作过者,其患始息。"

[2]《宋元学案·明道学案》载:"有犯小盗者,先生谕而遣之。再发,盗谓其妻曰:'我与大丞约,不复为盗。今何面目见之邪!'遂自经。"

天府书院）及是洞（白鹿洞书院）为尤著，天下所谓四书院者也。

作为著名书院，嵩阳书院在当时的地位可谓异常之高，其影响力也是十分巨大的。在当时官学衰微的情况下，嵩阳书院得到了一个发展的有利时机，生徒多至数百人。嘉靖《登封县志》更是将其定为四大书院之首："天下凡四大书院，而首曰嵩阳。"关于嵩阳书院的全貌，据嘉靖《登封县志》卷三《留题崇福宫》可窥见一二：

山面削爪碧，宫墙铺粉光。晴岚天白雨，夏窦冷喷霜。胜地松杉古，仙家芝木香。东邻与西舍，欠我一茅堂。

嵩阳书院虽然不是二程创建，但它却是二程理学的重要传播地。据上引材料可知，程颢曾任崇福宫官职，在此期间，其曾在嵩阳书院讲学。《二程集》卷十一《明道先生行状》载：

（程颢）先生之门，学者多矣。先生之言，平易易知，贤愚皆获其益，如群饮于河，各充其量。

熙宁五年（1072年），程颢和程颐在洛阳讲学期间便时常到嵩阳书院讲学。当时门人众多，四方士人都仰慕二程先生的品格与学风，前来讲学问道。程颢讲授学问时平易近人，令人如沐春风，无论是智者抑或平庸之辈均能从其讲学中获益颇丰，就像一群口渴的马饮于甘泉一般，均能获得心灵的满足与醍醐灌顶之感。《宋史》卷四二七《道学传》亦载道："平生诲人不倦，故学者出其门最多，渊源所渐，皆为名士。"二程诲人不倦，致力于讲学谈道，培养了一大批门人延续其思想学说，像杨时、吕大临等最后都成为了理学名士。特别是杨时,完成了二程洛学在闽地的传播,《宋史》记载:"东南学者推时为程氏正宗。……晚居谏省,仅九十日,凡所论列皆切于世道。……凡绍兴初崇尚元祐学术,而朱熹、张栻之学得程氏之正,其源委脉络皆出于时。"总之,嵩阳书院作为二程讲学传道之所,亦促进了二程思想体系的形成与传播。

五、伊川书院讲学

元丰五年(1082年),程颢、程颐同父返回洛阳居住。在此期间,程颐主要筹建了伊川书院。当时文彦博任洛阳知府,程颐便致信文彦博,恳请其把龙门山胜善庵上方旧址分给他使用,以供筹建书院,进行授徒讲学活动。《上文潞公求龙门庵地小简》载:

> 颐窃见胜善上方旧址,从来荒废,为无用之地。野人率易,敢有干闻,欲得葺幽居于其上,为避暑著书之所。唐王龟创书堂于西谷,松斋之名,传之至今。颐虽不才,亦能为龙门山添胜迹于后代,为门下之美事。可否,俟命。

胜善庵上方的旧址向来荒废无用,但又十分幽静雅致。程颐想着如果能够加以修葺创建书院,在其中避暑著书、授徒讲学,将是一个非常好的选择。程颐在修建此书院之前便想好了让这座书院流传后世,事实上他后来确实做到了。看程颐如此诚挚的请求,文彦博回信道:

> 先生斯文己任,道尊海宇,著书立言,名重天下,从游之徒,归门其盛。龙门久芜,虽然葺幽,岂能容

之？吾伊阙南鸣皋镇，小庄一址，粮地十顷，谨奉构堂，以为著书讲道之所，不惟启后学之胜迹，亦当代斯文之美事。无为赐价，惟简是凭。

文彦博敬服程颐的学术精神，认为他道德美名传遍四方，著书立说名满天下，授徒讲学门人甚众，虽然龙门山上旧址清幽雅致，但怎能容得下这位大儒的学术光辉呢！于是文彦博将自己在鸣皋镇的一处庄园送给程颐修葺书院用。这就是伊皋书院，又叫伊川书院。伊川书院本是文彦博的私人庄园，园内有粮地十顷，可当作学田使用。在庄园内还能建造书堂若干间，以供往来从学于程颐的士人读书、讲学。可见文彦博对程颐创建书院的支持力度。关于伊川书院的具体面貌，程颐的孙子程晟的碑文记录道：

晟照规编次，正房五间，伊川祖著书之所。东房三间，西房三间，门弟群居。大门一间，匾曰："伊皋书院。"缭以崇垣。田十顷，税粮三十石，乡人稞以耕种，除纳粮外，出稞以供弟子饮食衣服之用。及祖没世，郡弟获所著五经等书，尊所闻，行所知，各之四方。后父端中，本县纳银五十两为己业。其田四至：东至鸣皋街，西至水泉，南至官路，北至顺阳界。

宋绍兴丙子正月伊川孙程晟复勒诸石于旌孝院以垂永久。

程晟记载：书院共有正房五间，是程颐著书研学之所。东房三间，西房三间，是门人弟子聚集居住之地。大门有一间，匾额上题着"伊皋书院"。四周有高高的围墙环绕。共有学田十顷，除去缴纳税粮之外，其余的结余供程门弟子们日常吃食和花费。

伊川书院的规制相当完备,程颢当时也经常来到这里与门人学子们讲学、探讨学问,共同研讨义理问题。

程颐曾在《程氏遗书》中自述道:"吾四十岁以前读诵,五十以前研究其义,六十以前反复绅绎,六十以后著书。"由此可知,程颐著书立说主要集中在 60 岁之后,也就是其著《周易程氏传》《书解》《诗解》《论语解》《孟子解》《春秋传》等典籍都是在 60 岁之后,可以说,这些著述几乎都是在伊川书院撰写完成的。这就说明伊川书院与程颐理学思想的形成有着十分紧密的关系。程颐在伊川书院不仅著书立说,完成了思想的梳理与沉淀,其大部分的讲学活动也多在此处。

崇宁二年(1103 年)宋徽宗即位,蔡京上台执政,开始了打击旧党的活动,程颐也被列为打击之列。其著述与讲学活动也遭到了朝廷的严厉打击与强烈禁止,《续资治通鉴》载:

> 追毁程颐出身以来文字,除名,其入山所著书,令本路监司察觉……范致虚又言:"颐以邪说诐行,惑乱众听,而尹淳、张绎为之羽翼,乞下河南尽逐学徒。"颐于是迁居龙门之南,止四方学者曰:"尊所闻,行所知,可矣,不必及吾门也。"

这样,深陷党争旋涡中的程颐被冠以"邪说诐行,惑乱众听"的罪名,而其伊川书院中的生徒也被驱散放逐,程颐不得已迁居到了龙门山之南。眼见弟子们因修习自己的学说而受到牵连,程颐不得不解散伊川书院的讲学活动,并告诫弟子们:以听闻为尊,以所知而行,这就可以了,不必来我门中听我的讲学了。等到党争结束之后,门人弟子才得以回到伊川书院聚集。1107年,程颐在伊川孤独地逝世,一代理学大儒就这样陨落于人世间。

第四节　东南三贤与儒学中兴

一、东南三贤与书院讲学

中国书院在南宋最突出的特点便是与理学的交织与共生。在南宋理学发展史上,"东南三贤"对理学体系的构建与成熟功不可没。他们挣扎于复杂的政治旋涡中,承受着思想的困顿与挣扎,但仍然能以坚韧之心守住理学之志。他们以一己之力肩负起中兴儒学的责任,通过讲学论辩、学术探讨等方式构建起各自成熟的学术体系。全祖望《鲒埼亭集外编》卷四五载:"故厚斋谓岳麓、白鹿,以张宣公朱子而盛;而东莱之丽泽,陆氏之象山,并起齐名,四家之徒遍天下,则又南宋之四大学院也。"张栻、朱熹讲学于岳麓书院、白鹿洞书院,吕祖谦讲学于丽泽书院,陆九渊讲学于象山书院。先贤学者们依托书院讲学构筑起自身的学术派系,培养生徒遍天下,于是此四书院被后世称为"南宋四大书院"。可以说,书院与讲学是南宋儒学中兴不可忽视的力量,也是铸就一代学风的关键阵地。

东南三贤是南宋理学的三位著名大家,他们分别是张栻、吕祖谦和朱熹。全祖望在《宋元学案》卷五一《东莱学案》中说道:"朱、张、吕三贤,同德同业,未易轩轾。张、吕早卒,未见其止,故集大成者归朱耳。"全祖望的评论可谓十分公允。从学术的角度来看,三贤的水平不分上下,只不过是因为张栻、吕祖谦早逝,而朱熹年永于张、吕,尤其其在晚年对理学的阐发益发精进与浑融,于是朱熹便成了南宋儒学的集大成者。

张栻(1133—1180),字敬夫、乐斋,号南轩,汉州绵竹(今属四川)人,是南宋湖湘学派的集大成者。历任吏部侍郎兼侍讲、右文殿修撰等职。关于张栻的学术渊源,其源自五峰先生胡宏,而胡宏之学则承自程门高弟杨时，张栻所著《知言》序中记载：

> （胡宏）自幼志于大道，尝见杨中立先生于京师，又从侯师圣先生于荆门，而卒传文定公之学，优游南山之下余二十年，玩心神明，不舍昼夜；力行所知，亲切至到。

由此可见，张栻之学实则承自二程的洛学，但更偏重于继承了大程（程颢）的学术道路。关于此，《宋元学案》载道："南轩似明道，晦翁似伊川。向使南轩得永其年，所造更不知如何也。"张栻的学术承自程颢的心性之学，与程颐所倡导的格物之学实属二途。张栻对南宋书院所做出的突出贡献在于主持城南书院、碧泉书院、岳麓书院的讲学活动，推动了湖湘学派学术体系的建立。在1161年至1169年的九年中，张栻在城南书院担任山长一职。其在《孟子说》序中自道："岁在戊子，栻与二三学者讲诵于长沙之家塾。"戊子即乾道四年（1168年），"长沙之家塾"即为城南书院。与此同时，张栻亦在岳麓书院任主讲，自隆兴二年（1164年）至1169年的六年时间内，张栻往来于城南书院与岳麓书院进行讲学活动。朱熹《观文殿学士刘公行状》记载："潭州故有岳麓书院，……公（刘珙）一新之，养士数十人，……而属其友广汉张侯栻敬夫，时往游焉。与论《大学》次第，以开其学者于公私义利之间，闻者风动。"岳麓书院位于当时的潭州。刘珙于乾道元年（1165年）出任潭州知州及湖南路安抚使，第二年下令修复岳麓书院，并聘请张栻为岳麓书院主讲，[1]且主动邀请朱熹到岳麓书院进行访学。但朱熹由于一些原因未能如

---

[1] 朱熹《潭州委教授措置岳麓书院牒》亦载："故前帅枢密忠肃刘公（刘珙）特因旧基复创新馆，延请故左司侍讲张公先生（张栻）往来其间，使四方来学之士，得以传道授业解惑焉。"

期赴岳麓书院，朱熹《答许顺之》记载道：

> 湖南之行，劝止者多，然其说不一，独吾友之言为当，然亦有未尽处。后来刘帅（珙）遣到人时已热，遂缀行。要之，亦是不索性也。

一方面，当时朱熹与张栻的学说不一，旁人劝阻者多；另一方面，当朱熹得到消息的时候天气已经十分炎热，因此便放弃了赴岳麓书院访学。可见，当时身为潭州知州的刘珙十分重视当地的学术研讨与文化交流，这也为后来的盛大的"朱张会讲"提供了重要契机。

张栻在岳麓、城南等书院讲学，不仅对当地学术风气起到了风化作用，更是以书院为依托践行自己播传圣道的理想。《岳麓书院志》载："人文彬彬蔚起，亦斯文之一大快也。"经过张栻的努力，人文风气蔚为大观，培养了一大批湖湘学派的中坚力量。正如李肖聘在《湘学略》中提道："南轩进学于岳麓，传道于二江，湘蜀门徒之盛，一时无两。"在岳麓书院任教的过程中，张栻"以尧舜君民之心，振一世沉溺，以孔孟性理之学，起一世膏肓"[1]。以书院讲学为形式，以传播圣学为己任，振奋一代之学风，实属千载之功。

吕祖谦（1137—1181），字伯恭，婺州（治今浙江金华）人，世称"东莱先生"。吕祖谦创立的"婺学"学派在当时具有很大的影响力，直接可与朱学、陆学相鼎足。吕祖谦的学问家学渊源颇深，以儒学为大宗，推重义理，以明理躬行为本；又推重史学，以经世致用为务。可以说，兼容并包、博采众长而平和宽厚成为吕学独特的气质，《宋史·吕祖谦传》记载：

---

[1] 李心传. 道命录 [M]. 知不足斋丛书本.

> 祖谦之学本之家庭，有中原文献之传，长从林之奇、汪应辰、胡宪游，既又友张栻、朱熹，讲索益精。……祖谦学以关、洛为宗，而旁稽载籍，不见涯涘。心平气和，不立崖异，一时英伟卓荦之士皆归心焉。

林之奇、汪应辰、胡宪是当时著名的学问名家。吕祖谦在自身家学渊源的基础上又旁稽多师，与朱、张会友，致使其学问日益精湛，深折于当时的士人学者。

吕祖谦出身官宦世家，早年因荫补入仕，后因不凡的学识于隆兴元年（1163年）举进士第、博学鸿词科。他虽然入仕时间早，但其为官时日仅有四年，大部分时间都在潜心讲学著书。吕祖谦的讲学活动主要在明招山，他创立了丽泽书院，楼钥《东莱吕太史祠堂记》记载：

> 自建炎南渡，父祖始寓于婺，假官屋以居，其地在光孝观之侧。（祖谦）入仕虽久，而在官之日仅四年，故在婺之日最多。四方学者几于云集，横经受业，皆在于此。

丽泽书院在南宋虽与白鹿洞书院、岳麓书院、象山书院齐名，但其从规模上与其他三书院有着相当大的差别。由上述材料可知，丽泽书院是借吕祖谦家所寓居的官屋改造而成，在光孝观的旁侧。其中的一半用于祭祀，另外一半用于讲学。然而，仅有两间书堂大小的丽泽书院并没有因其规模小而受学者冷落，反而成为四方学者趋之前来云集讲学、横经受业的求学之所。关于丽泽书院的名字由来，嘉靖《金华县志》载云："宋吕成公作书堂于城西，观前二湖，悦焉，取《易》兑象之意，以'丽泽'名。"可见丽泽书院之名是吕祖谦钻研《易》理所取之名。吕祖谦也正是在丽泽书院进行着理学思想的修炼与传播。

南宋初年，官学弊端日益凸显，士人逐利轻义的现象十分突出。尤其是在两宋易代之际，部分读书人道德沦丧、失却风骨的现实血淋淋地摆在世人面前。因此，南宋理学家意欲通过书院讲学的方式挽救世道人心，重拾读书人的道德志向与风骨。关于此，前章已有详细论述，兹不赘述。吕祖谦在丽泽书院讲学时亦秉持振人心，崇道德的要务，制定书院规约。其所制定的《乾道四年九月规约》要求："凡预此集者，以孝、悌、忠、信为本。"来丽泽书院读书的士人必须摒除内心的功利之习，要以儒家道德中的孝悌忠信为读书之本，唤醒士人内心的道德自觉。第二年他又改约，《乾道五年规约》所载："凡与此学者，以讲求经旨，明理躬行为本。"不仅要求学子们讲求经旨，更要将读书明理过程中获得的体悟躬身践行到实际中来，这样的要求突破了"知"的层次，更在"行"的方面有所要求。在这样信念的支持下，丽泽书院不仅在当时为士人所推重，更延续至元明后世而不绝。《宋元学案》卷七三《丽泽诸儒学案》载曰：

> 明招学者，自成公下世，忠公继之，由是递传不替。其与岳麓之泽，并称克世。长沙之陷，岳麓诸生荷戈登陴，死者十九，惜乎姓名多无考。而明招诸生历元至明未绝，四百年文献之所寄也。

位于金华明招山的丽泽书院培养了一大批"明招学者"，百世递传而不绝，与岳麓书院相鼎峙。甚至在长沙陷落之后，岳麓书院的学生四散零落，有些学生死去，却无姓名可考，但丽泽书院却能历经宋元、元明两次易代而未断绝，实则是吕祖谦中原文献家学渊源之传的寄托。

朱熹（1130—1200），字元晦，号晦庵、紫阳，世称晦庵先生、朱文公。江西婺源人，是南宋理学的集大成者。朱熹的学术源自二程的"洛学"，他师从李侗，李侗师从二程弟子罗从彦，其理学思想承自二程，又吸收了濂溪之学与张载的"关学"，与二程之学合称为"程朱理学"。朱熹追逐理学理想的一生与书院、讲学紧密地联系在一起。朱熹所处的南宋中后期，佛老思想盛行，正统的儒学地位遭到威胁与排挤，加之因南宋山河破碎的政治局势而引发的官学衰弱，朱熹义无反顾地扛起了"传道斯民、敦励民风"的旗帜，用尽一生践行着复兴儒学的理想。他修葺书院，大兴讲会，开创了南宋一代的新学风。

朱熹致力于建造、修葺书院与举办讲学活动。大同书院、燕南书院、寒泉精舍、晦庵草堂、武夷精舍、竹林精舍等书院都是朱熹倾尽一生心力所创建的书院。他又致力于通过讲学方式传道，因其讲学而兴复的书院亦有很多，如鹅湖书院、石井书院、紫阳书院等。在朱熹学术与书院的交互中，其修葺的著名书院白鹿洞书院、岳麓书院对其儒学理想的践行与理学体系的完善有着相当重大的意义，下文将就其修复的白鹿洞书院与岳麓书院进行详细论述。

中兴儒学理想的践履——修复白鹿洞书院

淳熙六年至八年（1179—1181年），朱熹以秘书郎权知南康军州事赴任南康。当时，距白鹿洞书院在皇祐六年（1054年）毁于战火已有125年。朱熹赴任之后便接连张榜、行牒，探访白鹿洞书院遗迹，终于在当年的秋天找寻到了书院旧址，曾经辉煌无限的白鹿洞书院早已是残垣断壁，鞠为茂草。[1] 从朱熹所撰的《南康牒》可知当时的白鹿洞书院被破坏的触目之状：

---

[1]《全宋文》载吕祖谦《白鹿洞书院记》曰："淳熙六年，南康军秋雨不时，高卬之田告病。郡侯新安朱侯熹行视陂塘，并庐山而东，得白鹿洞书院废址。"

> 到任之初，伏自惟念圣天子所以搜扬幽隐，付畀民社之意，固将使之宣明教化，敦励风俗，非徒责以簿书期会之最而已……今有合行询究事件下项……按图经，白鹿洞学馆虽起南唐，至国初时犹存旧额，后乃废坏，未委本处目今有无屋宇？

废弃坍圮，连基本的书堂、屋宇都不复存在了。朱熹对此十分惋惜，连昔日著名的白鹿洞书院都如此破败，更何况其他书院！于是朱熹下定决心一定要修复白鹿洞书院。他首先做的事情便是上疏朝廷，申请重修书院，并请赐书院匾额，赐书籍，其《申修白鹿洞书院状》曰：

> 窃惟庐山山水之胜，甲于东南，老佛之居，以百十数，中间虽有废坏，今日鲜不兴葺。独此一洞，乃前贤旧隐，儒学精舍，又蒙圣朝恩赐褒显，所以惠养一方之士，德意甚厚。顾乃废坏不修，至于如此，长民之吏不得不任其责也。

《白鹿洞牒》又云：

> 因复慨庐山一带，老佛之居以百十计，其废坏无不兴葺。至于儒生旧馆只此一处，既是前朝名贤古迹，又蒙太宗皇帝给赐经书，所以教养一方之士，德意甚美。而一废累年，不复振起，吾道之衰既可悼惧。而太宗皇帝敦化育材之意亦不著于此邦，以传于后世，尤长民之吏所不得不任其责者。

在决定修复白鹿洞书院的同时，朱熹心中已有了打算。他看到庐山环境优美，四周绕水，静秀清幽，是个讲学著书、隐居读书的好地方。再加上这样优美的地方却到处搭建着佛老宫殿，只有白鹿洞这一处儒学的旧址遗迹，未免显得太不合宜。况且白鹿洞书院是著名书院，更是承载着前圣先贤们的圣学精神，如果不修复，怎能传斯道、匡人心？于是他向朝廷请赐经书，并着力修葺白鹿洞书院，从而教养一方士人，淳化一方百姓。如果白鹿洞书院还是像从前一样任其荒废，那么圣学之道必将衰微不复！从奏疏的语气可以看出，朱熹此时复兴书院的意志是十分坚定的，并对当时佛老兴而儒学衰的学术风气表示出相当的不满。正如吕祖谦根据朱熹的意愿，受其所托写下的《白鹿洞书院记》中所说：

> 郡守新安朱侯熹行视陂塘……慨然顾其僚曰："……中兴五十年，释老之宫圮于寇戎者，斧斤之声相闻，各复其初，独此地委于榛莽，过者太息，庸非吾徒之耻哉！郡虽贫薄，顾不能筑屋数楹，上以宣布本朝崇建人文之大指，下以续先贤之风声于方来乎？"乃嘱军学教授杨君大法、星子县令王君仲杰董其事，又以书命某记其成。
>
> ……
>
> 建炎再造，典刑文宪浸还旧观，关、洛绪言，稍出于毁弃剪灭之余。晚进小生骤闻其语，不知亲师取友，以讲求用力之实，躐等陵节，忽近慕远，未能窥程、张之门庭，而先有王氏高自贤圣之病。如是洞之所传习，道之者或鲜矣。然则，书院之复岂苟云哉！

朝廷重视释老之学可见一斑。南宋中兴十五年，曾经在战火中毁坏坍圮的佛老宫殿被一一复原，而唯独白鹿洞书院在荒榛野莽中废弃不修，对于像朱熹、吕祖谦这样的圣学传人怎么能不以此为耻呢！若只闻钟鼓声，不问弦歌音，那便是对儒家文化莫大的亵渎。

不幸的是，朱熹的奏疏并没有被朝廷所采纳，甚至当时的人还对其加以讥讽，于是他再次上疏，反复申述重修白鹿洞书院的强烈意志和必要性。《缴纳南康任满合奏禀事件状》记载：

> 考此山老佛之祠，盖以百数，兵乱之余，次第兴葺，鲜不复之旧者，独此儒馆莽为荆榛。虽本军已有军学，足以养士。然此洞之兴，远自前代，累圣相传，眷顾光宠，德意深远，理不可废。况境内观寺，钟鼓相闻，殄弃彝伦，谈说空幻，未有厌其多者，而先王礼乐之官，所以化民成俗之本者，乃反寂寥希阔，合军与县，仅有三所而已，然则复修此洞，盖未足为烦。

朱熹不厌其烦，翻来覆去地申说朝廷只关心佛老之学，重视寺庙建设，却忽视了儒学圣道，并批评寺观林立使得空谈之风盛行，对国家人伦之构建、礼乐文化的传播、民风民俗的改善是有百害而无一利的。尽管自己的理想与统治集团的意志相违背，但他还是一而再再而三地申述、抗争，这体现了一个有责任心的士大夫最光辉、最伟岸的形象。

在如此强烈的请求下，朱熹仍没有获得朝廷的支持，于是他毅然决然地决定凭借一己之力修复白鹿洞书院。第一，他在书院旧址的基础上修建了二十多间屋宇，并拟定建造大成殿和扩大斋舍的相关计划。第二，他动员地方的官署幕僚、有志之士，聚集一切可以联合的力量筹集资金购置学田，从而维持书院的日常运营与生员的开销。第三，他遍求江西诸郡的图书为书院集书、藏书，订四书五经为生员的基本教材，以供在书院的学生阅览、研读。[1]

第四，朱熹亲手拟定《白鹿洞书院揭示》，亦称《白鹿洞书院教规》《白鹿洞书院教条》等，下录其文：

> 父子有亲，君臣有义，夫妇有别，长幼有序，朋友有信。
>
> 右五教之目。尧舜使契为司徒，敬敷五教，即此是也。学者学此而已。而其所以为学之序，亦有五焉，其别如左：
>
> 博学之，审问之，慎思之，明辨之，笃行之。
>
> 右为学之序。学、问、思、辨四者，所以穷理也。若夫笃行之事，则自修身以至于处事接物，亦各有要，其别如左：
>
> 言忠信，行笃敬，惩忿窒欲，迁善改过。
>
> 右修身之要。
>
> 正其义不谋其利，明其道不计其功。
>
> 右处事之要。
>
> 己所不欲，勿施于人；行有不得，反求诸己。
>
> 右接物之要。

总的来说，《白鹿洞书院揭示》（以下简称《揭示》）不仅提出了书院教育的宗旨、目标、内容、方法，更规范了为学的程序、为人、处事、待人、接物等一系列章程，是朱熹融合前代圣贤创办书院的经验与吸取佛禅清规之精华而拟定的。此《揭示》对后世的影响巨大，不仅在当时拓展为南宋书院的统一学规，更是延续至后代，成为元明清历代书院学规的基本范式。

---

[1]《洞学榜》记载："承本路诸司及四方贤士大夫发到书籍收藏，应付学者看读。"

第五，朱熹自任白鹿洞书院"洞主"，亲自升堂讲学，并延请名师学者讲学于书院。在白鹿洞讲学时，朱熹摒弃了支离章句、钻雕文辞等传统经学的教学方式，注重义理精研，道德实践之学。在明辨义理的过程中，朱熹亦抛弃传统的学究式讲授的方法，以启发式、辩论式来贯穿整个讲学过程，注重启发生员思维，直击学生的疑难。依山傍水的清幽环境也让朱熹得以用游

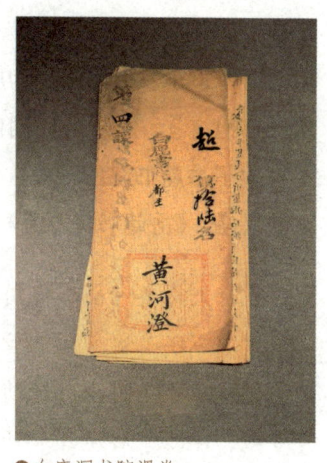

● 白鹿洞书院课卷

学的方式进行讲学，学员常常"每休沐辄一至，诸生质疑问难，诲诱不倦，退则相与徜徉泉石间，竟日乃返"[1]。学生们携疑难而来，乘兴致而归，真可谓沂水春风之理想境界！除此之外，朱熹还延请名师到白鹿洞书院讲学，以开放兼容的态度为书院学生带来更多思想的碰撞。他邀请与自己思想分属二途的陆九渊前来登堂讲学，并据此编写了《白鹿洞书院讲义》；朱熹门人黄干、刘清之、林用中等亦受邀前来讲学。

经由朱熹的不懈努力与倾心打造，白鹿洞书院被修复，且因朱熹致力于讲学而使其重现往日的辉煌与荣光，名声大噪。四方学者闻风而动，慕名而来，聚集于此，或读书，或讲学，或求教，或解惑，这使白鹿洞书院重新成为享誉全国的著名书院。

重现昔日辉煌——修复岳麓书院

前文已述，岳麓书院在乾道元年（1165年）已经刘珙兴复，并邀请张栻担任书院主讲。经由刘珙修复后的岳麓书院已初具

---

[1] 王懋竑. 朱熹年谱 [M]. 何忠礼，点校. 北京：中华书局，1998：95.

规模,张栻《岳麓书院记》记载:"(刘珙)董其事,鸠废材,用余力,未卒岁而屋成。为屋五十楹,大抵悉还旧规。"绍熙五年(1194年),朱熹出任湖南安抚使,知潭州,在原有的基础上扩大了岳麓书院的规模,也正是在朱熹在任期间,岳麓书院重获兴盛。《岳麓书院源流》碑记载:

> 朱晦庵闻南轩得胡氏之学,如长沙访焉,手书忠孝廉节字于堂,论中庸之义弥月,创赫曦台于山顶。……绍熙五年,晦庵安抚湖南,更建书院于爽垲,前列礼殿、泮池,后建百泉轩,堂室约百间,临江建湘西精舍,置田五十倾。聘黎贵臣充讲书执事,别置额外学生,斋屋以处四方游学之士,依州学例,日给米一升四合,钱六十文,学者云集,致千余人,各质所疑,论说不倦,故时谚有云:"道林三百众,书院一千徒",此教化一盛时也。

这是朱熹第二次与岳麓书院产生密切的联系。第一次是受张栻邀约,朱熹携弟子林用中、范念德从千里之遥的武夷山前往长沙拜访张栻,在岳麓书院中进行为期两个月的学术探讨——这便是著名的"朱张会讲",关于此,下文将进行详细论述。在此次讲学中,朱熹在岳麓书院的前堂手写"忠孝廉节"四个大字,并创建赫曦堂。绍熙五年,朱熹任湖南安抚使,是第二次来岳麓书院。在自己的辖地之内,饱含着兴复儒学的未泯之心,朱熹在刘珙重建的基础上,又对书院进行了大规模的改造。在前殿创建礼殿,泮池,后院修建百泉轩,共修葺堂屋一百多间,又依托旧址临江重建湘西精舍,并购置学田五十顷以供书院师生日常开销。有了重修白鹿洞书院的经验,朱熹此次重修岳麓书院显得十分顺利。他还是保持一贯的重视讲学传道的精神,延请名师硕儒到岳麓书院进行讲学布道，还专门为四方前来读书的学子别置住所，每日发放一升四合米，六十文钱，以供日常花销。这样，岳麓书院成为学者云集之所，前来读书、讲学的士人益众，多达千余人。每每面对学生携疑惑而来，朱熹及讲师们都不厌其烦，答疑解惑，论说不倦，使岳麓书院成为教化胜地。可见，岳麓书院在南宋的兴盛有朱熹一份功劳。

朱熹为官湖南，讲学不休，始终怀揣着兴复圣学的热忱与决心。《朱子年谱》记载："先生穷日之力，治郡事甚劳，夜则与诸生讲论，随问而答，略无倦色。"修复岳麓书院后，朱熹白天处理州府郡内的政治事务，晚上则与生徒析理谈道，讲学不辍。在讲学过程中，朱熹对岳麓书院生徒要求十分严格，他强调"切己务实，毋厌卑近而慕高远，恳恻至到"，把以笃学求实为学当成第一要务，既不要好高骛远，更不要轻视学问的细微之处，要用恳切敬畏之心对待学问。正是在这样的规范与热忱下，岳麓书院成为士林讲学的理想之所。

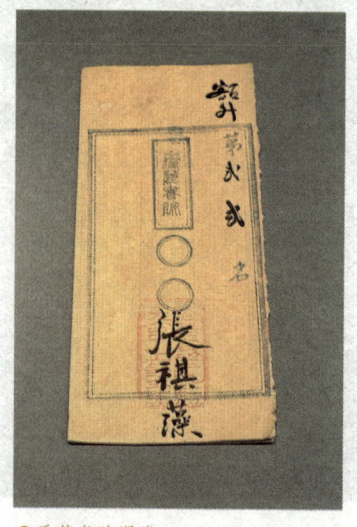

●岳麓书院课卷

"嶽麓書院學規

一 時常省問父母
一 朔望謁恭聖賢
一 氣習各矯偏處
一 舉止整齊嚴肅
一 服食宜從儉素
一 外事毫不可干
一 行坐必依齒序
一 痛戒訐短毀長
一 損友必須拒絕
一 不可閒談廢時
一 日看綱目數頁
一 日講經書三起
一 參讀古文詩賦
一 通曉時務物理
一 會課按刻蚤完
一 讀書必須過筆
一 疑誤定要力爭
一 夜讀仍戒晏起

乾隆戊辰春王文清九溪南手定

● 《岳麓书院学规》碑拓

二、朱张会讲——湖湘学派与闽学的碰撞互益

南宋东南三贤不仅为书院的兴建、修复立下了不世伟功，更通过讲学的方式让书院萦绕着圣学的光环，让著名书院恢复了往日的荣光。与此同时，书院作为传道布学的独特场所，也同样以"反力"的方式裨益于三贤的思想。通过讲学过程中的交相切磋、互为补益、激烈辩驳，理学家们的思想日益成熟，逐渐找寻到了自身学派特有的路径，也让思想在碰撞中互进互益，使得南宋成为继先秦百家争鸣之后又一个充满着理性光辉、思想闪耀的时代！

同气相求　惺惺相惜

朱张会讲在中国理学史上堪称一个重大事件。朱熹与张栻的岳麓书院会讲对双方思想体系的成熟具有重大的意义。上文论及，乾道元年（1165 年）刘珙在修复岳麓书院之后曾邀请朱熹前来讲学，但朱熹由于天气炎热及劝阻者多而只能作罢。两年之后，也就是乾道三年（1167 年），朱熹正式携弟子林用中、范念德从福建武夷山赴湖南长沙，拜访当时湖湘学派的大儒、岳麓书院的主讲张栻，并进行了为期两个月的会讲。[1]朱熹对张栻的学术本就仰慕已久，心生敬仰。黄宗羲《宋元学案·南轩学案》中论及二人的学术时说道：

> 南轩之学，得之五峰。论其所造，大要比五峰更纯粹，盖由其见处高，践履又实也。朱子生平相与切磋得力者，东莱、象山、南轩数人而已。东莱则言其杂，象山则言其禅，惟于南轩，为所佩服，一则曰："敬夫

---

[1] 吴澄《重建岳麓书院记》载："当张子无恙时，朱子自闽来潭，留止两月，相与讲论，阐明千古之秘，骤游岳麓，同跻岳顶而后去。自此之后，岳麓之为书院，非前之岳麓矣。"可知朱张会讲持续了两月之久。

见识，卓然不可及。从游之久，反复开益为多。"一则曰："敬夫学问愈高，所见卓然，议论出人表。近读其语，不觉胸中洒然，诚可叹服。"然南轩非与朱子反复辩难，亦焉取斯哉！第南轩早知持养是本，省察所以成其持养，故力省而功倍。朱子缺却平日一段涵养工夫，至晚年而后悟也。

张栻之学渊源于胡宏，但要纯粹于其师，因为张栻的湖湘之学既见解高妙又切实笃行。从朱熹的角度而言，其生平切磋学术最主要的对象便是吕祖谦、张栻和陆九渊。此三人中，朱熹最为佩服的是张栻，他认为吕祖谦的学问虽承自中原文献的家学渊源，但又失于驳杂；陆九渊主"心即理"学说，在朱熹看来却是近乎禅学。只有张栻的学说让朱熹认为是高远深卓之见，他与张栻交往之后亦能感到开益良多，有醍醐灌顶、胸中洒然之快感。朱熹叹服张栻的学术，一方面与张栻平和温润的学术气质有关，另一方面则与二人共同承自二程"洛学"的学术渊源亦不无关系。[1]张栻的湖湘之学主张持敬涵养，向内省察的工夫；而朱熹的闽学主张以格物工夫而致知。这也是此次朱张会讲中集中辩论的内在核心。由于黄宗羲承自阳明心学一脉，因此其在评朱张学说时用"朱子缺一段涵养工夫"来做评论，亦有其观念倾向。

[1] 据前文材料可得，从学术渊源来看，朱熹的师承关系为：杨时—罗从彦—李侗—朱熹；张栻的师承关系为：杨时—胡宏—张栻。但据真德秀《西山读书记》中记载洛学南传的师承关系为：朱熹：杨时—罗从彦—李侗—朱熹；张栻：谢良佐—胡安国—胡宏—张栻。关于张栻学术源自谢良佐还是杨时，笔者认为此非相互抵牾。其一，杨时与上蔡谢良佐均为程门高弟，其学术并非针锋相对，而是师出同门；其二，在学术传承中师承存在融合交叉的现象，胡宏既师从杨时，又问学谢良佐，因此从本质上来说二人均属洛学传人。

理学盛会　阵容庞大

此次朱张会讲参与之人并非仅是朱熹、张栻二人，这是一场持续时间长、参与人员颇多的理学盛会，而这次盛会也受到了当时的湖南安抚使张孝祥的支持。《城南书院志·改建书院叙》记载："朱子与张南轩先生倡道东南，大辟讲舍，一时从游之士，请业问难至千余人，弦诵之声洋溢衡峰湘水，洵理学中天之会已。"可见当时参与会讲的人员甚众，四方学子解惑问道、切磋学术，一时间，岳麓书院成为读书人弦歌不绝、充溢道学的理想之地。《岳麓书院志》亦载："学徒千余，舆马之众，至饮池水立竭，一时有潇湘洙泗之目焉。""自南轩、晦庵两先贤讲道于斯，四方学者接踵而至，遂名闻天下。"朱张会讲的恢宏场面可见一斑，与当时朱熹、张栻的声名远播也大为相关。不仅学者重视，当时作为地方官员的张孝祥更是给予了大力支持，修筑敬简堂，为张栻、朱熹提供讲学之所。关于此次会讲，朱熹在进行到半月的时候曾发出过感慨：

> 熹此月八日抵长沙，今半月矣。荷敬夫（张栻）爱予甚笃，相与讲明其所未闻，日有问学之益，至幸至幸。敬夫学问愈高，所见卓然，议论出人意表，近读其《语》说，不觉胸中洒然，诚可叹服。岳麓学者渐多，其间亦有气质醇粹，志趣确实者，只是未知向方，往往骋空言而远实理……长沙使君（张孝祥）豪爽俊迈，今之奇士，但喜于立异，不肯入于道德，可惜。[1]

可见，此次会讲给朱熹带来了相当愉悦的内心体验，与张栻切磋学术也十分融洽。对于远道而来的学问贵客，张栻也颇

---

[1] 朱熹. 与曹晋叔书 [M]// 郭齐, 尹波, 点校. 朱熹集. 成都：四川教育出版社, 1996：1027.

尽地主之谊，相与讲明朱熹所不曾闻的观点，让朱熹感到进益颇多。对于岳麓书院聚集的学者，朱熹也感到相当的震撼，在张栻主持的岳麓书院中，学者们能够齐聚一堂，专探理事。其中有气质纯粹志趣相投的士人，又有驰骋空言、有失笃实的学子，还有致力于标新立异，远乎道德之人……但无论如何，这场盛会反映出来的是岳麓书院掀起的一场圣学探讨之风，这正是朱熹所希望看到的场景，也是他力排佛老，恢复儒学正统的理想之貌！此次岳麓书院的会讲给朱熹恢复圣学带来了强烈的希望，使其燃起通过书院恢复儒学正统的强烈意志！这或许也是他后面不顾朝廷反对，力排众议修复白鹿洞书院、规范岳麓书院的契机。

涵养与察识之辩

对于朱熹与张栻来说，此次"朱张会讲"对朱熹、张栻各自思想体系的构建有着重大的意义。在这次会讲中，闽学与湖湘学者直面的核心问题便是为学路径的不同，即涵养与察识之辩。以朱熹为代表的闽派学者主张为学贵在"涵养"本心，培育根本，从未萌未发处下功夫，这样"已发"便能不离正确的方向。湖湘学派则认为，学问之要在于"察识"，从实实在在的已发处着手，回溯本心之性。

朱熹在《知言疑义》中说："圣门之教，详于持养而略于体察……夫必欲因苗裔而识本根，孰若培其本根而听其枝叶之自茂耶！"朱熹认为，为学之要在于"涵养"内心，即持养本心，本心培育得茂盛且丰富，那么发源自根本的枝叶便任其恣肆生长，始终不逃离根本的框定。

面对这样学术路径的争辩，张栻并非避而不谈，而是直接与朱熹讲明为学贵在"省察"工夫的修炼，他在《诗送元晦尊兄》一诗中明确提出："妙质贵强矫，精微更穷搜。毫厘有弗察，体用岂周流。驱车万里道,中途可停辀。勉哉共无斁,邈矣追前修。"

张栻认为,探寻本真之性,贵在从已发之处"强矫",从精微之处"穷搜"。"强矫"即纠谬、改正;"穷搜"即体察、搜寻。好比内心萌生了不正之念,人们需要正视不正之念的谬误,并循着改正后的"正念"向内探寻;从事物的精微、细致处穷究搜寻事物之理,这样才能获得本真之性。当时参加会讲的湖湘学者吴翌(字晦叔)曾以书信的方式与张栻特意探讨过这一为学路径的问题,他谈道:

> 如《孟子》云凡有四端于我者,知皆扩而充之,岂可欲救一时之偏胜而自堕于一偏?并令人不知有"仁"字而为学乎?岂非略于省察之过乎?若使人敬以致知,不妨其为是也。若不令省察苗裔,便令培壅根本,夫苗裔之萌且未能知,而遽将孰为根本而培壅哉?此亦何异闭目坐禅,未见良心之发,便敢自谓我已见性者。

吴翌从孟子的"四端说"出发,认为从先贤孟子开始便十分重视"省察"之功。修习学问的根本在于"仁",而只有通过"省察"的方式才能溯源到本性之知。就好比树木的根与叶一般,如果不从枝叶省察回溯到根本,只是一味地致力于培育根本,那样枝叶已萌之处尚未清晰,便急于从根源去探求,那么势必将无法进入本性之根。在湖湘学者看来,由"根本"寻"苗裔"的为学方法近乎禅之空谈。为学之要应该在已发之处省察用力,方能见本质之性。

通过会讲辩论与思想碰撞,以朱熹、张栻为代表的闽派与湖湘学派互相吸取了对方的观点。临别之际,朱熹作《二诗奉酬敬夫赠言并以为别》一诗,下录其二曰:

> 昔我抱冰炭，从君识乾坤。始知太极蕴，要眇难名论。
> 谓有宁有迹，谓无复何存。惟应酬酢处，特达见本根。
> 万化自此流，千圣同兹源。旷然远莫御，惕若初不烦。
> 云何学力微，未胜物欲昏。涓涓始欲达，已被黄流吞。
> 岂知一寸胶，救此千丈浑。勉哉共无斁，此语期相敦。

这首诗一方面表达了朱熹与张栻在本次会讲中结下的真挚而深厚的友谊，流露出了深深的惺惺相惜与不舍之情。另一方面，从"惟应酬酢处，特达见本根"可以看出，朱熹对张栻倡导的"察识"论有了一定的接受，承认体察细微之处是涵养根本的一种有效途径；但对此他亦提出了疑问，诗中"云何学力微，未胜物欲昏。涓涓始欲达，已被黄流吞"两句则提出了坚持自身"涵养"之学的根本立场。如果从学者的学养功力衰微，没有战胜已发之物欲，那么从已发的涓涓细流探求根本便如同镜中花，水中月，终究不能抵达根本。

"观过知仁"之辩

朱熹与张栻围绕着"涵养""察识"之辩亦衍生出具体、细致的子辩题，如两派关于"仁论"的探讨，《朱子语类》记载："问：先生旧与反覆南轩论仁，后来毕竟合否？曰：亦有一二处未合。敬夫说本出胡氏，胡氏之说惟敬夫独得之，其余门人皆不晓，但云当守师之说。向来往长沙，正与敬夫辩此。"通过辩论，两派关于"仁"的探讨仍未达成一致，还存在一些不合之处。当时湖湘学者彪居正带着吴翌、胡大原的书信直接面呈朱熹，从《论语》中的"观过知仁"出发来论证要通过省察己过来回溯心体本原。朱熹对此观点不予赞同，关于这一点可以从其后期所作的《观过说》一文中窥见一斑，他说：

> 若谓观己过，窃尝试之，尤觉未稳。盖必俟有过

而后观,则过恶已形,观之无及,久自悔咎,乃是反为心害而非所以养心。若曰不俟有过而预观平日所偏,则此心廓然本无一事,却不直下栽培涵养,乃豫求偏处而注心观之,圣人平日教人养心求仁之术,似亦不如此之支离也。

关于直面自己之过,朱熹曾亲身试过。但他认为以这种方式寻求本心存在不小的问题。一般来说,当自己犯错之后再去反思已经为时已晚。错误已经形成了,再去省察也追悔莫及,久而久之便让自己的心生出愧疚与懊悔,不仅不利于涵养本心,反而还会有害于身心二端。但如果"己过"还没有发出与形成,通过日常的涵养之功将其扼杀于未萌之中,那么将会很好地避免犯下过错,这不就是闽派所倡导的"涵养"之功吗?直接从内心根本入手,在自己日常所容易行差踏错、行偏走岔的地方留心,防患于未然,方为圣人"养心求人"的正途。

从上述"观过知仁"之辩中,不难看出,在历经"朱张会讲"的学术探讨后,双方的学术体系正在悄然发生着变化。朱熹赴岳麓书院之前秉持"涵养"之功,但历经会讲的交流,逐渐变成了先"涵养"后"察识";而湖湘学者也在潜移默化中接受了朱子的思想,将湖湘学派的理学体系整合为先"察识"后"涵养"。朱熹在参加会讲之前本秉持着学术归一的态度而来,而非出于派系倾轧、党同伐异。正如《朱子行状》所载:"南轩张公,东莱吕公同出其时,先生以其志同道合,乐之与友。至或见识少异,亦必讲磨辩难,以一其归。"志同道合、惺惺相惜,在交友中探讨学问,相与讲明,辩难解惑,这是此次朱张会讲最大的意义,也是学术交流不持门户之见,兼容并包的意义所在。

通过朱张会讲,不仅双方学术体系互益共进,更振奋了当时的学风。朱熹、张栻依托书院讲学掀起了一阵理学的狂潮，士风大振，这在当时朝廷重佛老的环境下是一种极大的突破。读书人终于又在书院中找到了精神的安息与思想的力量。正如李棠《重修惜阴书院记》载：

> 惟时晦庵、南轩讲学于岳麓、城南两书院间，士子振振往以千数，时称潭州为邹鲁。教化大行，四方则之，人才辈出。出为名臣处者，表式乡间。士至今尚节义，重名检，有以风动之也。而南轩为记，指示人心扩充之端，所以为学之方，昭然具在。

潭州在当时被誉为"邹鲁"之地，数千士子纷纷前往岳麓、城南书院参与讲学，于是湖南成了教化大兴之地，人才辈出。一代士风由此一振，士人不再是蝇营狗苟、追名逐利，而是重拾崇尚节义、推重名检的道德精神。张栻《潭州重修岳麓书院记》亦说道：

> 已而与多士言曰："侯之为是举也，岂特使子群居族谈，但为决科利禄计夫？亦岂使子习为言语文辞之工而已乎？盖欲成就人材，以传道而济斯民也。"惟民之生，厥有常性，而不能以自达，故有赖于圣贤者出。三代导人，教学为本，人伦明，小民亲，而王道行。

读书人齐聚岳麓书院不再是以追逐功名利禄为目的，也并非以钻营文辞章句、训诂方物为意图，而是以"传斯道，济斯民"为己任，肩负起士人本应担起的责任。书院与讲学也不单单是以培养读书人为宗旨，更重要的是要醇化民风，以读书、讲学、教育的方式教化人民。由此观之，书院与讲学的意义早已超越修身之一隅，奔向了以道德济天下的恢宏之功！

三、鹅湖之会——朱陆异同的"理、心之辩"

东南三贤与书院讲学的交集还有一个重大的事件,即"鹅湖之会"。鹅湖书院位于江西上饶鹅湖镇的鹅湖山麓,是江西四大书院之一。鹅湖书院的左侧是鹅湖塔,右侧是鹅湖寺,溪山环绕,清幽秀雅。当年吕祖谦到寒泉精舍拜访朱熹,并进行学问交流。当吕祖谦返回家乡时,便特意为前来送行的朱熹与陆九渊主持了一场私人学术交锋,也就是著名的"鹅湖之会"。在当时,陆九渊作为南宋心学的代表,朱熹则为理学的集大成者。朱熹在《书〈近思录〉后》载:

> 淳熙乙未之夏,东莱吕伯恭来自东阳,过予寒泉精舍,留止旬日。相与读周子、程子、张子之书,叹其广大闳博,若无津涯。[1]

淳熙二年的夏天,吕祖谦从浙江东阳前来福建拜访朱熹,朱熹便把吕祖谦邀请到寒泉精舍并留了四十多天[2],二人共同研读周敦颐、二程、张载的性理之书,并且将交流心得与重要章句编汇成了《近思录》一书。朱吕二人在这次"寒泉研读"中收获颇丰,朱熹也由此感到理学道义的精深广博,知也无涯。研读完成后,吕祖谦要返乡回东阳,《象山年谱》记载:

> 淳熙二年乙未,吕伯恭约先生与季兄复斋会朱元晦诸公于信之鹅湖寺。……朱亨道书云:鹅湖讲道,诚当今盛事,伯恭盖虑朱与陆犹有异同,欲令归于一,

---

[1] 朱熹,吕祖谦. 近思录 [M]. 邵逝夫,译注. 上海:上海古籍出版社,2023:3.

[2] 吕祖谦《答邢邦用书》载:某自春末为建宁之行,与朱元晦相聚四十余日,复同至鹅湖。

而定其所适从。……临川赵守景明,邀刘子澄、赵景昭。景昭在临安,与先生相款,亦有意于学。

挚友离去,必来相送。吕祖谦被朱熹送行至江西信州的鹅湖寺时,便安排了当时江西抚州的心学大家陆九渊与陆九龄两兄弟与朱熹进行讲学谈道。据材料所载,吕祖谦组织此次鹅湖之会的初衷是因二人"论有异同",于是"欲令归一",意在通过这种会讲交流的方式调和朱陆思想中的分歧。从学术根源来讲,二人都是以儒家思想为宗,以阐释义理为主要方向,而非拘泥于章句辞章。但从学术路径上来看,二者的学问有着很大的不同,这也是后世"理学"与"心学"长期对峙的开始。相比于朱张会讲,鹅湖之会的规模并没有那么大,严格意义上来讲是一次私人性质的学术交流。当时参与、旁听的也仅有朱亨道、赵景明、刘子澄、赵景昭及朱陆门徒等二十余人。在此次辩会中,吕祖谦全程未参与观点交锋,而是以主持者的身份置身其中。关于其对此次"鹅湖之会"的感受,他在后来写给陈亮的信中提到:

某留建宁,凡两月余,复同朱元晦至鹅湖,与二陆及刘子澄诸公相聚切磋,甚觉有益。元晦英迈刚明,而工夫就实入细,殊未可量。子静亦坚实有力,但欠开阔耳。[1]

置身思想的碰撞之中,吕祖谦认为颇有益处。他认为朱熹英气豪迈,刚健明朗,博通海纳,为学工夫长于细致翔实;陆九渊学术体系构建得根柢牢固,坚实有力,但却有失疏阔。着

---

[1] 吕祖谦. 答陈同甫书 [M] // 陈亮. 陈亮集. 北京:中华书局,1987:189-190.

眼于朱陆二人的学术，不得不说吕祖谦的观感与评价很好地切中了要害，但他在批评陆九渊有失疏阔、固守己见的问题之时并没有指出朱学"支离"之病，可见吕祖谦对朱熹的偏向十分明显，或许是因为吕、张二人同为理学大儒的缘故。

鹅湖之会的激烈实况

与朱张会讲温润化雨的风格不同，鹅湖之会可谓是一场十分激烈的辩论，充满着思想与思想的激烈交锋。在去往鹅湖之前，陆九渊、陆九龄兄弟就"陆学"先进行了一次思想的统一，在会讲之前做了充足的准备。《象山语录》记载：

> 吕伯恭为鹅湖之集，先兄复斋谓某曰：伯恭约元晦为此集，正为学术异同。某兄弟先自不同，何以望鹅湖之同？先兄遂与某议论致辩，又令某自说，至晚罢。先兄云：子静之说是。次早，某请先兄说，先兄云：某无说。夜来思之，子静之说极是。方得一诗云：孩提知爱长知钦，古圣相传只此心。大抵有基方筑室，未闻无址忽成岑。留情传注翻榛塞，著意精微转陆沉。珍重友朋相琢切，须知至乐在于今。某云：诗甚佳，但第二句微有未安。先兄云：说得恁地，又道未安，更要如何？某云：不妨一面起行，某沿途却和此诗。

复斋即陆九龄，是陆九渊的兄长。陆九龄对弟弟说：吕祖谦组织此次集会，正是因为其学问与吾辈殊途，我们兄弟要先统一思想，然后才能期望在鹅湖之会上与朱子殊途同归。可以看出，陆九龄、陆九渊在赴会之前也是抱着学术统一的大旨而非门户之见而去的。在两兄弟的思想交流中，陆九龄接受陆九渊的思想，并一边诗歌唱和一边赴往鹅湖。到了鹅湖之后，双方就先前陆氏兄弟的唱和诗展开了辩论，《象山语录》曾对这一场面有过具体的描述：

> 及至鹅湖，伯恭首问先兄别后新功，先兄举诗才四句，元晦顾伯恭曰：子寿早已上子静船了也。举诗罢，遂致辩于先兄。某云，某途中和得家兄此诗：墟墓兴衰宗庙钦，斯人千古不磨心。涓流滴到沧溟水，拳石崇成泰华岑。易简工夫终久大，支离事业竟浮沉。举诗至此，元晦失色。至末二句云：欲知自下升高处，真伪先须辨只今。元晦大不怿。于是各休息。翌日，二公商量数十折议论来，莫不悉破其说。继日凡致辩，其说随屈。伯恭甚有虚心相听之意，竟为元晦所尼。

到了鹅湖之后，吕祖谦问陆九龄近日学问功力是否有新体会。于是陆九龄便吟诵来鹅湖之前与陆九渊的唱和诗。刚读了四句，朱熹便忍不住回头诉与吕祖谦："九龄已经完全上了陆九渊的学说之'船'。"诗读罢，朱熹便对自己不解之处与二人展开辩驳。陆九渊回应道："在来的途中，我与家兄作了一首诗。"诗的大意为：自古以来，圣贤之学都旨在心传。做学问的工夫以"简易"为大，流于支离之学只能为学问的末流。很显然，陆九渊在批评朱熹"格物"之学的支离之弊，于是朱熹神色大变。最后，陆九渊又说道：要想判别学问的高下，一定要先辨别真伪。朱熹就更加不高兴了，于是便各自回住所休息。第二天，朱熹与陆九渊来回辩驳了数十次，直面与针砭两派学问的抵牾处。从陆九渊的《象山语录》记载来看，他每次都能切中朱熹的要害，而吕祖谦对此不发表评论，只是虚心相听，最后似乎赞同朱熹的学术路径。总的来说，两派在为学路径上持以迥异的态度，《象山年谱》记载：

> 鹅湖之会，论及教人。元晦之意，欲令人泛观博览而后归之约。二陆之意，欲先发明人之本心而后使之博览。朱以陆之教人为太简，陆以朱之教人为支离，此颇不合。先生更欲与元晦辩，以为尧舜之前何书可读？复斋止之。

在为学路径上，朱熹主张学人要先博览群书，然后再提炼简易之道，即先"博"后"约"，用现在的学习方法来说就是"先把书读厚，再把书读薄"。陆九渊兄弟则认为，为学最重要的就是先明心知性，心之根柢立住，才能以正确之意博览群书，即先"立根"后"枝叶"。朱熹批评二陆的学问太过于空谈简易，而二陆攻击朱熹的方法太过于细碎支离。这是两派在为学方法上矛盾的聚焦处。历时三日的鹅湖之会最终也未能像吕祖谦所期盼的那样调和朱陆矛盾，而是使二派的分歧越来越大，最后走向了"理学"与"心学"的殊途。

思想争论点之心与理的关系

从内在思想来看，朱熹与陆九渊争论的焦点首先在于心与理的关系。朱熹主张"性即理"，也就是心外之理才是天地间最高的本体。朱熹曾在《朱子语类》中明确表示反对陆九渊的"向内排外"的思想，其云："圣贤之教，无内外本末上下。今陆子静却要理会内，不管外面，却无此理。"事实上，朱熹的思想较之陆九渊要更为兼容广博，他甚至不排斥向内求，只是反对只顾内求，排斥外求的"偏执"想法。陆九渊崇尚"心即理"，也就是世间万物之理俱在"心"中，没有心便没有理可言。他曾在文集中多次提到这种观点，如其在《杂说》中说道："四方上下曰宇，往古来今曰宙。宇宙便是吾心，吾心即是宇宙。""宇宙内事，是己分内事；已分内事，是宇宙内事。"这就表明，陆九渊将"心"与"理"完全统一起来，认为吾心即宇宙，宇宙即吾心。如果没有内心的"灵明感应"，那么便无所谓感知万物。从当下哲学体系来看，朱熹的本体论属于"客观唯心"，而陆九渊则属于"主观唯心"的范畴，二者对于世界本原的认识差异势必会引发为学方法的迥乎不同。

思想争论点之穷理工夫

从穷理工夫（为学方法）的角度来看，由于二人对最高本体的认识有差异，因此二派在为学方法上也表现出了相关的连锁差异。关于这一点，黄宗羲在《宋元学案》中做过十分精辟的总结，他说：

> 先生之学以尊德性为宗，谓"先立乎其大，而后天之所以与我者不为小者所夺。夫苟本体不明而徒致功于外索，是无源之水也"。同时紫阳之学则以道问学为主，谓"格物穷理乃吾人入圣之阶梯。夫苟信心自是而惟从事于覃思，是师心自用也"。

黄宗羲总结道：陆九渊的学问以"尊德性"为宗，主张先"立大"，立心之根本，随后已发之"小"便不能强行改变根本的方向。就如同源头活水一般，必须要"活源"才能细水长流。如果一开始不培育根本，而是致力于细枝末节，那么只能是徒劳之功，并不能从根本上彰明本体。这便是"尊德性"的为学方法。而朱熹则主张"道问学"，要从广博的世界万物出发，探寻事事物物之理，再将所悟的事物之理融会内化为本心之理。如果不去着力于具体事物的实践，而是单纯、一味地向心内求，无视外在，那么这样的为学方法便会流于空谈空思，有师心自用之弊端。可以说，黄宗羲对二者在穷理工夫上的主张概括得甚为精到。鹅湖之会后，二人也时常对对方的观点进行激烈的批驳，也正是这样的学术论争引起了海内学者的求学论争，也铸就了南宋理学的繁盛之貌。

总之，东南三贤在南宋理学发展史上可谓功不可没。他们与书院结缘，修葺、构筑书院，并以书院为契机进行讲学活动，一方面造就了南宋书院的繁荣发展之况；另一方面也依托书院实现了理学体系的成熟与理学的繁盛，在南宋迎来了儒学的中兴。朱张会讲与鹅湖之会这两次著名的会讲也带动了南宋士人对理学的关注与探讨，这正是朱熹理想中的思想繁盛之貌！

第五节　南吴北许与元代讲学

元代在中国书院史上是一个特殊的时期。南宋因理学而蓬勃兴盛的书院到了元代成为南宋遗民心灵与身体的栖息之所，而元朝统治者积极的书院政策也让书院在元代迎来了一次新的发展契机。关于这一点，前章已有详尽的论述。立足于儒学发展史，自南宋中兴的宋代理学到了元代也随着书院、讲学的勃兴而得以顺利推广与传播。元人揭傒斯在吴澄《神道碑》中概括道："皇元受命，天降真儒；北有许衡，南有吴澄。"在元代理学的推进过程中，南吴北许便成了代表性的人物。二人同处于宋元易代之际，许衡在朝廷中极力推崇程朱理学，使程朱理学得以从南方传入北方并确立了官方正统学说的地位，从而基本确定了官方学校及地方书院以程朱理学为核心的教学内容；吴澄虽也在半推半就中有过四年仕元的经历，但其更多的是倾尽一生结庐于野，在草庐精舍中讲学授徒，调和朱陆，致力于学术的纯粹与理学的传承。尽管在理学北传与在野讲学中有着多位先贤的身影，但许衡与吴澄二先生实为在朝与在野的代表，共同完成了理学由南宋到元代的平稳过渡。

许衡与理学北传

元代是中国历史上第一个由少数民族建立并统治的大一统政权。在整个元代学术史上,"理学北传"是一个重大的事件。理学蓬勃繁盛于南宋时代,而南宋政权的偏安南方使得圣学真传朱子理学因政权的南北阻隔而无法传入北方。包鹭宾《经学通义初稿》认为:

> 宋代经学,集大成于朱子。自宝庆而后,朱学盛行,凡治经者,莫不崇尚朱说。惟其时宋室偏安,南北道断,载籍不能相通。北人虽知有朱夫子,未能尽见其书也。及元兵下江汉,姚枢奉命即军中求儒士,得赵复以归。复以所记程朱所著诸经传注,尽录以付枢。自复至燕,学子从者百余人。

《元史·儒学传》记载:

> (元世祖)乃与枢谋建太极书院,立周子祠,以二程张杨游朱六君子配食……请复讲授其中……作《传道图》,而以书目条列于后,别著《伊洛发挥》以标其宗旨。朱子门人散在四方,则以见诸登载与得诸传闻者,共五十有三人,作《师友图》,以寓私淑之志。……枢既退隐苏门,乃即复传其学,由是许衡、郝经、刘因皆得其书而尊信之。北方知有程朱之学,自复始。

自宋理宗宝庆年间之后,朱子理学基本上已确立了官方正统学术的地位。南方读书人但凡致力于义理钻研的,无不崇尚朱子理学,而南北隔绝致使典籍、学说无法传及北方,尽管有些视野开阔的读书人知道朱夫子的大名却也无法得其学说。到了蒙宋对峙的混乱时代,金末元初的理学家姚枢从南宋俘虏中得到了大儒赵复,并礼遇之。赵复北上之后,将其毕生尽得的程朱著作的学术领悟全部录写下来,并交付给姚枢。如饥似渴的北方学人见到了程朱理学的真传,竞相从师学习,于是元世祖忽必烈便与姚枢共同建立"太极书院",设立周敦颐祠和程颢、程颐、张载、杨时、游酢、朱熹六君子祠,并延请赵复讲学其中,明理学谱系,传播伊洛之学。姚枢隐退苏门山之后,令赵复继续传播程朱理学,并培养了许衡、郝经、刘因三位高徒传承其学,可以说,理学北传的过程中,赵复是第一人;太极书院是第一所以传播程朱理学为要旨而建立的书院。

在赵复的诸多弟子中,最著名的当属许衡。许衡(1209—1281),字仲平,号鲁斋,河南沁阳人。在朱子理学传入北方之前,由于学术条件的有限及师资力量的相差甚远,许衡早年的学问基本上以章句辞章为主。1242年,许衡听闻赵复在苏门山隐居并在身体力行讲授伊洛之学,于是便立即前往苏门山访学于赵复,《元朝名臣事略》卷八之三记载:

> 壬寅,雪斋隐苏门,传伊洛之学于南士赵仁甫,先生即诣苏门访求之,得伊川《易传》,晦庵论、孟集注,《中庸大学章句》《或问》《小学》等书,读之,深有默契于中,遂一一手写以还。聚学者谓之曰:"昔所授受,殊孟浪也。今始闻进学之序,若必欲相从,当悉弃前日所学章句之习,从事于《小学》,洒扫应对,以为进德之基。不然,当求他师。

在求学于赵复期间,许衡得到了程颐所著《易传》、朱熹所著《论语集注》《孟子集注》《中庸大学章句》《或问》《小学》等书,读罢便深感内心与圣贤深入契合,如获至宝,爱不释手,并一一抄录。当其齐聚弟子时说道:"从前我所学习与讲授的学问简直是鲁莽轻率至极！如今得到的程朱理学才是圣学真传，如若想要学问更有进益应该完全抛弃从前的句读、辞章之陋习，从事于《小学》。若非如此，便不必从师于我。"其门人也认为老师的教诲十分恳切，于是便将以前的书籍尽数焚毁，更新学问，彻底从《小学》开始学起：

> 遂悉取向来简帙焚之，使无大小，皆自《小学》入。先生亦旦夕精诵不辍，笃志力行，以身先之，虽隆冬盛暑不废也。诸生出入，惴栗惟谨。客至，则欢然延接，使之恻然动念，渐濡善意而后出。

可以说，许衡是理学北传后的忠实信仰者，他日夜研读，精研义理，身体力行，就算是隆冬盛暑都不移其对程朱学说的求知若渴。不仅如此，他还完全以程朱之学作为讲学教授的内容，培养道德品质优良的门人生徒，践行着洒扫应对、进退有节的道德之教，在自己的能力范围内继续着理学在北方传播的事业。许衡之所以如此积极地传播理学，其中很大程度上得益于理学带给他精神上无尽的满足与愉悦。《元朝名臣事略》卷八之三亦载曰：

> 己酉，先生年四十一，自得伊洛之学，冰释理顺，美如刍豢。尝谓："终夜以思，不知手之舞足之蹈。"是岁，有读《易》，私言先生于《书》于《易》尤多致力。然每学者请问，则必使之从事于《小学》，卒未尝以此语之也。

又过了7年（己酉即1249年），经过刻苦精研学问，许衡突然觉得自己在思想上打通了脉络，茅塞顿开，就好像冰层消融一般理路通顺，所有的疑团都开解，读伊洛之学便如同食美味之肉一般，读罢口齿留余香。在日日夜夜的思考中，如若开悟便不觉手舞足蹈,这正是圣贤之学带来的精神上莫大的愉悦与快乐!

赵复是理学北传的第一人,而许衡却是在北方传播理学的最重要的代表。《宋元学案》卷九十《鲁斋学案》记载:

> 自石晋燕、云十六州之割,北方之为异域也久矣,虽有宋诸儒叠出,声教不通。自赵江汉以南冠之囚,吾道入北,而姚枢、窦默、许衡、刘因之徒,得闻程、朱之学以广其传,由是北方之学郁起,如吴澄之经学,姚燧之文学,指不胜屈,皆彬彬郁郁矣。

赵复所传入的程朱理学在姚枢、窦默、许衡、刘因等人的研习与传播下,造就了朱子理学在北方的繁盛,于是北方学术蔚然渐起,成为能与南方学术相抗衡的强大力量。

虽然刘因、郝经和许衡均为赵复北传理学的高徒,但许衡的贡献之一还在于其推动了程朱理学在官方的正统地位的确立。元朝建立之后,许衡应召为集贤大学士兼国子祭酒,这个职位相当于辅佐皇帝的高级秘书与教育部长一职。他直接受命于元世祖忽必烈,在中央推行汉化政策,辅助皇帝在全国范围内创办官方学校、推行普及朱子理学教育。许衡不仅自己授徒讲学,传播理学,更凭借自身的政治力量推动朱子理学成为元代的官方正统学说,最终达到了"海内家蓄朱子之书,人习圣贤之学"[1]"穷徼绝域,中州万里之内外,悉家有其书"[2]这样的普及程度,使程朱理学成为家喻户晓的圣学之说。在许衡的努力下,元代书院的教学内容也被朱子理学所充斥,一定程度上是以许衡为代表的中坚力量左右了元代书院的教学内容,虞集

---

[1] 题晦庵先生行状后 [M]// 苏天爵. 滋溪文稿. 北京:中华书局,1997:509.

[2] 庆元路鄞县学记 [M]// 袁桷. 袁桷集校注. 北京:中华书局,2012:933.

《考亭书院重建朱文公祠堂记》中有过这样的描述：

> 国家提封之广，前代所无，而自京师通都大府至于海表穷乡下邑，莫不建学立师，授圣贤之书以教乎其人。群经四书之说，自朱子折衷论定，学者传之，我国家尊信其学，而讲诵授受必以是为则，而天下之学皆朱子之书。书之所行，教之所行也；教之所行，道之所行也。今郡县学官之外用前代四书院之制，别立书院以居学者，因朱子而作者最多。

元代统治者对书院一直保持着积极的政策，从中央到地方，从中心城市到穷僻山野，无一不设学校、书院，将程朱理学作为教学准的。也就是说，无论是官方学校还是私人书院，元代形成了一种"皆学朱子之书"的蔚然风气。虽然许衡并没有致力于书院的授徒讲学，但其在更大的程度上确立了元代书院的理学规范，做出了另一层面的重大贡献。

从学术的创新意义上来讲，许衡的建树并没有那么大，其主要的功绩在于凭借一己之力推动了理学在北方的传播。薛瑄曾对此评价道：

> 许鲁斋在后学固莫能窥测。窃尝思之，盖真知实践者也。
>
> 许鲁斋力行之意多，不力行，只是学人说话。
>
> 许鲁斋专以《小学》《四书》为修己教人之法，不尚文辞，务敦实行，是则继朱子之统者，鲁斋也。

正如薛瑄的评语中说的那样，许衡对元代理学的贡献更多的在于外部的实践之功，而非义理之创。他自己的讲学也专门以《小学》《四书》作为修身、教人的法则，在义理上实则没有太大的发挥。全祖望在《宋元学案》卷九〇《鲁斋学案》中亦评道:"文正兴绝学于北方,其功不可泯,而生平所造诣,则仅在善人有恒之间,读其集可见也,故数传而易衰。"[1]

许衡平生的学问造诣更多的是"仅在善人有恒之间",在对程朱义理没有创新性体悟与发挥的情况下,他的学问在北方理学的发展中势必会逐渐没落。这也是许衡在理学之传中的局限与弊病所在,但也不应因此埋没其在兴理学于北方中的不泯之功。

吴澄与南方讲学

吴澄(1249—1333),字幼清,晚年自号伯清,抚州崇仁(今属江西)人,世称"草庐先生"。吴澄可谓是一位高寿的理学家,在其85年的生命历程中,有27年是在南宋末年度过,其后接近60年的时间是生活在元代的南方。与许衡仕元的政治道路不同,吴澄前后"心不甘情不愿"的仕元生涯总共不超过4年,其绝大部分的时间都在讲学著述,精研义理。他在家乡筑"草庐"数间进行讲学活动,也往来于各地书院进行讲学活动。吴澄致力于"和会朱陆",并在融合朱陆中有所发挥,门徒众多,其学派被后人称为"草庐学派"。

吴澄的讲学之所遍及全国。咸淳六年(1270年),吴澄在临汝书院讲学,也正是在此地的学习过程使其步入了朱子理学之门。可以说,在临汝书院的讲学时光是吴澄一生中十分美好的回忆。其所作《送临汝书院山长黄孟安序》中叙述道:

> 余昔游处其中,有宿儒揭领于上,有时彦曳裾于下,肩相摩,踵相接,而谈道义、论文章者彬彬也。昼之来集者如市,夜之留止者如家。

---

[1] 黄宗羲,全祖望. 宋元学案[M]. 陈金生,梁运华,点校. 北京:中华书局,1986:3003.

前来临汝书院的儒生学子们昼夜不停，就算在夜里也聚若集市，宿之如家。吴澄与这些儒生学子们朝夕相处，宿儒大师们在堂上辩论不休，优秀的贤人们在堂下唇枪舌剑，听者摩肩接踵，只为单纯地谈道论义。这样的场面深深地吸引了吴澄，也是其一生致力于讲学的启蒙之始。

在临汝书院的讲学过程中，吴澄结识了一生的挚友程钜夫，还因与黄震相友而奠定了其一生的学术志趣。从黄震《临汝书院朱文公祠》一文中可以看出，在临汝书院传播朱子理学这一经历对吴澄学术倾向的影响，下录其文曰：

> 乃今临汝实陆先生之乡，而临汝多士，乃崇先生之祠，以讲先生之学。岂惟此邦之士。所以虚心讲学者，无一毫先入之私，亦足见此道之传。

黄震所言"先生"即朱熹。江西抚州乃是心学大儒陆九渊的家乡，然而抚州有诸多士人都崇尚朱熹，以讲朱子理学为宗。这种情况并非存在于临汝一地，多地都是如此。黄震作为抚州知州，在临汝书院祭祠之时聚川人而告之曰：这种从学之士才做到了摒弃门户之见，毫无先入为主的偏私，这才是虚心求道的正确态度。毋庸置疑，这样的思想影响到了吴澄。临汝书院同尊朱陆的精神与学风致使他确立了"兼修朱陆"的学术倾向，构建了"和会朱陆"的为学旨趣。在其未仕的时光中，吴澄先后到多所书院进行讲学。咸淳十年（1274年），吴澄在抚州乐安县授徒讲学；大德七年（1303年）到扬州留郡讲学。大德十年（1306年）他又回到江西，在袁州讲学。

延祐六年（1319年），吴澄在江州濂溪书院进行讲学。虞集《吴澄行状》中记载："游先生之门，南北之士，前后无虑千百人。"由此可知，吴澄讲学之处所聚学者众多。

吴澄无论是乡居讲学还是入仕讲学，之所以有众多的跟随者，一方面缘其对宋代理学要旨的精深体悟，另一方面也因其温润化雨、诲人不倦的为师气度。《吴澄行状》记载：

> 翰林学士吴澄，心正而量远，气充而神和，博考于事物之赜，而达乎圣贤之蕴，致察于践履之微，而极乎神化之妙。正学真传，深造自得，实与末俗盗名欺世者霄壤不同。

吴澄内心中正平和，气量宏远，秉承朱熹博学而审约的为学之法探寻事物精微的奥义，又承继陆学尊德性的根柢之学，融会朱陆二家，不避门户，在深刻体悟中有所获得。这样宏远的眼光与高妙的领悟实与欺世盗名的狭隘之徒不同。关于其为师气度，《吴澄行状》亦云：

> 于是六馆诸生知所趋向。先生旦秉烛堂上，诸生以次授业。昼退堂后寓舍，则执经者随而请问。先生恳恳循循，其言明白痛切，因其才质之高下，闻见之浅深，而开导诱掖之，使其刻意研穷，以究乎精微之蕴，反身克治，以践乎进修之实。讲论不倦，每至夜分，寒暑不废，于是一时游观之彦，虽不列在弟子员者，亦皆有所观感而兴起矣。

中国儒学能历经千年而不衰，其中一个重要的原因便是千年师承。由于思想的精深广博，儒学有了生生不息的力量。吴澄以传扬圣学为己任，秉烛达旦地授业诸生。学生不仅在学堂中接受吴澄的讲学，更是跟随着他到书堂后的休憩寓所，执经叩问，问学求解。吴澄也是勤勤恳恳，毫无倦色，对每一位学生的疑惑都能讲明道清，直言三寸，更依学生的闻见深浅、学术高下因材施教，诱其开悟，让学生在穷究义理、精微体悟中反求诸身，付诸实践。无论是教学态度、教学方法还是学问功力，吴澄都可谓是为师之楷模。他通宵达旦，寒暑不废，孜孜不倦地倾尽一生所学教授诸生。师生互益，共同朝着圣学目标而努力，实令人感慨，成一时之美谈。这样的从学风气也感染了当时的书生儒者，带动了一时的为学之风。

具而言之，吴澄的学说主要以"和会朱陆"为主。《宋元学案·草庐学案》记载道："草庐出于双峰，固朱学也，其后亦兼主陆学。盖草庐又师程氏绍开，程氏尝筑道一书院，思和会两家。"可见吴澄在前期主研学朱子之学，到了后期又兼主陆学，因此，"和会朱陆"实为其讲学大旨。在和会朱陆的过程中，他对朱陆二学有清晰的认识，《宋元学案》载其言：

> 朱子于道问学之功居多，而陆子以尊德性为主。问学不本于德性，则其蔽必偏于语言训释之末，故学必以德性为本，庶凡得之。

吴澄认为，朱熹学术主"道问学"，陆九渊学术主"尊德性"——这也正是朱陆二学的矛盾关节。在吴澄看来，从本质上来说，如果做学问不本于本真之性，不以心性为根柢，那么势必将偏于章句言语之末流，因此为学首先要以尊德性为主。但这并不代表着其对陆九渊心学的全盘接受，他的学术思路是在尊德性的本质基础上行朱熹的道问学之功，而非全部否定朱熹的"道问学"，《宋元学案·草庐学案》记载：

> 若曰徒求之《五经》，而不反之吾心，是买椟而弃珠也。此则至论。不肖一生，切切然惟恐其堕此窠臼。学者来此讲问，每先令其主一持敬，以尊德性，然后

> 令其读书穷理，以道问学，有数条自警省之语，又拣择数件书，以开学者格致之端，是盖欲先反之吾心，而后求之《五经》也。

吴澄认为，如果只是循着儒家经典去研读、格物而不向内反求诸心，那便有"买椟还珠"之弊。这样的说法明确表示了其主张以"尊德性"为本的观点。对于正确的为学之法，他强调要有先后顺序，首先在心中"立根柢"，然后再通过读书穷理的方式来"道问学"，进而再反求诸心，以圣人之言语为训，不断在雕磨心性、向外实践的往复循环中求得圣人之道。可以说，吴澄的"和会朱陆"并非单纯地不论是非、调和双方，而是在融会中形成了自己的学术逻辑，进而将朱陆从内源层面结合起来，这是其在南方讲学中所传扬的主要思想。

许衡与吴澄并称为"南吴北许"，二人在各自的圣学践履中运用着截然不同的方式。作为易代儒者，许衡以在朝的方式推广朱子理学并裨益其在北方的传播与普及，从而确立了朱子理学在元代的官方正统地位，在很大程度上影响了全国书院的教育内容。而吴澄则主要以在野的方式、以讲学为契宣扬自己"和会朱陆"的理学主张，并对学说本身做出了创造性的阐释。可以说，许衡与吴澄代表了中国古代士大夫对圣学理想传承的两条代表性的途径，也是中国书院的两条典型路径。正是在朝、在野的两股坚韧的力量共同致力于圣学之传！

第六节　阳明讲学与心学繁盛

阳明心学的核心思想可以"心即理""知行合一""致良知"三者来概括，且其形成也经历了一个漫长复杂的过程，贯穿了阳明先生的一生。在生命暮年平乱之时,王阳明曾说:"某于此'良知'之说,从百死千难中得来。"心学体系的构建是王阳明一生"在事上磨"与生命顿悟的硕果,更离不开其一生的书院践履。从龙场到贵州,再到南越,王阳明所到之处都闪耀着心学的光辉,他更以平生足迹书写了有明书院的浓墨重彩。

1. 龙冈书院

王阳明当时因触怒宦官刘瑾而被贬龙场,也正是在龙场经历了一次"心即理"的顿悟,此即阳明心学的发端。在龙场讲学之时,他在恶劣的环境中创立了"龙冈书院",以此来传播心学,教化民众。《王阳明全集》对此有诸多记载,如《龙冈新构》诗序云:"诸夷以予穴居颇阴湿,请构小庐。欣然趋事,不月而成。诸生闻之,亦皆来集,请名龙冈书院,其轩曰'何陋'。"

正德三年,贵州龙场追随王阳明之人颇多,由于阳明小洞天潮湿阴暗,于是当地人民便建议他建造龙冈书院以便讲学活动的开展,其书斋小屋命名为"何陋轩",意取自刘禹锡《陋室铭》。活动于龙岗书院之时,王阳明以悟得真理为乐,如《龙冈漫兴五首》其一云:

投荒万里入炎州,却喜官卑得自由。心在夷居何有陋?身虽吏隐未忘忧。春山卉服时相问,雪斋蓝舆每独游。拟把犁锄从许子,谩将弦诵止言游。

王阳明从遥远的京城被贬至千里之遥的龙场,但内心却因悟得"心即理"而实现了真正的自由,所以即使身处荒野也未曾察觉心中不安,反而获得了内心真正的愉悦与快乐!不仅如此,他还以龙冈书院为依托,进行心学的传播与讲学活动,这亦是他获得内心愉悦的重要方式。如王阳明所作《诸生来》诗云:

> 简滞动罹咎,废幽得幸免。夷居虽异俗,野朴意所眷。思亲独疲心,疾忧庸自遣。门生颇群集,樽罍亦时展。讲习性所乐,记问复怀靦。林行或沿涧,洞游还陟巘。月榭坐鸣琴,云窗卧披卷。澹泊生道真,旷达匪荒宴。岂必鹿门栖,自得乃高践。

与其时黑暗的官场上动辄得咎相比,被发配到偏远的贵州也并非坏事。这时候,王阳明通过自我内心的排遣,心情已经好了很多。可喜的是,他在此开辟书院、门生聚集、于觥筹交错之间讲学谈道,又可以如游学一般在林山旷野间体悟圣人之道,践行已有的哲理体验,实在是人生乐事。这种人生之乐已经超越了外在的环境、金钱、名利,是内心真正的满足。又如《诸生夜坐》:

> ……分席夜堂坐,绛蜡清樽浮。鸣琴复散帙,壶矢交觥筹。夜弄溪上月,晓陟林间丘。村翁或招饮,洞客偕探幽。讲习有真乐,谈笑无俗流。缅怀风沂兴,千载相为谋。

不难看出,王阳明与其门人弟子相处的方式并非像官方学校里那样的师生泾渭分明、尊卑有别,而是孔颜之乐那般的其乐融融。老师与学生在堂前分席而坐,流觞曲水,觥筹交错,时而在月映之溪边,时而登上林间小丘。从参与讲学的成员来讲,也不单单局限于门人及弟子,邻里村翁、游客路人都可以参与到讲学活动中来。这种充满着"真乐"的讲学才是龙冈书院的一大特色。与官方学校相比,王阳明在龙冈书院的讲学方式有着鲜明的平民化、通俗化的色彩,这也是阳明心学在民间迅速传播,在全民范围内掀起巨大波澜的重要原因。

关于王阳明在龙冈书院讲学,其诗集中有着诸多记载,如《诸生》亦谈到王阳明讲学的"真趣":"……相去倏几月,秋风落高树。富贵犹尘沙,浮名亦飞絮。嗟我二三子,吾道有真趣。胡不携书来,茆堂好同住!"这些记载都透露着王阳明在龙冈书院讲学时的真实情境,也反映了书院与心学融合的重要信息。

2. 文明书院

继龙冈书院之后,文明书院是王阳明在贵州创立的又一所书院。可以说,文明书院的创立始于一场"朱陆异同"之辩。关于文明书院的创立,《年谱》记载:

> 始席元山书提督学政,问朱陆同异之辨。先生不语朱陆之学,而告之以其所悟。书怀疑而去。明日复来,举知行本体证之《五经》诸子,渐有省。往复数四,豁然大悟,谓:"圣人之学复睹于今日。朱陆异同,各有得失,无事辩诘,求之吾性,本自明也。"遂与毛宪副修葺书院,身率贵阳诸生,以所事师礼事之。

从哲学逻辑上来看,阳明心学是一维演绎式思维,而朱子理学则是二元辩证思维。这也是阳明心学刚刚问世时不为世人理解、被视为"异端"的关键因素,就连王阳明弟子徐爱都曾在很长一段时间内对心学怀有不解与疑惑。但只要进入了阳明心学的思维世界便会发现,这才是真正的圣学真传。同样,在当时任提督学正的席元山也曾对这个风靡贵州的心学怀有不解。当其受王阳明的点拨并彻悟之后,这位学正豁然开朗,醍醐灌顶,当即与宪副毛拙庵(即毛科)修复文明书院,亲率贵阳的文人士子以"师礼"归于阳明门下,并亲自延请王阳明主讲于文明书院。[1]

与龙冈书院相比，文明书院的规制、环境要更加优越。徐节曾在《文明书院记》中记载：

> （文明）书院成，前有大门，门之内有文会堂，为师生习礼讲解之地。堂之后有四斋：曰颜乐、曰曾唯、曰思忽、曰孟辩……斋之上戟门，门之内有左右庑，上有先圣庙，庙后设师文、学孔二斋……墙垣门宇，焕然一新。选聪俊幼生及各儒学生员之有志者二百余人，择五经教读六人，分斋教诲。斋之上有乐育轩，公（指毛科）亦时登此轩，诱掖奖劝而督率之，务底有成，以续斯道之传。仍以"文明"揭匾，盖因旧而不易也。

文明书院的前门内有专供师生讲学的"文会堂"，堂后有四个书斋，从命名上便能看出王阳明立志效仿沂水春风的孔颜之乐：颜乐堂、曾唯堂、思忽堂、孟辩堂。戟门内分设左右二堂，设有以供祭祀的先圣庙，庙后又有师文、学孔两个书斋。文明书院是重新修葺的书院，规制上相对成熟、完备。从生员上来看，文明书院与龙场的龙冈书院也有很大的不同。文明书院招收经过拔擢的天资聪慧的幼生与儒生，且规定数量为二百多人，并在不同的书斋中实行分科教学。不难看出，由于是由其地方官席书与毛科带头修葺的，因此文明书院多少带有一些官方学校的意味，但又区别于明代正统的官方学校。在地方官员的以

---

[1] 关于王阳明主讲文明书院，《年谱》中记载曰："提学副使席书延至贵阳，主教书院，士类感德，翕然向风。"此外，《王阳明全集》中亦有《答毛拙庵见招书院》诗可供佐证，下录其诗曰："野夫病卧成疏懒，书卷长抛旧学荒。岂有威仪堪法象？实惭文檄过称扬。移居正拟投医肆，虚席仍烦避讲堂。范我定应无所获，空令多士笑王良。"

身作则与支持带动下,加之阳明的亲身讲学,文明书院时常奖掖后学,以继往圣绝学为宗旨。

3. 稽山书院

稽山书院位于越城(即绍兴)卧龙西冈,是由北宋范仲淹知越州时创建的著名书院。嘉靖三年(1524年),越城郡守南大吉重新修葺稽山书院,并延请王阳明讲学其中。王阳明所撰《稽山书院尊经阁记》记载:

> 越城旧有稽山书院,在卧龙西冈,荒废久矣。郡守渭南南君大吉,既敷政于民,则慨然悼末学之支离,将进之以圣贤之道。于是使山阴令吴君瀛拓书院而一新之,又为尊经之阁于其后。曰:经正,则庶民兴;庶民兴,斯无邪慝矣。阁成,请予一言以谂多士。予既不获辞,则为记之若是。呜呼!世之学者既得吾说而求诸其心焉。其亦庶乎知所以为尊经也矣。

稽山书院在嘉靖年间已荒废很久。当时的郡守南大吉因感慨圣学沦为支离末学,慨然立志恢复圣学之道,于是令山阴县令吴瀛重新修葺稽山书院,在其后新建尊经阁,并邀请王阳明为新建的稽山书院尊经阁作记。前文提到,阳明心学因其独特的一维演绎思维而容易受到学者的质疑。南大吉也是循序渐进地进入了阳明心学的世界中,《年谱》记载:

> (嘉靖)三年甲申,先生五十三岁,在越。正月,门人日进。郡守南大吉以座主称门生,然性豪旷不拘小节,先生与论学,有悟……先生曰:"昔镜未开,可得藏垢;今镜明矣,一尘之落,自难住脚。此正入圣之机也,勉之!"于是辟稽山书院,聚八邑彦士,身

率讲习以督之。

南大吉虽然以门生的身份师从阳明门下，但其本性豪旷不羁，不拘小节，在与阳明论学的过程中渐渐有了圣学的顿悟。对此，阳明先生做了一个经常提到的比喻：之前你的内心就好像蒙了污垢的镜子，未能清晰；现在你已经擦去心上的污垢，心如明镜，那么只要有一丝恶念之尘垢落在心上，就会被擦去，恢复内心本来的光明之态。这也是王阳明在晚年悟得的"致良知"的核心内容。南大吉听完之后如醍醐灌顶，于是便决定重葺稽山书院，聚集四方有志于心学之士，以身作则，将此等良知圣学发扬于世。

王阳明讲学于稽山书院时，引起了四方志士的狂热与追捧，热衷于阳明心学的士人学子纷纷从四面八方赶来，参与王阳明的讲学活动。萧璆、杨汝荣、杨绍芳等从湖广之地来；杨仕鸣、薛宗铠、黄梦星等从广东而来；王艮、孟源、周冲等从直隶而来；何秦、黄弘纲等从南赣而来；刘邦采、刘文敏等从安福而来；魏良政、魏良器等从新建而来；曾忭从泰和赶来。[1]值得一提的是，以诗歌闻名的海宁人董沄此时已是六十八岁的高龄，听说阳明先生在稽山书院讲学，特意以肩扛着瓢笠诗书前来拜访，参与讲学，对此《年谱》记载曰：

> 海宁董沄号萝石，以能诗闻于江湖，年六十八，来游会稽，闻先生讲学，以杖肩其瓢笠诗卷来访。入门，长揖上坐。先生异其气貌，礼敬之，与之语连日夜。沄有悟，因何秦强纳拜。

---

[1]《年谱》记载："于是萧璆、杨汝荣、杨绍芳等来自湖广，杨仕鸣、薛宗铠、黄梦星等来自广东，王艮、孟源、周冲等来自直隶，何秦、黄弘纲等来自南赣，刘邦采、刘文敏等来自安福，魏良政、魏良器等来自新建，曾忭来自泰和。"

董沄来访之后,阳明先生见其气度、容貌不凡,于是以礼敬文士的态度对待他。二人夜以继日地谈论圣学之道,足以说明心学的吸引力。像董沄这样的阳明学追捧者绝非个例,当时稽山书院讲学的盛况在讲学史上都赫赫有名:

> 宫刹卑隘,至不能容。盖环坐而听者三百余人。先生临之,只发《大学》万物同体之旨,使人各求本性,致极良知以止于至善,功夫有得,则因方设教。故人人悦其易从。

小小的稽山书院全然容不下如此多来向阳明先生求学的门人学员。稽山书院的书斋已经不够坐了,不仅围绕着阳明先生而坐的就有三百余人,连房屋外、亭台中、台阶上、地洼处、犄角旮旯里全都挤满了听讲之人。这是何等的讲学盛况!先生讲学也只阐发《大学》中的万物一体之论,引导学人各求本性,阐述致良知之学。人人都听有所获,豁然开朗,心悦诚服。

4. 阳明书院

阳明书院非王阳明本人所建,他也并不讲学其中,而是其门人为了传播阳明心学而建造。嘉靖《贵州通志》记载:"阳明书院在治城东,嘉靖间,巡按监察御史王杏记:'……为赎白云庵旧基,给助之以工料之费,供事踊跃,庶民子来,逾月祠成。'"王杏,字少坛,浙江奉化人,在当时官至贵州巡按御史。尽管他不曾得阳明亲授心学,但对阳明之学极为敬仰,私淑为师。王杏在巡按贵州时,对当地教育十分重视,尤其是当他每到一地进行巡查时,都会听到琅琅弦歌声,看到风俗教化的痕迹。问当地民众,人们都说这是阳明先生的教化遗风。对此,作为一方巡按的王杏十分感动,于是便应阳明先生当时在龙岗书院讲学时的门人、弟子汤冔、叶梧、陈文学等为阳明先生立祠堂的恳切请求，在贵州为阳明先生创立"阳明书院"，并于嘉靖十三年（1534年）开始筹建，不久便竣工完成。王杏在书院完工之后亲自操笔撰写《新建阳明书院记》。阳明心学在当时被称为"伪学"遭禁，但门人弟子有一股强大信念，仍旧讲学传播，足可见心学的力量与内在思想的韧性。

第七节　颜元讲学与实学振兴

清代儒学历经宋明理学的繁盛而迎来新的阶段。一方面，在清代初期，清朝统治者为缓和阶级矛盾与民族矛盾，确立了以程朱理学作为官方正统的学术思想；另一方面，随着经济的发展与西方观念的传入，经世致用思潮在悄然兴起，由是宋明理学迎来了新的质疑与挑战。在此过程中，既有孙奇逢、黄宗羲、顾炎武、王夫之等大儒对传统儒学的阐释与发展，又有以"实学"为尚的颜李学派对"经学致用"思想的提倡。他们尽管出发点不同，但均对宋明理学进行了批判性的反思与总结。颜李学派的代表人物是颜元，他强调学术要恢复"周孔正学"，倡导实学，对宋明以来空谈心性而忽视实用的学术风气加以强烈的批判。在颜元振兴实学的实践中，他以漳南书院为阵地传扬新的学术思想，在清朝学风转折中起到了十分重要的作用。

颜元与漳南书院

颜元（1635—1704），字易直，号习斋，世称"习斋先生"，河北博野人。在早年的学术历程中，他先崇尚陆王心学，又改习程朱理学。戴望《颜氏学记》记载："先生初由陆王、程朱而入，返求之六经孔孟，得所指归，足正后儒之失。"在颜元的程朱理学实践中，他渐渐发现了问题。在守丧过程中，他恪守朱熹《家礼》中的"三日不食，朝夕哭"的守孝原则，但结果是险些饥饿而死,于是他开始对程朱之学的空妄之谈产生了怀疑。可以说,颜元的这次经历与当年王阳明"格竹子"践行朱子"格物致知"之说有异曲同工之处,均是在亲身实践中抛弃朱子理学。不同的是,王阳明历经"龙场悟道"悟得了"心即理",建立了自己的心学哲学体系,而颜元则是通过"返求之孔孟六经"从而建立了自己的"实学"思想体系。

颜元痛斥宋明理学的空虚支离,力倡经世致用的实学。他曾在《漳南书院记》中说道:

> 谬托院事,敢不明行尧、孔之万一,以为吾子辱。顾儒道自秦火失传,宋人参杂释老以为德性,猎弋训诂以为问学,而儒几灭矣。今元与吾子力砥狂澜,宁粗而实,勿妄而虚。

作为一位有责任心的儒者,颜元认为尧舜孔孟之绝学不能传扬于后世是每一个儒者的耻辱。自从秦朝焚书坑儒之后,宋代理学家将释老之学掺杂在孔孟之道中,确立为"尊德性",而一部分穷究章句字词的儒者以训诂为学问,这些都非圣学正传。而他们这些新时代的有志之士应该所致力之处,即振兴实学,宁愿为粗而实用之学,也不做妄而虚空之论。

颜元除了痛斥宋明理学的虚妄,更将反对的矛头直指科举之弊。他在《泣血集序》中说:

> 汉宋以来,徒见训诂章句,静敬语录与帖括家,列朝堂,从庙庭,知郡邑;塞天下庠序里塾中,白面书生微独无经天纬地之略、礼乐兵农之才,率柔脆如妇人女子,求一腹豪爽倜傥之气,亦无之!

"帖括"泛指科举应试文章,明清时亦用指八股文。即迂腐且不切实际的言论。颜元激烈地批判了当时的教育弊端，指出汉、宋以来科举体制下培养出来的都是些不切实际的空谈之徒。他认为，官方学校和书院大都以章句训诂、空谈义理为主要教育内容，以至于上到朝廷官员、下到庠序生徒本质上都是一群"白面书生"，没有经天纬地的雄才大略，没有礼乐兵农的实用之才，更没有豪爽倜傥的风骨之气，只会之乎者也地空谈。因此他认为学校与书院教育应该培养"经济之士"，其曰：

> 昔人言本原之地在朝廷，吾则以为本原之地在学校。……令天下之学校皆实才实德之士，则他日列之朝廷者，皆经济臣，虽有不愿治之君相，谁与虚尊虚贵，作无事人、浮文人、般乐人者？

若想摒除人才培养的弊端，其根源不在于朝廷，而在于学校与书院教育，因为朝廷中经选拔的官员也是官方学校与书院培养出来的，因此着力点应该从教育下手，即在官方学校与书院中培养实学之才。颜元所谓的"实学之才"是兼具实用之才和实用之德的"经济之人"，并非仅仅单纯地培养有技能之人。不难看出，颜元的教育思想中充满着经世致用的意味。

由于对学校教育与书院教育极度不满，颜元本不愿讲学于漳南书院。漳南书院位于今河北邯郸市肥乡区。当郝文灿延请他到书院讲学时，颜元已是花甲之龄。其在《漳南书院记》中详细地记载了他讲学于漳南书院的始末缘由，其曰：

> 肥乡之屯子堡，遵中丞于清端公令，建有义学，田百亩。学师郝子文灿以所入倡乡众杨计亮、李荣玉等协力经营，益广斋舍。许侍郎三礼题曰"漳南书院"。问学者日众。郝子遂谦不任事，别寻师者十有五年。

> 于康熙三十三年，郝子不远数百里抵荒斋，介友人陈子彝书，延元主院事，元辞去。已，又过，陈说百端，作十日留，元固辞。明年又价张文升以币聘，予再辞。又明年，遣院中苗生尚信至，进聘仪，掖起复跪者十日，予不得已，告先祠行。

漳南书院是以清初的一所义学为基础扩建而成的一所书院，其规模不小。当地乡绅郝文灿、杨计亮、李荣玉等人捐资重葺漳南书院，加以扩大，又修建了若干间斋舍，并由兵部侍郎许三礼题匾额"漳南书院"。书院修建完毕之后，四方来问学之人甚众，为了让漳南书院成为优秀学者门生的聚集地，郝文灿十分重视延请名师，授徒讲学。郝文灿自认为自己没有能力担任主讲师，于是他便花了15年的时间遍寻名师。康熙三十三年（1694年），郝文灿不远万里到了颜元的居住之地，经陈子彝介绍，十分诚恳地邀请当时年已花甲的颜元入主漳南书院，授徒讲学。颜元没有同意。郝文灿离开之后不久又第二次拜访颜元的旧宅，逗留10天，反复陈说，颜元还是没有答应。郝文灿还是没有放弃，第二年派张文升前来聘任，颜元再辞。又过了一年，郝文灿再派当时书院的学生苗尚信前来聘请，以三拜九叩之聘师之礼恳请颜元主持漳南书院。苗尚信经人搀扶起之后又跪请十日，颜元被学生的诚恳之意所打动，实在是拒绝不得，于是便动身讲学于漳南书院，主持书院事宜。诸葛亮经刘备三顾茅庐就出山辅佐蜀汉，为何颜元经四次延请才入漳南书院？事实上，颜元并非刻意摆谱托大，也并非年事已高而无意于践行改革的理想[1]。当时漳南书院是郝文灿一手创办起来的,而郝文灿正是承当时保定巡抚于成龙的命令修建漳南书院的。在当时,程朱理学被奉为官方学术,且漳南书院从性质上讲亦属于官府主办、乡绅兴建的书院,若在此处反对程朱理学,宣扬程朱理学为"假道学、空谈性理"无疑会为自身招致麻烦。尽管如此,颜元还是被郝文灿等士人的诚挚之心所打动,决心赴漳南书院主其事,勇敢地践行自己的学术思想与主张。

颜元崇尚"实学"的儒学思想。明末王学思想风气炽盛,几乎蔓延到政治、社会生活的种种方面。清代统治者入关以来,为了巩固统治,稳定人心,清政府择取南宋以来的正统儒学思想——程朱理学作为官方统治思想与哲学思想,确定了"崇儒重道"的基本统治政策。在当时的时代,程朱理学成为举国崇尚的正统思想,因之获得学者的竭力推崇。正如陆陇其在《三鱼堂外集》卷四《经学》中说道:"自尧舜而后群圣辈出,集群圣之大成者孔子也。自秦汉而后诸儒辈出,集诸儒之大成者朱子也。朱子之学即孔子之学。"

陆陇其是清代著名理学家,被朝廷誉为"本朝理学儒臣第一",其学专宗朱熹。在他看来,孔子是尧舜以来集大成的圣人,而秦汉以来集大成的圣人当属朱熹。他将孔子之学与朱子理学相提并论,可见其对程朱理学的推崇备至。他又在《三鱼堂文集》卷五《答嘉善李子乔书》中说道:"夫朱子之学,孔孟之门户也。学孔孟而不由朱子,是入室而不由户也。"陆陇其认为,崇尚朱子之学就是靠近孔孟先贤的门径与要途,足以见其对朱子理学的崇尚。陆陇其只是当时儒者的一个代表,其看法几乎代表了

---

[1]《颜元年谱》记载:当颜元58岁游学于中州时,他看到"人人禅子,家家虚文,直与孔门敌对"的场景,立志一定要改变当前的学术风气,坚决反对程朱理学的空谈之弊,践行实学之理想。

当时儒者的普遍观点。对于这种当时理学家的普遍观点，颜元有截然相反的看法，他曾在《颜习斋先生言行录》中隐晦地指出：

> 唐虞之世，学治俱在六府、三事，外六府、三事而别有学术，便是异端。周孔之时，学治只有个三物，外三物而别有学术，便是外道。

由此可见，颜元认为尧舜儒学在于六府、三事，周孔之学在于三物，如果在六府、三事、三物之外另去探求学问，那便是异端、外道。他又在《删补三字书序》中说道：

> 三事、六府，尧舜之道也；六德、六行、六艺，周孔之学也。古者师以是教，弟子以是学，居以养德，出以辅政，朝廷以取士，百官以奉职。《六经》之文，记此薄籍耳，况无用诗文乎！

颜元所谓"三事"即正德、利用、厚生[1]；"六府"即水、火、木、金、土、谷，可归于三事之中[2]；"三物"分为"六德""六行""六艺"，而"六德"指智、仁、圣、义、忠、和；"六行"指孝、友、睦、姻、任、恤；"六艺"指礼、乐、射、御、书、数。颜元崇尚尧舜、周孔时代倡导的以"三事""三物"为核心的"实学"，凡是不符合"三事""三物"的均为异端与伪学。无论是对程朱理学还是陆王心学，颜元都提出了抨击，他在《习斋四存编》之《存学编》中对程朱理学和陆王心学都有过评论，下录其文曰：

> 张子教人以礼而期行井田，虽未举用而其志可尚

---

[1]《颜习斋先生年谱》卷下："故尧舜之正德、利用、厚生谓之三事，不见之事，非德、非用、非生也。周公之六德、六行、六艺，谓之三物，不征诸物，非德、非行、非艺也。"

[2] 颜元《习斋记余》载："六府亦三事之目，其实三事而已。"

矣。至于周子得二程而教之，二程得杨、谢、游、尹诸人而教之，朱子得蔡、黄、陈、徐诸人而教之，以主敬致知为宗旨，以静坐读书为工夫，以讲论性命、天人为嗳受，以释经注传、纂集书史为事业。

陆子分析义利，听者垂泣，先立其大，通体宇宙，见者无不竦动。王子以致良知为宗旨，以为善去恶为格物，无事则闭目静坐，遇事则知行合一。嗣之者若王心斋、罗念庵、鹿太常，皆自以为接孟子之传，而称直捷顿悟，当时后世亦皆以孟子目之。信乎其为儒中豪杰，三代后所罕见者矣！

崇尚实学的颜元认为，无论是程朱理学还是陆王心学，都是些不切实际的学问。从程朱理学的学术谱系来看，从周敦颐到程颢、程颐，再到杨时、谢良佐、游酢、吕大临等程门四弟子，再到理学南传于朱熹，其学说专以"主敬致知"为宗旨，学问工夫以"静坐读书"为主，专讲性命、天人相感之学，在著书立说上以解释经书、立传阐释、纂辑书史为事业，对社会政治、黎民百姓毫无借鉴与实用功绩可言。再着眼于陆王心学，陆九渊以"尊德性"为大宗，在宏观上体察宇宙性命；王阳明以"致良知"为心学宗旨，明心见性，扬善去恶，知行合一，以"静坐闭目"为工夫；王门后学更是承嗣王学的心学思想与工夫，认为王学直接承自孟子真传，主顿悟之学。这些学术思想在宋明时期曾轰动一时，备受读书人追捧，可颜元却认为这些学说都是不合实际的"虚空之学"，分毫不利于黎民百姓与江山社稷。他所崇尚的是"习行经济"的实学。于是，他便在漳南书院的任教与课程设计过程中融入实学思想。从漳南书院的科目设置与内容上来看，颜元设计了 10 种具体的学科课程，即以礼、乐、射、御、书、数、兵、农、钱谷、水学为科目的书院课程。这些都是他实学思想的重要实践。

尽管颜元主持漳南书院的时间并不长，但从中国古代书院发展史来看却有着重要的意义。漳南书院的崇尚实学之风是在清代实学振兴的大背景下发生的，因此其带有着特定的时代标志。在清初，实学主要以顾炎武、黄宗羲、王夫之、颜元等儒者发起并努力践行，他们认为晚明以来学术风气空洞虚疏，而清代应当借鉴明亡之教训，改变空虚的学术风气，结合清代的政治、时代特征建立起属于清代独有的"实学"风气。书院在漫长的发展长河中，烙印着中国儒学发展的印记，更显示出中国传统学术在不同时代中独特的成长特征。宋明以来，无论是理学还是心学，都伴随着书院的成长轨迹而有了质的飞跃与发展，而漳南书院虽然存在时间短，但"实学"思想的教育理念却是继宋明以来哲学思想的抽离与另辟蹊径，可谓与清初"经世致用"的风气浑融为一体，因此其有着独特的价值与代表性。因清初实学风气开启，到了乾嘉时期，戴震、惠栋、阮元等学者建立了以经学为核心，旁及史学、天文、水利、金石、训诂等学术体系，主张"实事求是"的考证训诂之学，进一步将实学精神作用到朴学中。可以说，实学贯穿了整个有清一代，在不同的年代有着迥异的表现，直到清后期的洋务运动也不乏实学精神的加持。

第四章

文化符号：中国书院的文化形态

巍巍书院，千载遗风！肇始自唐代的中国古代书院发展至晚清已经不仅仅是早期集教育、祭祀、学术、藏书功能为一体的文化场所，它更是一种象征着中华传统与民族精神的文化符号。在漫长的发展历程中，中国书院就像一个逐渐成长的生命体，在各个时代凸显着独特的文化特征，并逐渐发展成为一个具有中华特色的文化符号。在北宋时期，书院由于暂时替代官方学校而突显出强大的教育功能，此时涌现出一大批能传扬后世的著名书院。北宋的名院荟萃不仅令书院本身名声大噪，更让中国书院以文化符号的形式稳定在中华传统文化中；南宋书院以学术著称，其与理学的交织使得书院的学术功能得以显露，让书院与讲学、学术紧密交织，成为学术的代名词；元代书院历经元朝统治者积极的政策而向北成长，带动了理学北传，延续了学术功能。此外，元代书院更发展了自身出版刊刻的功能，以此更好地服务书院内部的学术、教育活动，为书院的功能增添了一抹独特的颜色；明代书院随着政治学术自由之风与商品经济的高度发达，开始了平民化的创新；清代书院又随着封建社会晚期时代的变迁与改革而重拾并强化教育功能，成为遍布全国的教育中心。总之，中国书院在成长过程中显露出不同的文化特征，到最后稳定凝聚并成为文化象征。可以说，中国书院不同于现代学校，亦迥异于古代私塾，它是中国传统教育及文化史上的一颗独特耀眼的文化明珠！

第一节　北宋书院：名院荟萃与书院文化

北宋初年，书院振起。随着战争的结束与宋王朝崇文风气的勃兴，全国范围内涌现出一系列著名书院，这些书院在朝代更替的战火中或经由学者保护，或遭遇坍圮废弃，又或者得到志士修葺，一直传扬到后世，成为一种文化象征。这些著名书院肇始自北宋初期，历经不断发展而逐步成熟。吕祖谦《白鹿洞书院记》记载：

> 某窃尝闻之诸公长者，国初斯民新脱五季锋镝之厄，学者尚寡，海内向平，文风日起，儒先往往依山林，即闲旷以讲授，大师多至数十百人，嵩阳、岳麓、睢阳及是洞为尤著，天下所谓四书院者也。祖宗尊右儒术，分之官书，命之禄秩，锡之扁榜，所以宠绥之者甚备。当是时，士皆上质实，下新奇，敦行义而不偷，守训故而不凿，虽学问之渊源统纪或未深究，然甘受和，白受采，既有进德之地矣。

根据吕祖谦的说法，嵩阳书院、岳麓书院、睢阳书院和白鹿洞书院是北宋初期最为著名的书院，被称为"天下四大书院"。这些书院都形成于宋代初年，学者们依傍山林，择取山清水秀之地授徒讲学，从学者甚众。在那个四海初平的年代，士人们得以在并不兴盛的官学之外找寻到一个身体与心灵的栖息之地，进行学术研究与道德修养，这也是书院在当时最大的价值之一。值得强调的是，关于天下四大书院的看法众多，除了以上四书院的说法,石鼓书院、应天府书院等都曾位列四大书院。毋庸置疑,这些书院在今天看来都是十分著名的书院,但不同学者身处不同的时代,而其时书院发展的状况不一,因此很容易造成众说纷纭的现象。也就是说,书院个体本身的成长与发展轨迹不同,可能在这个时代最著名的是此四家,而在那个时期最著名的又是彼四家,抑或三家、五家,于是便形成了诸如此类的差异,因之无须找寻一个确切的定论,仅需知晓北宋初期有几家书院闻名于世就足够了。下文将详细阐述宋初知名书院荟萃的概况,伴随着其盛大与著名而领略书院文化。

一、岳麓书院

岳麓书院坐落于文化名山岳麓山下的"抱黄洞"附近。北宋开宝九年(976年),潭州太守朱洞在原"岳麓寺"的旧址上建立起了岳麓书院。[1]在岳麓书院刚刚建立的时候,也只有"讲堂五间,斋序五十二间",而这时的岳麓书院还没能成长成海内闻名的著名书院,只是一个普通的供读书人读书治学的场所,甚至随着太守朱洞的离任,一度处于荒废、寥落的困境。直到咸平二年(999年),时任潭州太守的李允则修建藏书楼,扩建书舍,设置祭祀殿,购置学田,并延请名儒名师在讲堂中授徒讲学。《玉海》卷一六七"岳麓书院"条记载:

> 咸平二年(999年),潭守李允则益崇大其规模。三年(1000年),王元之为之记,曰:"……中开讲堂,揭以书楼,塑先师十哲之象,画七十二贤。潇湘为洙泗,荆蛮为邹鲁。"四年二月二十日辛卯,允则奏岳麓山书

---

[1]《玉海》卷一六七"岳麓书院"条载:"开宝九年,潭州守朱洞始创宇于岳麓山抱黄洞下,以待四方学者。作讲堂五间,斋序五十二间。孙迈为记。"

院修广舍宇,生徒六十余人,请下国子监赐诸经、释文、义疏、《史记》《玉篇》《唐韵》。从之。

考王禹偁《潭州岳麓书院记》可知,其原文载曰:"公询问黄发,尽获故书;诱导青衿,肯构旧址。外敞门屋,中开讲堂,揭以书楼,序以客次。塑先师十哲之像,画七十二贤,华衮珠旒,缝掖章甫,毕按旧制,俨然如生。请辟水田,供春秋之释典;奏颁文疏,备生徒之肄业。"不难看出,当时李允则在潭州旧地广泛搜罗图书,联合当地乡绅购置学田,广修屋舍,广泛招揽生员,而这一切努力都是为了能够给岳麓书院的读书人提供读书研学的便利。这样,岳麓书院便成了完全意义上的集教育、祭祀、学田、藏书于一体的完备规范的书院。

大中祥符年间(1008—1016年),岳麓书院步入了鼎盛时期。1012年,周式担任山长,他也是岳麓书院的首任山长。为了提升岳麓书院的影响力,他在咸平

● 岳麓书院山长罗典的印章

扩建的基础上进一步修缮扩大岳麓书院。在联合民间乡绅、民间学者的力量之后,岳麓书院进入了鼎盛时期。在那个崇文风气日渐浓厚的年代,最高统治者宋真宗亲自召见山长周式,并对其在辖

地内修建书院办学的义举表示嘉奖，并亲自赐"岳麓书院"之匾。从此，岳麓书院便成了闻名天下的著名书院，也在各个时期吸引了无数负箧曳屣的从学者，成为读书人眼中的理想之地。

二、白鹿洞书院

白鹿洞书院位于江西庐山五老峰东南，是我国著名书院之一。白鹿洞书院始建于唐代，兴盛于宋代，后屡废屡建，直至清末。《玉海》卷一六七"白鹿洞书院"条记载：

> 唐李渤与兄涉俱隐白鹿洞，后为江州刺史，即洞创台榭。南唐升元中，因洞建学馆，置田以给诸生，学者大集，以李善道为洞主，掌教授。当时谓之白鹿国庠。

唐人李渤、李涉两兄弟隐居庐山，以养鹿自娱，李渤为江州刺史时，在庐山旧址建立屋舍，引泉流而植花木，于是将之前隐居的洞府命名为"白鹿洞"。南唐升元四年，李善道、朱弼等人在李渤所建白鹿洞处建立学馆，购置学田，以供学者讲学，于是便称之为"白鹿国庠"，《玉海》卷一六七又记载：

> 宋朝太平兴国三年（978年）三月庚寅，知江州周述言："庐山白鹿洞学徒数千百人，请赐'九经'书肄习。"诏从其请。仍驿送之。五年六月己亥，以白鹿洞主明起为蔡信主簿，赐陈裕三传出身（起、裕以讲学为业，故有是命）。咸平五年（1002年），敕有司重修缮，又塑宣圣十哲之象。

北宋太平兴国年间，江州知州周述上疏言白鹿洞书院有学徒千百人，请皇帝赐"九经"书以供生员研习读书。宋太宗赵光义下令从其请,并下诏授予此时担任洞主的明起褒信主簿的官衔,赐陈裕"三传出身",这就意味着白鹿洞书院开始被官方干预。咸平五年,宋真宗更是下诏敕令重新整修书院,并塑孔子及孔门十哲像以供学者祭祀。可见,白鹿洞书院正逐步被纳入官方教育体系中。

> 祥符初,直史馆孙冕请以为归老之地。皇祐五年,其子琛即故址为学馆十间,牌曰白鹿洞之书堂,俾子弟居而学焉。郭祥正为记。淳熙六年,南康守朱熹重建,为赋示学者,曰:"明诚其两进,抑敬义其偕立,允莘挚之所怀,谨巷颜之攸执。"吕祖谦为记。八年十一月二十九日,赐国子监经书。

大中祥符初年,苏州太守孙冕告老,请归于白鹿洞书院。皇祐五年,孙冕之子孙琛在白鹿洞旧址基础上又建立了十间学馆,称之为"白鹿洞书堂",以供当时学子居住、读书。当时的主簿郭祥正为此写了一篇《白鹿洞书堂记》,这也是白鹿洞书院的第一篇记文。到了南宋淳熙六年(1179年),著名的理学大儒朱熹知南康军,苦苦寻找已经废弃的白鹿洞书院旧址,决心重修白鹿洞书院。可惜朱熹接二连三的奏请并未被朝廷应允,他便克服种种困难自己进行修葺。经由南宋朱熹的修建与整饬,白鹿洞书院才得以重获天下名书院之盛名。

通过《玉海》对白鹿洞书院的记载,我们不难看出:白鹿洞书院在北宋时期并未成为能与岳麓书院、嵩阳书院等书院比肩的著名书院,其崛起于南宋朱熹的时代。也就是说,白鹿洞书院的兴盛实则归功于南宋理学家的竭力推崇及理学的繁盛。其次,我们在梳理白鹿洞书院的发展概况时,亦能看出,白鹿洞书院经历了多次起落,它名气的积累并非一蹴而就,而是在漫长的"扩建—荒废—重修—兴盛"中而逐步完成的。这也是中国古代书院的典型发展历程,代表了书院发展史上大多数书院的成长轨迹。

三、嵩阳书院

嵩阳书院位于河南省登封市,五代周时称"太乙书院",北宋太宗时称"太室书院"。嵩阳书院始建于北魏太和八年(484年),原为太和年间始建的崇阳寺。宋太宗至道二年(996年)七月,御赐"太室书院"匾额;宋景祐二年(1035年),宋仁宗下令重修太室书院,并更改书院名为"嵩阳书院",并设立山长掌管书院的日常事务。宋神宗熙宁至元丰年间(1068—1085年),洛学二昆仲程颢、程颐曾在此聚徒讲学,因此嵩阳书院也是二程理学的发源地之一。《玉海》卷一六七载:

> 至道二年七月甲辰,赐院额,及印本九经书疏。祥符三年四月癸亥,赐太室书院九经。景祐二年九月十五日己丑,西京(河南府)重修太室嵩阳书院,诏以嵩阳书院为额。又至道三年五月戊辰,河南府言甘露降书院讲堂。

不难看出,从宋初开始,嵩阳书院便是由统治集团敕令重建,无论是赐院额、赐经书还是赐学田,都是在政府诏令下主持完成的,因此嵩阳书院在宋代有着十分浓厚的官学意味。

嵩阳书院的闻名实则与二程理学的盛行息息相关,嵩阳书院为二程河南讲学提供了讲学之所,而嵩阳书院成为著名书院也离不开二程理学的内在动力。清代窦克勤曾在《嵩阳书院记》中有过这样的描述:

> 其学务以洛闽为宗旨，孔孟为要归，其教人务以主敬为根本，行恕为推致。总欲体天地生物之仁，以不负天地生我之意。

从这段材料中不难看出，嵩阳书院的办学宗旨实则承自二程的理学思想，窦克勤认为，在嵩阳书院，为学要以二程洛学与朱子闽学为宗旨，即以程朱理学为宗，以孔孟之学为旨。教授人才要以"敬"为根本，推崇"恕"，而不能只专注于科举取士、外在功利，那样便失却向学之本真。在宋代崇文风气的加持下，二程洛学的追随者甚众，这也推动了嵩阳书院成长为著名书院。

需要指出的是，睢阳书院即应天府书院，亦是被列入中国四大书院之一的著名书院。由于本书第二章第二节中已对应天府书院的发展概貌进行了详细介绍，此处不再赘述。

着眼于书院的成长轨迹，书院发展的一个强大动力便是内在学术的推动。这一点在北宋书院中有所显现，如二程与嵩阳书院、石介与徂徕书院，在南宋书院中尤为明显，可以说南宋书院的发展与理学繁盛相互融汇，互为表里。这也是书院成为文化符号的重要因素。

第二节　南宋书院：制度化、规范化发展

中国古代书院不同于官方学校，也迥异于古代私塾，它是一种独特的文化形态。一般来讲，中国书院是区别于官方教育机构的一种自发性、私有化的教育组织形式。如果说官方教育机构是在为统治集团输送人才、培养人才，那么书院便是中国古代士人阶层以纯读书、研习为目的的学习场所，较之官方教育机构更加纯粹化与理想化。基于这一点，在唐代，书院处于

发展的初期,其自发性决定了它相对缺乏规范化与制度化。北宋书院因其时代的特殊性,始终与官方学校有着若即若离、暧昧不明的关系。直到南宋,由于书院的体制在百年的实践中渐趋成熟,加之南宋理学的繁盛与理学家对书院极为重视,书院逐渐显露出规范化、制度化、正规化的特征。这一现象不仅在中国书院发展史上具有重要的价值,更使得书院成为独立的文化符号,具有标志性意义。

一、知行合一,明义理,重工夫——朱熹《白鹿洞书院学规》

南宋淳熙六年(1179年),朱熹知南康军,并以白鹿洞书院为阵地,坚定地走上传播理学、弘扬圣学的道路。此部分已在第三章第四节进行了具体而详细的论述,兹不赘述。朱熹在兴复白鹿洞书院的实践中,除了重修屋舍、筹措学田、延请名师、搜罗藏书、祭祀先贤、传扬理学之外,还做了一件重要的事,即订立学规。着眼于朱熹订立白鹿洞书院学规这件事,其为后世书院确定了学规基调,甚至影响到了教育系统的革新,这不仅在中国书院发展史上意义非凡,其在中国教育史上都具有重大的意义。朱熹在《白鹿洞书院学规》中认为:

> 熹窃观古昔圣贤所以教人为学之意,莫非使之讲明义理,以修其身,然后推以及人。非徒欲其务记览、为词章,以钓声名、取利禄而已也。今人之为学者,则既反是矣。然圣贤所以教人之法具存于经,有志之士,固当熟读深思而问辨之,苟知其理之当然,而责其身以必然,则夫规矩禁防之具,岂待他人设之而后有所持循哉!近世于学有规,其待学者为已浅矣,而其为法,又未必古人之意也。故今不复以施于此堂,而特

取凡圣贤所以教人为学之大端，条列如右，而揭之楣间。诸君其相与讲明遵守而责之于身焉。则夫思虑云为之际，其所以戒慎而恐惧者，必有严于彼者矣。其有不然，而或出于此言之所弃，则彼所谓规者必将取之，固不得而略也。诸君其亦念之哉！

《白鹿洞书院学规》又叫《白鹿洞书院揭示》（以下简称《揭示》），是朱熹为求学于白鹿洞书院的生员确定的基本规章制度，也是其为了复兴白鹿洞书院而确立的教育宗旨与培养目标。《揭示》最大的特点即是规程条目皆为儒家经典语句，便于生员诵记。父子之间有亲情，君臣之间有忠义，夫妇之间有区别，长幼之间有次序，朋友之间有信用，这是"五教"之条目。尧、舜让契担任司徒一职，契以庄重严谨的态度布施此"五教"之义。因此，为学必须以此"五教"为纲领。《揭示》从宏观层面提出了纲领性的教育宗旨，即读书是为了穷理修身，而非为了科举利禄。

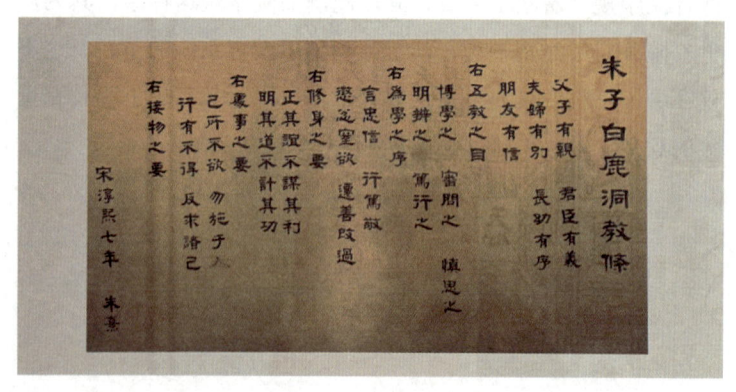

● 《白鹿洞书院揭示》

如何才能践行这"五教"之纲？朱熹紧接着指出学习之途：学习有先后，分别为广博地学、详尽地问、慎重地思、清楚地辨、切实地行。这不仅是学习的五个习惯，更是不可变更的学习顺序。

接下来是修身的要领。学、问、思、辨四个环节是穷理的过程，而从修身到处世接物，又各有要领，须要切实履行。言论要忠实诚信，行为要切实庄重。惩戒愤懑，克制欲望，见善则迁，有过则改。

再次是处事的要旨。应做到伸张正义而不谋求利益，使真理得以彰明而不计较功劳。

最后是接物的要旨。对自己不利的事情，不要强加到别人身上；行为达不到预期的目标，要在自己身上找寻原因。

在朱熹看来，圣贤提出这些为学方法的目的无非是让人明理修身，进而推己及人，而非让人们在博览群书之后专于文辞之学，沽名钓誉。在士人崇尚科举的时代背景下，士人求学的意图已不再单纯，他们以进入仕途为目的，这便是违背了圣贤之意。因此，读书人只有深入先贤的经典，探求古义，并加以慎思、明辨，才能明白读书的要领所在。如果读书人能够深刻领悟圣贤为学之要领，那么书院的学规就没有必要再去设立了。这便是朱熹之所以用圣贤之言制定《揭示》的深意。

由《揭示》可见，朱熹将求学者的世界观、人生选择、现实需要、教育宗旨与道德修养紧密地结合在一起，融而为一。《揭示》不仅有着极强的现实操作性，也对书院规范的设立具有创新性的意义，更对封建统治阶级选拔人才、培养高素质人才起到重要作用。《揭示》制定后不久，就在南宋各书院间广为传播，成为南宋书院的统一学规，也为官方学校提供了良好的借鉴，更为之后的元明清历代书院学规起到了奠基与范本作用。

二、道德与规范并重——吕祖谦《丽泽书院学规》

丽泽书院原名丽泽堂，是南宋著名理学家吕祖谦讲学之所。作为东南三贤之一，吕祖谦一直致力于书院的建设。从乾道四年（1168年）到乾道九年（1173年），吕祖谦共修订了五次书院学规，足以见得其对书院建设的思考与努力，下录《乾道四年九月规约》一文：

> 凡预此集者，以孝弟忠信为本，其不顺于父母、不友于兄弟、不睦于宗族、不诚于朋友，言行相反、文过遂非者，不在此位。既预集而或犯，同志者规之，规之不可责之；责之不可告于众而共勉之；终不悛者除其籍。
>
> 凡预此集者，闻善相告，闻过相警，患难相恤，游居必以齿相呼，不以丈，不以爵，不以尔汝。
>
> 会讲之容端而肃；群居之容和而庄。（箕踞、跛倚、喧哗、拥并，谓之不肃；狎侮、戏谑，谓之不庄。）
>
> 旧所从师，岁时往来，道路相遇，无废旧礼。
>
> 毋得品藻长上优劣，訾毁外人文字。
>
> 郡邑政事，乡间人物，称善不称恶。
>
> 毋得干谒、投献、请托。
>
> 毋得互相品题，高自标置，妄分清浊。
>
> 语毋亵、毋谀、毋妄、毋杂。（妄语，非特以虚为实，如期约不信、出言不情、增加张大之类皆是。杂语凡无益之谈皆是。）
>
> 毋狎非类。（亲戚故旧，或非士类，情礼自不可废，但不当狎昵。）
>
> 毋亲鄙事。（如赌博、斗殴、蹴鞠、笼养扑鹁、酣饮酒肆、赴试代笔及自投两副卷、阅非僻文字之类，其余自可类推。）

《乾道四年九月规约》是吕祖谦最先制定的书院学规，他开宗明义，提出了为学要以孝悌忠信为宗旨，而为学者要以明理守德为第一要务：孝顺父母，友爱兄弟，和睦宗族，诚信友朋，言行一致，文质彬彬。他提出在丽泽书院学习之人如果犯了此过，同窗要以学规约束之，约之不得则责之，责之不改当当众批评之，批评无悔意则开除学籍。可见学规十分严厉。

到丽泽书院学习的学子之间要互相劝勉改过，听到善事要互相告知，听闻过错要相互警告，患难与共，在游玩居住时要按照年龄大小相称呼，而不用尊称，不能以官职爵位称呼对方，也不能彼此以尔汝相称。

在讲学、会讲活动中，容貌要端正严肃；聚集在一起时要和蔼而庄重，不得出现不雅观、不庄重的动作，亦不能喧哗、拥挤、戏谑。在路上见到老师要执师礼，懂礼貌。

在学习与交流过程中，切记不要品评尊长的是非好坏，不非议、诋毁外人的文辞言论。关于郡县的政事与乡绅人物，只说好的方面而不非议坏的部分。不得拜谒达官显贵，更不能进献礼物或进呈诗文，走门路，通关节。不得评论人物，定其高下，自视甚高，妄分优劣。在交流过程中，言语不能傲慢亵渎，不能阿谀奉承，不能狂妄自大，不能紊乱驳杂。不能亲近不正之心，亦不能接触不好的事物。

不难看出，吕祖谦的《乾道四年九月规约》除了包含为学纲领之外，更多的是对书院生员日常行为的具体要求，在一定程度上缺乏研习学问的具体要求，因此他在第二年又修订了一次规约，即《乾道五年规约》，下录其文：

> 凡与此学者，以讲求经旨、明理躬行为本。
> 肄业当有常，日纪所习于簿，多寡随意。如遇有干辍业，亦书于簿。一岁无过百日，过百日者同志共

摈之。

凡有所疑，专置册记录。同志异时相会，各出所习及所疑，互相商榷，仍手书名于册后。

怠惰苟且，虽漫应课程而全疏略无叙者，同志共摈之。

不修士检，乡论不齿者，同志共摈之。

同志迁居，移书相报。

《乾道五年规约》相对于《乾道四年九月规约》来说更凸显了对深耕学问的具体要求：凡是在丽泽书院参与学习活动的学员，要以讲求经义要旨、明理躬行为本。这便在学习宗旨上提出了明确的要求，比上版学规更加具体而高远。关于学习方法，吕祖谦接着强调，学习要有规律，无论多少，每天都要将所学记录在簿。若因有事而不能学习，也要记在簿子上，这样的日子一年不要超过一百天，超过一百天的，同窗一起摒弃他。凡是对学问有所怀疑，都要专门准备一个册子进行记录。同窗相聚见面之后，各自拿出自己的学习心得或问题共同探讨商榷，并把自己的名字写在册子的后面。如果有怠慢愈懒、苟且过活的学生，即使在日常学习中随意应付了课业，在面对学问时却不加以细心钻研，生员们也要共同摒弃他。不正心修身，培养操守，为乡人所不齿的人，生员们也要共同摒弃他。如果有同窗搬迁住所，一定要移书相告，保持交往。可以看出，《乾道五年规约》中的规定更多的是指向切磋学问、学术交往等方面，相对于《乾道四年九月规约》更为专精而深入。可以说，丽泽书院规约在吕祖谦的反复制定下逐渐完善，体现了其对书院制度建设的思考，也代表着书院朝着规范化发展。

三、规范化与程式化——延平书院"日习例程"

在南宋书院的学规中,延平书院的学规值得关注。与《白鹿洞书院揭示》、丽泽书院学规不同,延平书院的"日习例程"呈现出更加精细化的特征。其制定者徐元杰关注书院学生的日常学习生活,制定了详细的规定。延平书院的"日习例程"类似于现代学校的课程表,十分具有先进性和可操作性,下录宋绍定五年(1232年)徐元杰作《延平郡学及书院诸学榜》中延平书院的"日习例程":

> 一、早上,文公《四书》,轮日自为常程,先《大学》,次《论语》,次《孟子》,次《中庸》。六经之书,随其所已,取训释与经解参看。
>
> 一、早饭后,编类文字,或聚会讲贯。
>
> 一、午后,本经论策,轮日自为常程。
>
> 一、晚读《通鉴纲目》,须每日为课程,记其所读起止,前书皆然。
>
> 一、每月三课,上旬本经,中旬论,下旬策。课册待索上看,佳者供赏。
>
> 一、学职与堂职升黜,必关守倅。[1]

四书五经是儒家经典著作,更是学者的立德修身之本。在延平书院读书的学生早上要诵读朱子版本的四书,并且规定要以《大学》《论语》《孟子》《中庸》的顺序去审读,至于六经则根据自己的安排和节奏,参照训释译文和经解来参看;早饭后编类文字,或者与同窗学者一起聚集讲学;午饭后读经史策论,每日轮换内容;晚间读《通鉴纲目》,每天都要读,并且要清楚

---

[1] 邓洪波. 中国书院学规集成:第一卷[M]. 上海:中西书局,2011:603.

地记录每天读到哪儿，以便更好地在下一日续读。

除了早中晚的学习内容有明确的安排，"日习例程"对考试也有详细的规定。生员每月考三次试。每月上旬考本经，中旬考论，下旬考策。教师批阅完之后，将写得好的佳作传阅，师生共同鉴赏。不仅学生有考核，教职员工也要定期考核，因为教师的能力与素质与书院及学员的发展密不可分。

总的来看，南宋书院在书院规范化的道路上迈出了重要的一步，这是致力于书院活动的理学家们反复思考与精心筹划的成果，也反映出书院发展到南宋日趋成熟。无论是以先贤之语为规程，从内在激发学生的向学之心，还是制定严谨的规章制度，抑或是制定每日的课程及考试安排规定，这些学规、规约、例程都在中国书院发展史上具有重要的意义，也为后世学校提供了典范与借鉴。

第三节　元代书院：出版刊刻的繁荣发展

元代在中国书院发展史上是一个相当特殊的时期。在少数民族统治的大背景下，统治者施行积极的书院政策，遵循"推经崇儒"的理念，书院呈现出明显的官方化特征，并在此基础上蓬勃发展。书院官学化是一个贯穿书院成长轨迹始终的话题，带有私人属性的书院与官方教育体系始终保持着一种若即若离、相互博弈的关系。若从文化特征的角度来看，元代书院藏书数量的激增与出版刊刻的繁荣更能彰显其特殊性，下面将就元代书院发达的出版刊刻业做详细的论述。

学田为刻书提供经济保障。书院自诞生，教育、祭祀、学田、藏书便是它的基本功能。元代书院不仅数量多，其藏书功能与刊刻出版图书活动亦十分发达。在元代，几乎所有书院都有刻书职能,刻书甚至是有些书院主营的业务,名为书院,实为刻书作坊。刻书行业的繁荣也离不开书院其他功能打下的基础与依托。学田是书院日常开销的主要来源,是书院的经济命脉。娄性曾在《白鹿洞学田记》中指出学田对于书院的重要意义,其曰:"院有田则士集,而讲道者千载一时,院无田则士难久集,院随以废,如讲道何哉?"元代书院学田的收入除了供给书院师生的生存用度外,多数都充当刻书的资费,为刻书活动的开展提供坚实的保障。除此之外,元朝政府对书院的学田也采取积极的政策,《元史·世祖本纪》记载:"江南诸路学田昔皆隶官,诏复给本学,以便教养。"元代统治者愿意将本属于官资的学田交给书院,目的是维持书院的日常活动。《元史·刑法二·学规》更是以国家法律的形式将此种政策固定下来:"诸赡学田土,学官职吏或卖熟为荒,减额收租,或受财纵令豪右占佃,陷没兼并,及巧名冒支者,提调官究之。"如果书院的教职员工将学田变卖、租赁,或者与当地乡绅财阀勾结,纵容其非法侵占、兼并书院田产,或冒名支配学田,都要移交官府依法进行处罚。可见政府对书院学田是极为保护的。如果书院学田无法供给书院的开销,那么政府也会采取相应的补助政策,《元典章》记载:"其无学田去处,量拨荒闲田土,给赡生徒,所司常与存恤。"如果没有学田,那么当地政府就要适当地拨给书院一些闲置土地,通过荒地开垦等方式增加书院收入,赡养生员与教职工。在这样积极的政策的扶持下,书院得以有足够的经济实力进行刻书、出版活动。

丰富的藏书为刻书提供保障。元代刻书业发达的第二个基础便是书院丰富的藏书。从藏书的数量与规模来看,元代藏书远高于宋代藏书。任继愈《中国藏书楼》记载:"如太极书院的藏书,全是征伐南宋得来的'胜利果实',拥有藏书8000余卷。

浙江余杭的集虚书院，藏书数千卷。江西安仁的锦江书院，藏书万卷。还有渤海的东庵书院，'中树高堂为群书之府'，其建筑在书院中处最重要的位置，藏书19000卷。河南许昌颍昌书院，'自六经传注子史别集，以至稗官杂说，其为书凡若干万卷'，藏书数量既多，而且还有专门的借阅制度。其中尤其值得一提的是蒙古族太监达可建的成都草堂书院，他致力于丰富藏书事业，从全国各地搜集图书，藏书竟达到27万卷之多，为元代各书院藏书之最，超过宋代藏书最多的鹤山书院1.7倍。元代李祈在《草堂书院藏书铭》中对其藏书来源和贡献有如下记述：'惟兹达可，有恻斯念；稽于版籍，询于文献。北燕南越，西陕东吴；有刻则售，有本则书。''载之以舟，入于蜀江；江神护呵，翼其帆樯。爰至爰止，邦人悦喜；藏之石室，以永厥美。'[1]足以见得元代藏书的丰富性，而书院藏书直接影响着刻书的底本选择与教学活动的质量。对此，班书阁曾在《书院藏书考》有过这样的论述：

> 书院所以教士者，而书籍为教士之具，使有书院而无书，则士欲读不能，是书院徒有教士之名，而失教士之实。故凡教士之所，皆有广收典籍之必要，以供学者之博览，不独书院而已也。

书院之所以能够教育生员，为士子提供一方学习之所，最基本的便是作为教学工具的藏书。如果书院没有藏书，那么学生即使想要学习也不能实现，这样的书院徒有书院之名而没有书院之实，失去了教育、为学的作用。因此，只要有书院创立，便要保证书院内藏书的丰富，来供学生博览通读。

---

[1] 任继愈. 中国藏书楼（壹、贰、叁）[M]. 沈阳：辽宁人民出版社，2001：899.

师生合力促进刻书的"刻"与"读"。书院能够成为刻书的大本营,其中一个原因便是书院山长和教员有着较高的素质。他们精于校勘,并有一定的择取善本作为底本的眼光,这便在很大程度上保证了书院刻书的质量。对此,顾炎武曾在《日知录》中说道:

> 闻之宋元刻书,皆在书院,山长主之,通儒订之。学者则互相易而传布之。故书院之刻有三善焉:山长无事而勤于校雠,一也;不惜费而工精,二也;板不贮官而易印行,三也。

顾炎武认为,元代书院刻书有三大优势。一是,书院山长主持刻书事宜,并延请书院中的儒者审订,互相修改交流,这样便让一群精于校勘,熟悉版本与目录学的专家聚集在一起进行刻书活动,极大地保证了书院刻书的质量;二是,书院自己刻书无须经过私人刻书作坊的商业化流程,因此不收取费用,只需要考虑刻书的成本,并且工艺精湛;三是,须使用的某一版本的书不在官府贮藏,也无须向私人购买,书院内部的底本便足以满足刻书的需要,因此便利了刊刻。书院刻书除了有"刻"的优势,更有"读"的优势。书院所刻之书有着固定、稳定的读者群体,即书院的生员。从目的的角度来看,书院刻书的目的并不在于售卖与盈利,而是满足书院内部师生的阅读需求。因此,书院刻书的质量很高,纸张精良、工艺精细、讹误甚少。对此,清代叶德辉曾在《书林清话》中说道:

> 此皆私宅坊估之堂名牌记而托于书院之名,以元时讲学之风大昌,各路各学官私书院林立,故习俗移人,争相模仿。

可以说，书院所出之书，必为精品，而书院刻书也成了元代其时善本的标签，导致一些私人刻书作坊伪托书院之名进行模仿刊刻。造成这种情况的原因在于，书院刻书的受众有特殊性，这些书籍的固定读者为书院的教师与学员，这让书院刻书能够专注于书的质量，从而达到一种品牌效应。

由上述可知，元代书院刊刻出版的书籍质量精良，事实上也是如此，书院刻书多为精本、善本。中国国家图书馆现藏元大德九年（1305年）茶陵陈仁子东山书院刻《古迂陈氏家藏梦溪笔谈》，"开本极大，天头地脚极宽，白口，蝴蝶装；不仅文字上有许多胜于通行本之处，就其开本之铺陈，装帧之讲究，刻版之精湛，风格之独特，都是罕见的。确实是元代书院本之代表作。"[1] 可见元代书院刻书装帧精美，价值颇高。

在元代书院中，西湖书院可谓是刊刻书籍最多，也是最有名的书院。西湖书院本是南宋岳飞的旧宅第，后重修为宋代太学。西湖书院山长陈泌作《西湖书院三贤祠记》载：

> 西湖书院，本故宋太学，其初岳武穆王飞之第也。岁丙子，学与社俱废。至元二十八年，以其左为浙西宪司治所，其右先圣庙在焉。三十一年，东平徐公琰为肃政廉访使，乃即殿宇之旧，改建书院，置山长员主之。先是，西湖锁澜桥北有三贤堂，祀唐杭州刺史白文公居易、宋和靖处士林公逋、知杭州事苏文忠公轼，于是奉以来祠之。

至元二十八年（1291年），此时的西湖书院还是一片荒芜，其左侧为浙西宪司的公务治所，右侧为先圣庙，用以祭祀供奉

---

[1] 肖东发. 中国图书出版印刷史论 [M]. 北京：北京大学出版社，2001：285.

圣贤先人。三年后，徐琰迁江南浙西道肃政廉访使，依托旧址，改建书院，设置山长在其中主事，于是西湖书院得以修葺完成。之前，西湖锁澜桥北有"三贤堂"，主要供奉的是白居易、林逋、苏轼三人。西湖书院建立之后，亦在书院中供奉此三贤，突显出祭祀的职能，陈基《西湖书院书目序》载：

> 后为讲堂，旁设东西序，为斋以处师弟子员。又后为尊经阁，阁之北为书库，实始收拾宋学旧板，设司书掌之。宋御书石经、孔门七十二子画像石刻咸在焉。书院有田，岁收其入以供二丁廪膳及书库之用。事达中书，畀以今额，且署山长、司存，与他学官埒。于是西湖之有书院，书院之有书库，实昉自徐公，此其大较也。

西湖书院在后身设立讲堂，又设东西厢房来安置教员与生员。再后侧就是尊经阁和书库，主要做整理宋代书籍之底板的工作，并设专门的"司书"来主持相关事宜。可见西湖书院十分重视藏书与书板的收集与整理工作，宋代御赐的石经、孔门七十二贤人的画像、石刻都有保留。值得注意的是，西湖书院也和其他元代书院一样，拥有学田，并通过租赁的方式来供给书院日常使用、祭祀圣贤和刻书的费用。在这样严密的组织下，西湖书院成为元代刻书数量最多的书院。陈基在《西湖书院书目序》中又说道：

> 至正二十一年……所重刊经史子集欠阙，以板计者七千八百九十有三，以字计者三百四十三万六千三百五十有二；所缮补各书损裂漫灭，以板计者，一千六百七十有一，以字计者二十万一千一百六十有二；用粟以石

计者一千三百有奇；木以株计者九百三十，书手刊工以人计者九十有二。对读校正，则余姚州判官宇文桂、山长沈裕、广德路学正马盛、绍兴路兰亭书院山长凌云翰、布衣张庸、斋长宋良、陈景贤也。

在重整宋学旧籍的过程中，西湖书院的教职工发现，很多重要的典籍年久失修，散逸失传，甚至被虫蚁蠹坏，于是西湖书院的陈基、钱用受命重新刻书。从陈基的记载中可以看出，西湖书院在一年的时间中，重刻了欠缺的经史子集共7893板，3436352字；修缮了各种毁坏、模糊不清的书板共1671张，共计201162字；消耗粟米1300多石、木材930株；参与刊印的共有92人。主要负责校勘的是宇文桂、沈裕、马盛、凌云翰、张庸、宋良和陈景贤。上到朝廷命官、书院山长，下到斋长、布衣，可以说此次刻书工程倾尽了大量人财物力。重刻西湖书院书籍的工作历经一年的时间，到至正二十二年七月二十三日竣工，他们将所刻之书按次序编目，藏于书院的尊经阁、书库中。[1] 如此浩大的重整典籍工程不仅在当时是史无前例的，至今都具有重要意义，而这些工作并非处于官方学校的主持下，而是发生在地方书院中，在中国文献学史上可谓功绩甚伟！

在元代书院的发展史上，书院刻书的发达使得书院的功能更加完备，书院也逐渐成为集刻书、藏书、教育、学田、祭祀等功能为一体的文化场所。书院在发展过程中逐渐显露其独立性与文化特征。正如著名学者黄溍所言：

夫书诚可悦而适用，不敝不竭矣，使传刻者岁滋

---

[1] 陈基《西湖书院书目序》载："明年七月二十三日讫工，饬司书秋德桂、杭府史周羽以次编类，庋之经阁、书库，秩如也。先是，库屋泊书架皆朽败，至有取而为薪者，今悉告完。既竣事，公俾为《书目》，且序其首，并刻之库中。"

久而常无弊，则摹造者日益广，而岂有竭哉？向之书院若白鹿洞，若岳麓，非朝廷所赐，无以得书。今也以布衣之士而垂意于学校之事，不患其居之不崇、食之不丰，而患其书之不完，此仁者之心、无穷之惠也。

从学术的角度来看，西湖书院远不及白鹿洞书院、岳麓书院那样充满着学术气息，在中国儒学发展史上占据至关重要的地位，但从独立性来看，西湖书院不依赖朝廷赐书，可以完全做到依凭自身，独立运转。从这个独立意义上来讲，以西湖书院为代表的元代书院可谓具有划时代的意义。

置身于书院这个独立的生命体，无论外界政治、社会、时代如何变迁，书院本身就能保证基本的健康运转。学田是经济基础，刻书、藏书保证学习内容，祭祀指引基本方向，书院本身提供场所……这样一来，书院便成了读书人理想中的"学术桃花源"，在政治混乱、朝代更替的特殊时期，书院亦能在不被战火吞噬的前提下独善其身，为天下读书人提供一方身体与心灵的栖息之所，具有重要的精神与文化意义。

第四节　明代书院：平民化发展新态势

明代书院历经百年沉寂，迎来了匡翼官学的新发展局面。在整个明代，书院呈现出明显的平民化发展态势。明代之前，很长一段时间以来，读书、学习是士大夫的专属行为。在那个下层民众无法解决温饱问题、生活窘迫的封建时代，百姓几乎是没有条件进行读书学习的。出身于贫寒家庭的年轻读书人也是受家人的辛勤托举，并以读书改变家庭境况、个人命运为目的。从整个社会大环境来讲，平民阶层很难实现"全民向学"。但到了明代特别是明中期，随着商品经济的繁荣及王学的逐步传播，整个社会的思想观念发生了十分重大的变化，即下层市民的思想逐渐启蒙与开化，而长久为上层所拥有的知识、学术也逐渐下移，得以与市民阶级相遇、碰撞。在这样的大背景下，书院作为一个特殊的文化场所，为平民阶层提供了学习、读书的机会，而明代书院也因生员结构的变化突显出平民化的文化特征。

一、明代书院对平民生员的接纳与鼓励

明代书院从规约、制度的角度表现出对平民生员的鼓励态度。不得不说，这种观念实则大受心学的影响。王阳明心学强调"心即理"，也就是说，高深莫测的天理无须外求，应该指向每个人的心中。因此，人人皆可为圣贤，只要去除内心的遮蔽，扬善去恶，使"良知"如不沾一丝尘泥的明镜般显露出来，这便是求得了天理。从这个意义上来讲，世间所有的人都被赋予了追求真理的权利，因此无论是天潢贵胄还是贫苦百姓，都能够通过内在的体悟与启发寻得天理，成为圣贤。在这种观念的普及与传扬下，书院成了百姓得以"成圣贤"的重要场所，而书院也以积极的态度接纳与鼓励平民生员，浙江嘉兴仁文书院的《讲规》记载：

> 真修实践之士，往往出于布素，如吴聘君、王心斋其人者，故不尽由黉序中出。若必择其方类而取之，恐长林丰草间不免有遗贤，而亦何以风励。庶人之以修身为本者，是故，会讲之日，如或山林布衣，力行好修，但愿听讲，不妨与进。其怀私负戾，藉名干进者，一切摈斥之，无取焉。

讲规提到，真正的向学实践之士，往往来自布衣，就好比

著名大儒、崇仁学派的创始人吴与弼和泰州学派的开创者王艮，都是出身于平民阶层，因此贤与不贤不在于是否接受过官方学校的教育。如果网罗天下之贤士，那么恐怕大多数圣贤之人都隐居于山林草野中。于是，出身不高的向学者，只要来书院参与讲学之会，那么仁文书院便竭力欢迎与鼓励。反而是那些心怀私利、沽名钓誉之人，书院应该严厉摒弃。由此可见，明代书院打破了求学者的阶层差异，体现出可贵的平等性。这些也反映出了明代书院致力于纯正学问的探求。这种现象并非一两家书院的特例，而是明代书院的共识，又如江苏常熟的虞山书院，也以书面的形式将平民阶层参与讲学的制度稳定下来，《虞山书院志》卷四《会簿引》载：

> 虞山会讲，来者不拒，人皆可以为尧舜，何论其类哉！凡我百姓，年齿高者与年少而知义理者，无分乡约、公正、粮里、市井、农夫，无分僧道、游人，无分本境、他方，但愿听讲，许先一日或本日早报名会簿。俟堂上宾主齐，该吏书领入，照规矩行礼。果胸中有见者，许自己上堂讲说。昔王心斋不过泰州一盐灶，寒山、拾得俱为乞儿，张平叔乃一皂隶，本县何敢以皮目待天下士哉！但不许不通名姓，乘机溷入，不守规矩，紊乱喧哗，致失会体，本县亦不能尔贷也。

虞山书院掷地有声地提出了八个大字："虞山会讲，来者不拒。"这清楚地表明了虞山书院欢迎一切来参与虞山书院会讲之人，因为人人皆可以为尧舜，人人都可以成圣贤，这也清晰地反映了阳明心学对虞山书院的重要影响。无论是何种阶层、何种职业、何种身份的人，只要想参与虞山会讲，那么只需要提前一天报名，登记造册，便可以前来参与。虞山书院对参与者只有一个要求，那便是要遵守讲会的纪律与约定，不能大声喧哗扰乱会讲秩序。由此可见，明代书院讲学已经完全破除了阶层障碍，书院鼓励平民讲学，这也是书院在明代做出的突出贡献。

二、王守仁的平民讲学实践

阳明先生倾尽一生创建心学体系，也在不同的阶段进行着心学实践。从上述两则书院实例中可以看出，明代书院平民化的时代特征实则受到阳明心学的影响，而王阳明本身也在践行着平民讲学。他在南赣平乱之时，在赣州知府邢珣和赣县知县邹守益的助推下，在赣州建立了多所书院，有义泉书院、正蒙书院、富安书院、镇宁书院和龙池书院[1]。这一时期，南安、赣州下属的县郡涌现了一大批书院，如于都县龙溪书院、龙门书院、雩阳书院；信丰县桃溪书院、壶峰书院、崇正书院；兴国县安湖书院、鸿飞书院、长春书院、南山书院；会昌县湘江书院；安远县濂溪书院、太平书院；上犹县兴文书院、东山书院等。阳明先生之所以如此重视书院，原因便在于他认为要维持地方社会的安定，一定要从稳定民心入手。[2]而稳定人心最好的方式便是启发人民读书，使他们知礼，去除蛮夷之气，以教

---

[1]《年谱》附录一记载："城中立五社学：东曰义泉书院，南曰正蒙书院，西曰富安书院，又曰镇宁书院，北曰龙池书院。选生儒行义表俗者，立为教读。选子弟秀颖者，分入书院，教之歌诗习礼，申以孝悌，导之礼让。未期月而民心丕变，革奸宄而化善良。市廛之民皆知服长衣，叉手拱揖，而歌诵之声溢于委巷，浸浸乎三代之遗风矣。"

[2]《年谱》记载：先生谓民风不善，由于教化未明。今幸盗贼稍平，民困渐息，一应移风易俗之事，虽未能尽举，姑且就其浅近易行者，开导训诲。即行告谕，发南、赣所属各县父老子弟，互相戒勉，兴立社学，延师教子，歌诗习礼。……久之，市民亦知冠服，朝夕歌声，达于委巷，雍雍然渐成礼让之俗矣。

育的方式维持一方社会的安定。关于此,他在《颁行社学教条》一文中说:

> 视童蒙如己子,以启迪为家事,不但训饬其子弟,亦复化谕其父兄。不但勤劳于《诗》《礼》章句之间,尤在致力于德行心术之本,务使礼让日新,风俗日美,庶不负有司作兴之意,与士民趋向之心。

地方的县邑学校一定要尽心训导学生,把孩童视为自己的孩子,尽力去启蒙他们。不仅如此,还要通过童子来推及他们的家人。教学内容不但要涉及辞章句读,更重要的是要启发他们修身求理,致力于自身的道德修养。只有这样才能教化百姓,让百姓知事明理,移风易俗,使民心趋于一致。他又在《南赣乡约》中说道:

> 故今特为乡约,以协和尔民。自今凡尔同约之民,皆宜孝尔父母,敬尔兄长,教训尔子孙,和顺尔乡里。死丧相助,患难相恤,善相劝勉,恶相告戒,息讼罢争,讲信修睦,务为善良之民,共成仁厚之俗。

王阳明在南赣订立乡约,目的是促进百姓之间的和谐与安定。平民要上孝父母亲,敬悌兄长,下教子孙,和睦乡里,互帮互助;要帮助与体恤处于患难中的乡亲们,看到行好事要相互勉励,遇到行坏事要相互告诫,不能随时因矛盾引发诉讼,要讲信用、修和睦,与同乡共同形成和睦仁厚的风气。这样的治理理念无疑赋予了平民读书、受教育的权利,尽管阳明先生的初衷是移风易俗、教化百姓,但从书院发展的角度来看,这些举措在很大程度上推进了书院的平民化进程。由于阳明先生将平民化讲学付诸实践,很多学者都前来这些书院参与讲学、跟随王阳明进行学习,一时间造就了江右王学空前繁盛的局面。

南赣地区也在王阳明、邢珣、邹守益的推动下兴起了创书院、建社学的文化热潮。

王阳明的平民化书院实践还在于他创立了适用于百姓的平民化教学方法。由于教学对象渐趋平民化，教学方法、教学用词也要因之进行适当的调整与改变。他曾在《训蒙大意示教读刘伯颂等》中说：

> 今教童子者，当以孝悌忠信、义礼廉耻为专，务其培植涵养之方，则宜诱之歌诗，以发其志意；导之习礼，以肃其威仪；讽之读书，以开其知觉。今人往往以歌诗习礼为不切时务，此皆末俗庸鄙之见，乌足以知古人立教之意哉？

王阳明认为，当今教导儿童、学子，还是要以"孝悌忠信、义礼廉耻"等人伦大义为宗，只不过要改变原有的艰涩深奥的方式，以劝诱他们唱诵诗歌代之，引导他们学习礼仪，以劝告他们阅读书籍的方式来开化他们。只有让他们逐渐感悟到知识中饱含的道理，每日有所收获，才能激发其趋进向上的向学之心，也只有胸中获得愉悦与满足，才能让他们树立学无止境的志向。下录《传习录》中所载的具体实践内容，以供参见其法：

> 每日清晨，诸生参揖毕，教读以次，遍询诸生：在家所以爱亲敬长之心，得无懈忽，未能真切否？温清定省之仪，得无亏缺，未能实践否？往来街衢，步趋礼节，得无放荡，未能谨饬否？一应言行心术，得无欺妄非僻，未能忠信笃敬否？诸童子务要各以实对，有则改之，无则加勉。教读复随时就事，曲加诲谕开发。然后各退就席肄业。

凡歌诗，须要整容定气，清朗其声音，均审其节调，毋躁而急，毋荡而嚻，毋馁而慑。久则精神宣畅，心气和平矣。每学童生多寡，分为四班，每日轮一班歌诗，其余皆就席，敛容肃听。每五日，则总四班递歌于本学。每朔望，集各学会歌于书院。

凡习礼，需要澄心肃虑，审其仪节，度其容止；毋忽而惰，毋沮而怍，毋径而野，从容而不失之迂缓，修谨而不失之拘局。久则体貌习熟，德性坚定矣。童生班次，皆如歌诗。每间一日，则轮一班习礼。其余皆就席，敛容肃观。习礼之日，免其课仿。每十日则总四班递习于本学。每朔望，则集各学会习于书院。

凡授书不在徒多，但贵精熟。量其资禀，能二百字者，止可授以一百字。常使精神力量有余，则无厌苦之患，而有自得之美。讽诵之际，务令专心一志，口诵心维，字字句句，紬绎反复，抑扬其音节，宽虚其心意。久则义礼浃洽，聪明日开矣。

每日工夫，先考德，次背书诵书，次习礼，或作课仿，次复诵书讲书，次歌诗。凡习礼歌诗之类，皆所以常存童子之心，使其乐习不倦，而无暇及于邪僻。教者如此，则知所施矣。虽然，此其大略也，"神而明之，则存乎其人"。

三、泰州学派：儒学平民化的典型

泰州学派是王门后学中的一个重要的学派，其创始者是王艮。王艮，字汝止，号心斋，37岁拜王阳明为师，学术上主张"百姓日用即道"。王艮认为,应在百姓日用之道中贯彻良知之学，不要将良知之学束之高阁,因为"只去悬空想个本体,一切事为俱不着实"[1]。他承继了王阳明的心学宗旨,并在此基础上有所发挥,较为重要的功绩便是使心学平民化。王艮在《答朱思斋明府》中说说道:"良知天性,往古今来人人具足,人伦日用之间举措之耳。"也就是说,要彰明良知圣学,获得心学本旨,不能仅仅依靠悬空的讲学、空悟,而是要立足于百姓的日常生活,让百姓从日常的衣食住行中去体悟良知。基于这样的理念,王艮创立的泰州学派将儒学平民化,并关注日常生活,从而使千百年来的深奥之道下移到百姓中。

泰州学派善于以浅显易懂的语言阐释深奥的良知之学。如王艮有《次先师答人问良知》一诗:

> 知得良知却是谁?良知原有不须知。而今只有良知在,没有良知之外知。

这首诗以十分浅显易懂的语言来解释良知之旨,百年后的今天,我们阅读这首诗时亦毫无阅读障碍,可见泰州学派阐释儒学之旨的语言十分清楚明了。又如泰州学派的韩贞,《明儒学案》记载:"以化俗为任,随机指点农工商贾,从之游者千余。秋成农隙,则聚徒讲学,一村既毕,又之一村,前歌后答,弦诵之声,洋洋然也。"可见泰州学派十分注重平民教育。他们以化俗为己任,随时随地进行着圣学的教育。韩贞随机指点工农商贾,要知道工农商贾在古代是社会的底层,而韩贞不论出身,平等地与其讲学论道,一时从游者甚众。秋天在田间劳作的间隙,他也能与农民一起讲学论道,走过一村,又到另一村,道路上前歌后答,充满着弦诵之音,堪比曾子描绘的"沂水春风"之

---

[1] 王阳明. 传习录 [M]. 广州:广东人民出版社,2021:228.

境。韩贞也曾对"百姓日用之学"做出过论述,其在《勉朱平夫》一诗中说道:

> 一条直路与天通,只在寻常日用中。静坐观空空亦物,无心应物物还空。固知野老能成圣,谁道江鱼不化龙。自是不修修便得,愚夫尧舜本来同。

韩贞将接近圣贤之道的法门归为"寻常日用",如果仅仅是静坐观物、不去用心体物,只能是一场"空想"。人人皆可成圣贤,只要人们在寻常生活实践中体悟圣学之道,田夫野老也能成圣成贤。从这个意义上来讲,愚夫愚妇与尧舜本来就没有区别。泰州学派的这种观念在当时可谓十分大胆,突破了对传统儒学的认识,也极大地启发了百姓的思想。值得注意的是,从韩贞的描述中不难发现,泰州学派将儒学平民化的过程伴随着讲学方式的变革,即其突破了书院、宫墙、院宇的束缚,不再拘泥于一时一地,而是随时随地进行讲学与教化活动,这也是讲学方式随着儒学平民化而发生的创新变革。

泰州学派的儒学平民化实践亦表现为讲学语言的通俗化。[1] 韩贞《乐吾韩先生遗事》载:

> 有一野老问先生曰:"先生日讲良心,不知良心是何物?"先生曰:"吾欲向汝晰言,恐终难晓,汝试解汝衣,可乎?"于是野老先脱袄被,再脱裳至裤,不觉自惭,曰:"予愧不能脱矣。"先生曰:"即此就是良心。"

---

[1] 泰州学派的重要学者颜钧亦曾在《心字吟》中说道:"仰观心字笑呵呵,下笔功夫不用多。横画一勾还向上,旁书两点有偏颇。做驴做马皆因此,成佛成仙也是他。奉劝四方君子道,中间一点是弥陀。"此亦是以通俗浅显的文字阐释心学的本旨。

面对野老"良心是何物"的问讯,韩贞并没有直接照搬儒家典籍上的章句来回答,因为他知道他面对的对象为野老,如若这样野老终难消化明白。于是韩贞以"日用之事"来引导野老,他让野老脱衣服,野老先将外面的棉袄脱去,再脱去里衣,脱至下裤时,不由得生发出惭愧之意。韩贞说:"你这种愧羞之感便是良心。"诚然如此!每个人生而具有澄澈明亮的羞耻之心,只不过随着成长环境的变化与外物的熏染,这种原本澄澈、明亮的良知受到了遮蔽,而想要找回良知便要除去这些尘垢与蒙蔽,使得内心回归澄澈、明亮的本真之态。韩贞面对野老,便借百姓日常之事来令其明白这个道理,可谓是一种莫大的智慧!

由此可见,明代书院与明代儒学呈现出明显的平民化倾向,而这种平民化特征的发生实则是阳明心学的连锁反应。与宋代书院不同,明代书院没有那么多严厉的规章制度,也没有那么多的法则与条框,而是处处散发着自由与平等的光辉。学者们在明代书院讲学时,也不再端着高高在上的严肃之态,而是突破书院的局限,以随性自由的方式进行学术交流。这是属于明代书院的一种独特的文化光辉!

第五节 清代书院:书院普及与近代化进程

作为封建时代的落日余晖,清代书院在最后的封建王朝中依然拥有着独特的价值。从学术角度来看,由于中晚明王学盛行,清人入关以后便确立了以程朱理学为宗旨的学术基调,在思想上实施严格的控制措施,而自发的私人书院在这样的背景下也成了敏感之地。历经顺、康、雍三代,书院在乾嘉时期迎来了一次学术的大爆发,即乾嘉汉学的兴盛。当时,汉学研究领域形成了以惠栋为代表的吴派、以戴震为代表的皖派和以焦循、汪中为代表的扬州学派三足鼎立的局面。正如阮元在《拟国史儒林传序》中所说："崇宋学之性道，而以汉儒经义实之，圣学所指，海内响风。"除此之外，清代书院还显示出其在官学支持下的民间普及态势。可以说，从清朝创立开始，清朝统治者便吸取明亡的教训，极力警惕因聚徒讲学而形成的各类团体。因此，清代书院从一开始便受到了政府的干预。清政府对书院的干预一方面限制了书院的自主独立发展，另一方面则助推了书院融入官方教育体系，成为官方教育体系中重要的一部分，形成官方书院在清代遍地开花的局面。

在几十年的发展与观望后，清政府下达了在全国范围内建立地方书院的诏令，《皇朝文献通考》卷七十记载：

> 谕内阁：各省学政之外，地方大吏每有设立书院，聚集生徒，讲诵肄业者。朕临御以来，时时以教育人材为念，但稔闻书院之设，实有裨益者少，浮慕虚名者多，是以未尝敕令各省通行，盖欲徐徐有待而后颁降谕旨也。近见各省大吏，渐知崇尚实政，不事沽名邀誉之为，而读书应举者，亦颇能屏去浮嚣奔竞之习。则建立书院，择一省文行兼优之士，读书其中，使之朝夕讲诵，整躬励行，有所成就，俾远近士子观感奋发，亦兴贤育才之一道也。督抚驻扎之所，为省会之地，著该督抚商酌奉行，各赐帑金一千两。将来士子群聚读书，须预为筹画，资其膏火，以垂永久。其不足者，在于存公银内支用。封疆大臣等并有化导士子之职，各宜殚心奉行，黜浮崇实，以广国家菁莪棫朴之化。则书院之设，于士习文风有裨益而无流弊，乃朕之所厚望也。

清政府始终认为，地方私人自发建立的书院是聚徒讲学之所，对国家统治来说裨益甚少。因为到书院读书之学者及书院主持者多是些沽名钓誉、贪慕虚荣之辈，这便是清政府一直以来都没有发布诏令的原因，他们需要徐徐图之，然后再颁布谕旨。在几十年的发展中，统治者看到了各行省的官吏渐渐推行务实之政，不去沽名钓誉，读书人也渐渐摒弃了浮躁利禄之心，因此敕令在全国范围内以行省为单位设立书院，选拔优秀的生员从学其中，择取有经验的名儒教学其中，朝夕诵读，躬行励身，有所成就。此外，政府还为地方专门拨款，并敕令各地方政府一定要谋划好书院及讲学之事，使得书院的设立有利于国家社稷。

诏令一出，全国范围内掀起了一阵创建行省书院的热潮。据邓洪波统计，各行省在总督、巡抚的授命下建立了23所省级书院，下录曰：

莲池书院，在保定，属直隶省。
泺源书院，在济南，属山东省。
晋阳书院，在太原，属山西省。
大梁书院，在开封，属河南省。
钟山书院，在江宁，属江南省。
紫阳书院，在苏州，属江苏省。
敬敷书院，在安庆，属安徽省。
豫章书院，在南昌，属江西省。
敷文书院，在杭州，属浙江省。
鳌峰书院，在福州，属福建省。
江汉书院，在武昌，属湖北省。
岳麓书院，在长沙，属湖南省。
城南书院，在长沙，属湖南省。

关中书院，在西安，属陕西省。

兰山书院，在兰州，属甘肃省。

锦江书院，在成都，属四川省。

端溪书院，在肇庆，属广东省。

粤秀书院，在广州，属广东省。

秀峰书院，在桂林，属广西省。

宣成书院，在桂林，属广西省。

五华书院，在昆明，属云南省。

贵山书院，在贵阳，属贵州省。

沈阳书院，在奉天，属盛京。[1]

● 晋阳书院课卷 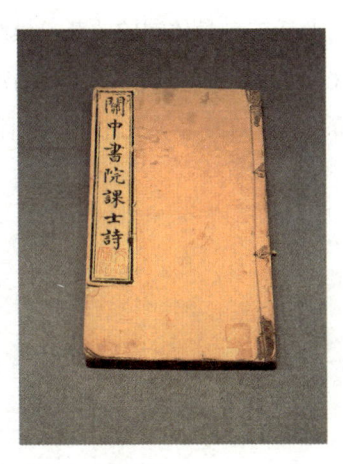　　● 关中书院教材

  毋庸置疑，清代设立的行省书院带有极为浓厚的官学色彩，同时又具有规范化、一体化的特征。在政府的领导下，书院无须面对生计窘迫的问题，不像清代之前的书院，依靠学田来维持书院日常花销；也无须担忧师资水平，因为教授于各行省书

---

[1] 邓洪波. 中国书院史（增订版）[M]. 武汉：武汉大学出版社，2012：509-510.（有改动）

院的教员都是经朝廷选拔而来的名儒学者,这在很大程度上提高了行省书院的教学水平。不仅如此,从上引材料中不难看出,从学于行省书院的生员都是经过选拔的优秀士人,这也为行省书院提供了优质的生源,这些都是清政府为将来选拔人才做出的努力与谋划。这样一来,行省书院具有十分明显的优势,但同时也失去了书院本身的独立性与自主性。

值得注意的是,清代作为中国古代书院的最后时期,清代书院最终因社会的变迁而归于终结,其发展历程也带有明显的变革印记。清代书院在官方力量的推动下遍及全国,在一定程度上已经具有近代学校的某些特征。因此,清代书院随着时代的变迁与自身体制的改革,最终向近代学校过渡,开始其近代化的进程,而书院之名也逐渐湮没在历史发展的长河中,成为深深烙印在中华文化中的一枚印记。

第五章

中国书院的世界影响

第一节　中国书院对朝鲜的影响

中国书院在发展过程中，不仅完成了自身的成长，走向辉煌，更以大国文化的姿态影响了周边国家乃至世界。中国书院首先影响到的便是邻国朝鲜。由于南宋书院向制度化、规范化发展，朝鲜书院借鉴了中国书院的方方面面，尤其是在学规方面呈现出明显的模仿与借鉴的痕迹。著名史学家柳洪烈曾在《关于朝鲜书院的成立》中说：

  寺院虽然消灭，支配者仍存，供给支配者哲学的机关仍颇需要。所以有似寺院的儒教之书院，高扬招牌而登场。[1]

对于李氏朝鲜而言，"所有文物制度，皆始终模仿中国，且已自国初，上下君民以朱子思想为一大支配观念。朱文公《家礼》为国家社会百般礼仪上唯一之准则，遵奉《小学》为律身经世修道之大法"。

可见，朝鲜书院因承担部分寺院的职能而登上朝鲜历史舞

---

[1] 邓洪波. 中国书院史（增订版）[M]. 武汉：武汉大学出版社，2012：392.

台，之所以以"书院"替代"寺院"，则是因李氏朝鲜模仿中国的书院体制，并以传播中国儒家思想特别是朱子思想为主要目标。

朝鲜书院除了构建理念模仿中国书院，其规制也深深地烙印着中国书院的痕迹。以白鹿洞书院为例，朝鲜的"白云洞书院"无论从名称还是从制度规模上都体现了其受中国书院的影响。朝鲜《明宗实录》中明确提及：

> 明宗五年（1550年）二月丙午，领议政沈连源、右议政尚震、礼曹判书尹溉、礼曹参议徐国议：丰基白云洞书院，黄海道观察使周世鹏所创立，其基乃文成公安裕所居之洞，其制度规模，盖仿朱文公之白鹿洞也。凡所以立学令，置书籍田粮供给之具，无不该尽，可以成就人才也。

1550年即明嘉靖二十九年，朝鲜数位官员商议建立"白云洞书院"，并直言这所书院的制度规模模仿朱熹所修复的"白鹿洞书院"。政府御赐书籍、学田，给予书院政策支持，目的是使得书院为国家培养高素质人才。

自从书院这个文化体出现在朝鲜，朝鲜改变了其对政治与学术的边界认识。在以往朝鲜人民的心中，政治与学术似乎是密不可分的统一体，正如我国先秦时代文史哲紧密相依一般。随着中国书院的传入，朝鲜的知识分子渐渐将政治与知识分离开来。这种学术的自觉与政治的自觉无疑归功于书院这个文化体，也促进了朝鲜文化与学术的发展与进步。

第二节　中国书院对日本的影响

中国文化对日本文化的影响不言而喻，触及日本社会的方方面面。中国书院作为一种文化形态，对日本也颇具影响力。中国书院对日本书院的影响主要分为以下几个方面：第一，在日本的江户时代（1603—1868 年），由于中国明代后期王学的繁盛与朱子理学的流行，日本在这一时期汲取了中国的思想文化，而当时作为学术、文化载体的书院也因此传到了日本，于是书院开始在日本出现，并具有学校的功能。第二，在日本明治维新时期，日本资本主义发达，军事力量强大。随着中国"师夷长技以自强"的洋务运动的开展，中国开始向日本学习先进的技术，并派遣一大批留学生前往日本学习，而此时，日本书院又成为中国留学生的安置之所。第三，在中日甲午战争中失败后，清政府被迫签订《马关条约》。中国被迫割让辽东半岛、台湾岛、澎湖列岛给日本，于是日本的书院文化以某种形式被介绍到中国。从以上中国书院与日本书院的互动中不难发现，相比朝鲜书院，由于历史与政治的因素，中国书院对日本书院的影响呈现出一种多形态的复杂局面。从书院文化的角度观之，中国书院对日本书院核心规制的影响确实是毋庸置疑的，因为书院这个文化体从内源上来说是属于中国的。如前章反复提及的朱熹《白鹿洞书院揭示》，在当时对日本书院的制度规范产生了十分重要的影响。日本学者山崎嘉的《白鹿洞学规集注》自序提到：

> 夫规之明备如此，宜与《小》《大》之书并行，然隐于夫子文集之中，知者鲜矣。嘉尝表出揭诸斋，潜心玩索焉。近看李退溪《自省录》，论之详矣。得是论

反复之，有以知此规之所以为规者。然后，集先儒之说，注逐条之下，与同志讲习之。且叹我国《小》《大》之书家传人诵，而能明之者盖未闻其人，是世远地去之由乎？虽然，若退溪生于朝鲜数百载之后，而无异于洞游而命，则我亦可感发而兴起云。

由此可见，山崎嘉对《白鹿洞书院揭示》（以下简称《揭示》）给予了高度的评价，认为其功绩完全不输《大学》《小学》等经典书籍，不仅值得学者反复研读，更应大力推广到书院的学规实践中。不仅如此，山崎嘉还认为，由于《揭示》的知名度不如《大学》《小学》，其价值被忽视。因此应该将《揭示》推广到百姓的日常生活中，使其成为能够和《大学》《小学》相比肩的家喻户晓之经典，可见《揭示》在日本影响力度之大。不仅如此，日本书院的倡导者还将《揭示》与日本国情相结合，改造成了符合日本国情的学规。如藤树书院的《藤树规》，下录其文：

大学之道，在明明德，在亲民，在止于至善。

朱子曰："尧舜使契为司徒，敬敷五教。五教者，父子有亲，君臣有义，夫妇有别，长幼有序，朋友有信是也。学者学此而已。"愚按：三纲领之宗旨，壹是皆以五教为定本，而其所以学之术，存养以持敬为主，进修以致知力行而日新，其别如左：

畏天命，尊德性。

右持敬之要，进修之本也。

博学之，审问之，慎思之，明辨之，笃行之。

右进修之序。学问思辨四者，所以致知也。若夫笃行之事，则自修身以至于处事接物，亦各有要，其别如左：

言忠信，行笃敬；惩忿窒欲，迁善改过。

右修身之要。

正其义不谋其利，明其道不计其功。

右处事之要。

己所不欲，勿施于人；行有不得，反求诸己。

右接物之要。

原窃惟今之人为学者，惟记诵词章而已。是以吾道之所寄，不越乎言语文字之间。愚尝忧之也深，故推本圣人立教之宗旨，而参以白鹿洞规，条列如右而揭之楣间。庶几与一二同志，固守力行之也。

宽永己卯四月二十一日，中江原谨记。

不难看出，《藤树规》在内在精神、行文体制、语言特色等方面都极力模仿了朱熹的《白鹿洞书院揭示》。可见《白鹿洞书院揭示》不仅在南宋成为全国上下推行的学规，而且深刻地影响到了朝鲜、日本等周边国家。尽管日本在后期凭借着军事力量的强大将其书院制度输出到中国，但书院这一文化形态的根基仍在中国。

第三节 中国书院对世界其他地区的影响

由上述可知，中国书院对朝鲜和日本的影响主要得益于得天独厚的地理位置与邻近国家间的文化交流。中国书院除了对朝鲜和日本产生了重要的影响，还深刻地影响了欧洲国家与东南亚地区。与朝鲜和日本不同的是，中国书院在这些地区传播影响力的最大主力军便是来访中国的传教士与海外侨民。尤其是海外侨民，在中国书院走向世界的过程中发挥了极为重要的作用。传教士的作用也不容小觑,如意大利传教士马国贤于康熙四十九年(1710年)抵达中国,以宫廷画师的身份在中国传教布道,他也受到中国书院文化的感染之后回国,致力于书院建设,将书院文化传播到意大利,并创立了那不勒斯圣家书院,中国人称其为文华书院,传播中国文化。与传教士相比,旅居海外的华侨亦成为中国书院在海外传播的主力军。如新加坡的华侨陈金声创建萃英书院,立志在海外传播中国文化,培养一大批以中国文化为事业的海外华人。《萃英书院碑文》记载道:

> 我国家治隆于古,以教化为先;设为庠序,其由来久矣!然地有宽严之异,才有上下之殊。立教虽属无方,而讲学尤宜得所。信乎士林之攸归,在乎黉宇之轮奂也!
>
> 新加坡自开创以来,士俗民风虽英茜之管辖,而懋迁之有无实唐人之寄旅。迄于今,越四十有年矣。山川钟灵,文物华美。我闽省之人,生于斯聚于斯,亦实繁有徒矣,苟不教之以学,则圣域贤关之正途,何由知所向往乎?于是,陈君巨川存兴贤劝学之盛心,捐金买地愿充为庠序之基,欲以造就诸俊秀,无论贫富家子弟咸使之入学。故复举十二同人共勷董建,且又继派诸君,以乐成其美,择日兴工,就地卜筑,中建一祠为书院,崇祀文昌帝君、紫阳夫子神位,东西前屋连为院中公业,经于咸丰甲寅年(1854年)工成告竣,因颜其院曰"萃英"。
>
> 盖萃者聚也;英者英才也。谓乐得英才而教育之。每岁延师,设绛帐于左右,中堂讲授,植桃李于门墙。
>
> 夫莫为之前,虽美弗彰,莫为之后,虽盛弗传。

今者陈君巨川能行义举，倡建学宫，不惜重金买地为址，而十二君曾举荐、陈振生、杨佛生、林生财、许行云、陈俊睦、梁添发、薛荣樾、曾德璋、洪锦雀、陈明水、薛茂元又能同心好善，鸠工经始，以乐观厥成。且也都人士亦能接踵其美，输财以助讲贯之需。其好善之心，上行下效，若影之随形，如响之和谷，诚有不期然而然者，岂非一举而三善备哉！他日斯文蔚起，人人知周孔之道，使荒陬遐域，化为礼义之邦，是皆巨川君与十二君以及都人士之所贻也！后之问俗者，亦将有感于斯举之高风，故为之序，且复列买地筑舍并捐金诸芳名于贞石，以共垂于不朽云耳。[1]

在海外华侨的心中，中华文化是十分令人自豪的存在。自古以来，中国都以教化为先，因此设立书院的传统由来已久。新加坡生活着许多华侨。如果这些华侨因为没有生活在故乡而不学习老祖宗的圣贤之学，那么便真的是放弃了自己的文化根基。于是众多华侨在共同努力下，创建了"萃英书院"。"萃"有聚集之意，"英"为英才。"萃英"即聚集天下英才而教育之，萃英书院的教学内容、学田设置、教员选取与生员招募各方面，大致与我国国内书院相一致，这也体现了海外华侨对中国书院的高度认可。值得注意的是，由于以陈金声为代表的书院创建者大多有商业背景，因此萃英书院的课程设置中增添了珠算课程。这不仅是当时清代后期经世致用的实学思潮的显露，也是这所华侨书院的特色。

中华文化在世界文化中是一抹辉煌的色彩，特别是在中国

---

[1] 邓洪波. 中国书院史（增订版）[M]. 武汉：武汉大学出版社，2012：591-592.

古代，这种文化之光几乎闪耀在世界各处。在中华民族文化宝库中，书院作为一种特殊的文化场所和文化符号，不仅走向了一衣带水的日本与朝鲜，还影响到了更远的海外国家。通过中国书院在世界范围内的传播、植根与发芽，中华文化在海外广泛传播，吸引了一大批热衷于中华文化及汉学的热爱者。中国书院作为一种文化媒介，对中华文化的海外传播可谓功劳甚伟！

● **中国书院发展轴线**

中国书院

唐

官方书院的原始功能为修书、藏书，民间书院的初建功能为读书、讲学

五代

社会动乱，书院仍在发展，为士人提供精神栖息地，民间书院得到官府的承认与支持。唐五代，书院的基本功能与规制确立下来，凸显了士大夫的文化使命感与责任感

宋

北宋：初期代替学校行使教育权利，后期逐渐被纳入官学体系。
南宋：书院与官学体系、私人教育相鼎峙，自成一脉发展

元

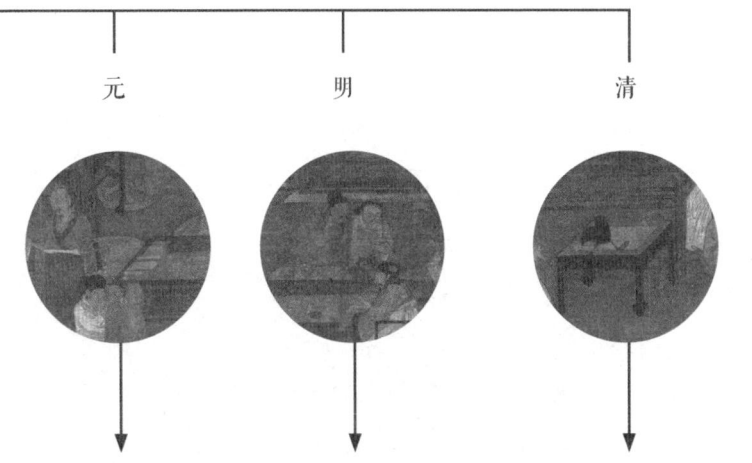

书院发展进入繁盛时期，新建及重葺数量空前，受到政府的保护和鼓励，由私学向官学化转变

明

书院成为思想传播的主阵地，心学的传播促进了书院的发展。书院与官学呈现出此起彼落的发展规律

清

顺治：谨慎且压制态度
康熙：积极建设
雍正：因正音诏令的颁布，书院兴建如火如荼，加快书院官学化进度
乾隆：书院官学化，泯灭了自唐以来的自由书风
嘉道咸：社会动荡，书院发展进入瓶颈期，问题重重
同光：书院蜕变为学堂，书院由此在历史中华丽落幕

中國符號